U0722823

Advice From a Twin-Mom Pediatrician

RAISING TWINS

双胞胎来了

第 3 版

多孩家庭育儿经

Parenting Multiples From Pregnancy Through the School Years

Shelly Vaziri Flais 著
刘小会 宁永忠 译
徐保平 审

人民卫生出版社
·北 京·

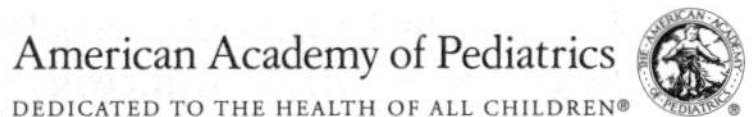

图书在版编目（CIP）数据

双胞胎来了：多孩家庭育儿经 /（美）雪莉·薇姿·福莱（Shelly Vaziri Flais）著；刘小会，宁永忠译. —北京：人民卫生出版社，2023.2（2024.6 重印）

ISBN 978-7-117-34157-8

Ⅰ. ①双… Ⅱ. ①雪… ②刘… ③宁… Ⅲ. ①儿童教育 - 家庭教育 Ⅳ. ①G782

中国版本图书馆 CIP 数据核字（2022）第 229457 号

人卫智网	www.ipmph.com	医学教育、学术、考试、健康，购书智慧智能综合服务平台
人卫官网	www.pmph.com	人卫官方资讯发布平台

图字：01-2020-7343 号

双胞胎来了：多孩家庭育儿经
Shuangbaotai lai le: Duohai Jiating Yu'erjing

译　　者：刘小会　宁永忠
出版发行：人民卫生出版社（中继线 010-59780011）
地　　址：北京市朝阳区潘家园南里 19 号
邮　　编：100021
E - mail：pmph @ pmph.com
购书热线：010-59787592　010-59787584　010-65264830
印　　刷：北京顶佳世纪印刷有限公司
经　　销：新华书店
开　　本：889 × 1194　1/32　　印张：8.5
字　　数：236 千字
版　　次：2023 年 2 月第 1 版
印　　次：2024 年 6 月第 4 次印刷
标准书号：ISBN 978-7-117-34157-8
定　　价：69.00 元
打击盗版举报电话：010-59787491　E-mail：WQ @ pmph.com
质量问题联系电话：010-59787234　E-mail：zhiliang @ pmph.com
数字融合服务电话：4001118166　E-mail：zengzhi @ pmph.com

序

刘小会副主任药师是我的同事，也是我的在职研究生。当我获悉她翻译了这本关于双胞胎、多子女养育的专业书籍时，我倍感欣慰。人的一生需要扮演很多角色，为了扮演好这些角色需要不断地自我提高，然而父母这一人生最神圣的角色，却是唯一一个没有培训就直接上岗的职位，这也注定了作为父母一生都要学习。通过对本书的学习，我觉得在孩子的养育中，要特别注意以下三点：

首先，要懂孩子真正的需要，给他们最真挚的爱。孩子真正需要的是来自父母的拥抱和安全感。我们要竭力去除花哨的东西，让自己心里更轻松。对于多子女家庭，更要注重效率和节约，把目光放在更有意义的事情上面，比如对于家里是不是很乱完全可以提高自己的阈值，像作者写到只要不至于乱到会把人绊倒就可以接受。若干年后，当孩子离开家庭的怀抱，他们不会记得家里有多干净，东西放得多么整洁有序，他们只会记得跟您一起玩耍的快乐时光……

第二，要尊重孩子的个体差异，帮助孩子成为他/她自己。黎巴嫩的诗人纪伯伦在《致孩子》中写道：你的孩子，并不是你的孩子；你可以庇护他们的身体，却不能够庇护他们的灵魂。中国古语也说：龙生九种，种种不同。每个人都是不同的，每个孩子的差异在受精卵着床前就已经产生了，所以不要把他们捆绑在一起，或者过多地在孩子间进行比较，尤其是双胞胎以及多子女家庭，为人父母需要做的是发现每一个孩子身上的闪光点，给他们自信，让自己觉得有力量。书中提到，要给每个孩子拍单独的照片而不是都是合影，要给每一个孩子准备各自的蛋糕，不要给双胞胎总是穿同样的衣服等等，要把他们看成独立的个体，并体现在生活的方方面面。每个孩子将来都是一个独立生活的成年人，未来的路需要靠他们自己走。

第三，要接纳自我，在孩子的养育过程中升华自我。我相信每一位父母都希望自己的孩子能够阳光快乐，这样长大之后才更有能力面对生活中的各种困难。对于多子女家庭来说，孩子出生后前两年日常养育真的会让人疲惫不堪甚至崩溃，很难再谈快乐。正是由于如此，才更要留出时间让自己恢复精力，留出时间与伴侣独处，不要因为没有陪孩子而感到内疚或有负罪感，要接纳自己的情绪，允许自己需要帮助，要与伴侣交流想法，明确地说出需要哪些帮助而不是想当然地认为对方会懂您的需求。我们始终坚信：和谐友爱的家庭更有利于孩子的健康成长，父母的样子藏着孩子的未来。

据报道，我国 2016 年出生人口 1 786 万，2017 年开始逐年下降，2021 年已降至 1 062 万，全社会生育意愿大幅降低，育龄妇女规模见顶下滑，生育堆积效应全面消退。中国人口危机渐行渐近，由此带来的经济社会问题日益严峻。与此同时，我国的老龄化速度和规模前所未有，2019 年中国老龄化率达 12.6%，2022 年中国将进入 65 岁及以上人口占比超 14% 的深度老龄化社会，2033 年左右将进入 65 岁及以上人口占比超 20% 的超级老龄化社会。面对此情此景，作为一名在医科大学从事儿科教学/科研工作的医务人员，我由衷地敬佩每一位生儿育女的母亲。

我本人有一个女儿，今年 8 岁，正是黏人的年龄。此刻她正坐在我的腿上，声称与我一起撰写这篇序言。感谢上天眷顾，特意安排女儿与我同一天生日，让我每年都能在同一天感受到她的快乐成长，同时感受我自己的父母的艰辛与不易。正像千千万万个从祖国东西南北汇聚到首都的“漂泊一代”一样，我在工作的重压下一度缺席了孩子的成长，幸得爱人的包容与付出才走到今天。因此，我希望更多的年轻父母能够更好地平衡生活与工作，而不是埋头于无穷尽的所谓事业，以及房贷。

这本书的原著是美国的一名儿科医生，自己养育了 4 个孩子，其中有一对双胞胎，在书完成时，双胞胎已经 16 岁了，所以儿科医生和妈妈的双重角色使这本书更具有指导意义。书中不仅传递了养育过程中的护理方法和教育小技巧，同时蕴含了对妈妈和孩子的情感指引。这本书不仅适合养育双胞胎、多孩的家庭，也值得放到每一个有孩子的家庭的书架上，我相信一定会让您的心灵有所触动。最后，作为她的同事和老师，我希望将来小会能够写一本自己的育儿书，这将远远超过发表一篇 SCI 论文带来的快乐。

赵立波
首都医科大学附属北京儿童医院
2022 年 11 月

致　谢

是的，我是一个漂亮女孩和一对可爱的双胞胎男孩的母亲。感恩遇见！我一直相信缘分，遇到这本书也是一种缘分，就像遇到我的孩子们一样。在读这本书时，感觉我就像遇到了一位相见恨晚的知己，我从来没有过这种感受，她非常了解我的内心历程，并对每一个焦虑点给出了很专业的建议，让我对养育孩子有了更深刻的认识，让我的内心更加平静、从容，也让我在前进的道路上更有力量。所以非常感谢本书的作者雪莉·薇姿·福莱(Shelly Vaziri Flais)博士！

特别感谢我的父母，赐予我生命，教会我坚毅和包容。感谢孩子们——糖糖、穆穆和昭昭，你们带给了我新的活力，让我获得了一次又一次的重生，带给了我从未有过的人生体验，带给了我无穷的乐趣……感谢你们选择了我和爸爸，让我们一起成长，一起快乐地生活。感谢我的爱人葛永杰先生，一位有爱、细心、负责任、参与度非常高的爸爸，对孩子的爱无微不至，从衣食住行到读书、游戏、学习……世界上最好的爸爸！特别感谢葛领进先生和李香果女士牺牲自由的晚年生活帮我们一起带养儿女，向天下所有的姥姥、姥爷、爷爷、奶奶致敬！

特别感谢我职业的引路人刘丽宏教授(有一个非常优秀的女儿，毕业于美国约翰斯·霍普金斯大学)，王晓玲教授(养育了一个非常优秀的女儿，北京协和医院博士后在读)，徐保平教授(有一个非常优秀的儿子，清华大学在读)，她们告诉我言传身教在孩子养育中最为重要，做好自己，才能为孩子做好榜样。特别感谢我的导师赵立波教授，青年才俊，他教导我，要充分挖掘自己的潜力做有益的事。特别感谢我的好朋友王玲老师、祝叶华老师、赵一鸣老师、周莉老师、李超老师……给予我的鼓励和帮助，让我在育儿的道路上走得越来越轻松。

最后，特别感谢宁永忠老师——我的良师益友，一直鼓励我做这件有意义的事，并对全书做了校译工作。他在学术上严谨、认真、勤奋的精神让我感动,值得我学习!

——刘小会,国家儿童医学中心/
首都医科大学附属北京儿童医院

特别感谢我的家人!在我翻译的过程中,我父亲的身体状况不太理想,衷心地为他祈祷!感谢我的父母、姐姐,一直全力支持我!感谢我的岳父母、内弟一家,一直爱护关注我!感谢我的爱人——情人、伴侣、知己的另一个完美结合!感谢我的宝宝——很可爱,每一次都会跑过来看我的“双胞胎”!都会眨着眼睛问我什么时候给她生一对双胞胎弟弟或妹妹!

非常重要的,向寇丽筠老师、陈民钧老师、王辉老师、曹彬老师、王天成老师等专家致敬!这些教授塑造了我的科学思考、人文心怀、专业路径!

特别感谢我在清华大学附属垂杨柳医院、北京大学第三医院的同事们!他们在为患者的健康尽最大努力!致敬!

特别感谢我所有的朋友!你们很棒!

同样非常重要的,特别感谢刘小会药师!刘药师给了我很好的锻炼机会、独特体验!谨此致敬!我平时喜欢翻译——我相信这也是刘药师选择我进行合作的原因。我多次进行严格的临床微生物学专业翻译——我对科学翻译的理念是直译——非常严格的直译。我也喜欢文学,阅读过一些翻译的文学作品和文学作品的翻译讨论——我理解主要是意译,比如诗歌,多为意译。本书的翻译第一次给了我不同的体验——介于严格直译和意译之间的一种状态——比文学意译更忠实于原文的一种翻译状态,但不是严格直译。

特别感谢各位读者!希望得到您的反馈和批评!共享美好!

初稿翻译正好在儿童节完成。谨向各位小朋友致敬——无论你是否是双胞胎、多胞胎。非常荣幸,小朋友们正是我们的未来、地球的明天、宇宙的希望!

谨此也向出版社编辑老师致敬!细致修改、精准翻译、整体升华,让我们的翻译大为改观。让我学到很多,受益匪浅!非常感谢!

——宁永忠,清华大学附属垂杨柳医院

目　　录

第一章　新的冒险……1
多子女新生活……2
如何安顿好多个婴儿……3
育儿之旅如何改变……4
享受亲子体验……6
不要“一刀切”……7

第二章　准备工作……9
情绪起伏……11
照顾好自己和宝宝……14
倾听身体的信号……16
怀孕准备……17
双胞胎婴儿需要准备什么……20
让大孩子作好准备……26
临近分娩……28

第三章　新生儿期……29
在医院……30
回家……32
保持双胞胎作息一致……33
双胞胎喂养:母乳或配方奶……38
如何做到母乳喂养……40
简化配方奶喂养过程……42
打嗝和反流……43
出游建议……45

婴儿肠绞痛……47
安抚奶嘴的使用……50
寻求支持……50
去看儿科医生……51
形成习惯……52

第四章 婴儿早期……53
睡眠……54
共享空间:婴儿床和卧室……55
良好睡眠习惯背后的科学……56
养成良好睡眠习惯的策略……57
睡前仪式的力量……59
白天小睡……62
喂养双胞胎婴儿……63
双胞胎变得更强壮……66
尿布疹……68
“双胞胎防护”……69
重返职场……70
玩具和书籍……71
和双胞胎出游……72
继续寻求支持……72
与双胞胎分别建立联系……73

第五章 婴儿后期……75
睡眠模式……76
进餐时间:一个全新的世界……78
固体食物和餐桌(手抓)食物……80
吸管杯训练:再见,奶瓶!……82
口腔健康……85
游戏和发育……86
语言和交流……89

安全问题……90
纪律:朝着可接受的行为努力……92
情绪管理:如何保持理智……94
与双胞胎分别共度时光……96
第一年:时光飞逝!……96

第六章 幼儿期(1~2 岁)……99
睡眠问题……101
过渡到大儿童床……103
营养和用餐时间……108
简化用餐时间……111
双胞胎:享有共同纽带的不同个体……112
积极的一对一时间的重要性……113
良好有效的纪律……115
鼓励语言发展……122
如厕训练……123
安全问题……128
家庭关系:一个新生儿……131
保持适合双胞胎的预算:节省时间和金钱……131
娱乐……133

第七章 学龄前期(3~4 岁)……135
睡眠问题……138
社会化:双胞胎在家庭中的角色……139
为学前教育做准备……141
一对一时间……146
两个不同的个体……146
拓展社交圈……150
一贯性和纪律性……151
继续如厕和独立性训练……155
对父母的情感和社会支持……158

预算和实际事务……161
雨天:为人群画画……163
享受当下……164

第八章　学龄期……165
内置生活课程……167
教室安排……167
竞争……169
平衡:追求个性但避免活动过度……171
提高读写能力……172
适合孩子年龄的家务……173
重要的安全信息……178
多个孩子,多条“鞋带”……178
卧室空间……179
家庭动力和行为……180
旅行和娱乐……181
青春期多胞胎……182
直抒己见:双胞胎的心声……184

第九章　支持、情绪健康和节省时间……187
抚养多胞胎的团队合作……189
寻求支持……189
精神健康:牢记大局……194
保持冷静……195
多胞胎的内在好处……196
健康的家庭动态……197
节省时间的策略……198
特殊场合的策略……199
调整预期……201
从意外中吸取教训……202
答案在哪里?……202

第十章　早产和其他出生挑战……205
NICU:不同医院的不同医护水平……207
营养……209
NICU 的常规治疗情况……210
NICU 的亲密关系……212
回家……213
从 NICU 出院后……214
面对不孕……214

第十一章　三胞胎、四胞胎和多胞胎……217
怀孕准备……218
同步作息……219
熬过最初的几个月……219
规划多胞胎生活……220
如厕训练……221
人际关系、个性和情感……222
生命的冒险……223

第十二章　多胞胎:事实与传闻……225
同卵双胞胎和异卵双胞胎的区别……227
越来越多的多胞胎:统计数据……228
媒体中的双胞胎形象……230

第十三章　双胞胎故事分享……233
斯科特·凯利上尉的故事……234
玛格达和玛格丽特……237
罗莱和莱顿……239
凯西的故事……240
帕蒂和凯西……241
安德鲁和瑞安……242
亚历克斯和伊恩……244

多胞胎和广阔的体育世界……244

第十四章　单亲、伴侣挑战和离婚……247
麻烦的早期信号……248
家务平衡……249
当麻烦出现时……250
当决定离婚时……251
离婚家庭的文献参考……253

索引……255

第一章

新的冒险

“妈妈，这周末我和安德鲁可以练习开车吗？”瑞安问。

同卵双胞胎儿子安德鲁和瑞安成长的速度要比我想象中快得多。16年前，从B超上看到两个心跳，得知我怀了双胞胎，这一幕似乎就发生在几周前；从自行车上卸下辅助轮，看着他们从身边飞驰而过，充满自信，并为新的自由而欢欣鼓舞，似乎就发生在昨天。

现在，看着儿子们朝着更加独立的方向又迈出了一大步，又一次，我感觉像坐过山车一样。他们准备好了吗？我们准备好了吗？

“可以，瑞安，这是个好主意！”我说，心里感受到了所有父母共有的百感交集——既害怕又有爱和骄傲。我们的家庭已经到了另一个里程碑，双胞胎在他们各自独特的道路上不断前进，直到进入成年。

多子女新生活

如果您期待成为或者已经是双胞胎，三胞胎或是更多孩子的父母，那么祝贺您！如果您对抚育多个孩子感到紧张，请保持冷静，深呼吸。有了准备、计划、组织以及周围人的支持，您就能做到！不确定是否有能力抚养多个孩子，这是很正常的，因为这是一种全新的体验和责任，但是您会惊讶于自己适应家庭新变化的能力。大约在双胞胎出生后的第一年，您需要同步宝宝们的作息时间表，让生活更轻松一些。随着他们的成长，您会把他们每个人培养成独立的个体。一眨眼的工夫，孩子们就会以8字形在身边骑自行车；再一眨眼，您就要帮他们报名驾照考试培训了！

得知自己将有不止一个孩子的消息时，您很可能会感到情绪复杂。我承认，发现自己怀了双胞胎的第一个月，我就像被车头灯照到的鹿一样手足无措。一连串问题掠过我的脑海。我怎么会怀上双胞胎呢？这是真的吗？我们究竟怎样才能同时应付两个新生儿呢？

您和伴侣可能会有完全不同的反应。虽然我很紧张，但我丈夫却很兴奋和乐观。他告诉我，“放松点，会很棒的！一切都会好起来的”。我欣赏他的自信和快乐，因为他没有表现出对未知的恐惧，但我感到沮丧，因为对自己处理这种情况的能力感到不确定。我不知道我们需要多久才能找到最佳状态。

多年后的今天，我们不仅“活”了下来，而且还很享受双胞胎小时候的混乱不堪和兴奋不已。怀孕期间我非常紧张，以为抚养双胞胎新生儿会很困难。其实在实际生活中，同时照顾两个婴儿的日常起居是可行的。关键是要一步步来，一天天来。一旦家人开始使用一些技巧来简化孩子的照护，您就会更轻松而且享受整个过程。

应对抚育多个孩子的挑战正是成功育儿的一部分，甚至会让整个育儿过程倍感甜蜜。看着每个孩子随着时间流逝，渐渐长成独一无二的样子，是件很有趣的事。对于多胞胎的父母来说，养育过程中的高潮和低谷会被放大。您会有极度疲倦的片刻，也会有无比快乐的时光。

相信自己，相信自己为人父母的能力。人有面对挑战越挫越勇的惊人能力。生活中的任何困难都必须一步步克服，养育多胞胎也不例外。特别艰难的一天，可能会让您觉得这日子没完没了。可是很快，您在回忆的时候就会想，最初的几周和几个月怎么过得这么快呢？

宁按：作者是过来人——写作这一版时，她的双胞胎已经16岁。所以寥寥数语，都是真情实感，读者却恍如梦中！

如何安顿好多个婴儿

只要牢记好父母的基本原则，就可以照顾双胞胎或者更多的孩子。好父母为孩子提供爱、安全和保障。检查必需品时可以发现，婴儿只需要几件东西——吃的（母乳或者配方奶）、大便和小便用的（尿布）、一个安全的地方睡觉（婴儿床）和一种安全的方式来乘坐汽车（安全座椅）。再精简下，记住什么是关键的，什么是可选的，就能够为新生儿提供重要的东西。区分基本需求和额外需求之间的差异，有助于您保持理智而有条不紊。

当您有双胞胎、三胞胎或者更多的孩子的时候，最重要的是要记住让孩子们保持同样的作息时间。同步计划是让他们快乐地度过第一年的最好方法。其中一个宝宝醒来吃奶的时候,把两个宝宝都叫醒喂奶。如果婴儿的喂养时间不协调,会很容易需要在一天24小时里一个接一个地给他们喂食。如果按照不同的时间点来喂养两个孩子,您可能无法睡好,无法与家中较大的孩子共处时光,或者无法回归爱人的本色,拥有二人世界。

对父母的支持

丽莎是一对双胞胎幼儿的母亲。她分享道:"我得到的最好的建议就是让孩子们保持同样的作息时间。用2~3小时来处理新生儿的需求,让您有时间在他们都睡着的时候喘口气,这可能是您仅有的洗澡机会。"

刘按:优秀的父母为孩子提供爱、安全和保障。如果父母真正理解了这句话也许会减少很多不必要的焦虑,尤其是多子女家庭。当孩子长大了,那个家是一个充满爱的温暖的地方,可以累了充充电又满血复活就已经很完美了。

育儿之旅如何改变

早期

养育多胞胎需要在不同的阶段掌握不同的技能。生下双胞胎的最初几周和几个月,需要有耐力和精简日常行为,依靠理智"生存"下来。随着时间的推移,您可以轻松走出"生存"模式,调整为不同的思维模式。当您能在自己的屋檐下驾驭所有不同的个性,您将成为理解人类情感和互动的大师,您将像一名国际外交官一样很好地掌握人际关系。

怀孕

怀孕期间,把主要精力放在为宝宝的到来作准备上。双胞胎和多胞胎往往比单胎婴儿早产，所以要作好准备以防早产(更多信息请参阅第十章)。当然，需要提前作准备的另一个原因是，临近预产期时，您的肚子会变得很大而且很不舒服。开始参加当地的多胞胎父母俱乐部聚会，与其他多胞胎父母见面，并收集有用的建议，加入在线支持小组。怀孕期间列出可以在孩子出生后最初几周或者几个月内提供帮助的家人和朋友名单。

对父母的支持

抚育多个孩子没有放之四海而皆准的方法。接受别人的建议，但只采纳适宜自己家庭的。

新生儿期

在新生儿时期，家庭会很快适应一种全新的生活方式。每天的日程安排包括喂食、拍嗝、换尿布和小睡，日夜循环。您和孩子们会开始一种关系，这种关系会随着您的母爱感，以及对他们的基本需求保持一致的回应而加强。在这个时期，您可能会发现，虽然孩子们出生时间相同，但性情和个性可能截然不同。如果家里还有更大的孩子，请继续爱他们，积极关注他们，帮助他们尽可能多地感受这个过程。

婴儿期

在婴儿后期，您会带领每个人进入一个更可预测的时间表。整个家庭会知道在某一刻会发生什么。您的孩子正在变成小大人，您也渐渐明确了如何激励他们。

幼儿期

当多胞胎进入蹒跚学步的年龄，生活总体上要容易得多，但您有一些重要的里程碑需要顺利通过。比如如厕训练、过渡到大床。当训练同年龄的多胞胎上厕所时，您需要将对单胎子女有效的策略稍作调整。所有蹒跚学步的孩子都在某个时候开始意识到，他们是独立的人，与父母和兄弟姐妹是分开的。作为父母，您应该帮助孩子在一个可以接受的行为框架内为自己作更多的决定。

学龄前期

学前阶段的多胞胎，是对您多年努力的巨大回报。您的家变成了他们想象的工厂。他们可以整夜在睡觉（大部分时间）；他们在厕所小便（大部分情况下）；现在您可以更加享受他们的存在，**并且培养他们成为独一无二的人**。拥有双胞胎的诸多好处之一是，他们的“孪生关系”教会了他们耐心和分享；多胞胎经验提供了内在的生活体验。许多专家认为，多胞胎可能比单胎子女更有社交悟性，因为他们从婴儿期就开始发展这种关系。

学龄期及以后

在幼儿园和学校里，多胞胎孩子的世界将快速扩大。随着时间的推移，请记住，养育孩子是要培养未来独立的成年人。您将会做出关于教室布置、参与活动、社会动态等方面的决定。您的孩子可能会变得独立，或者您可能要处理很多兄弟姐妹之间相互竞争或者相互依赖的问题。

享受亲子体验

在刚开始的几天或者几周内，多胞胎的父母可能会非常忙碌，育儿会消耗掉您的日日夜夜。您不想仅仅是为了生存而抚养他们，您想要快乐，保持理智，并与伴侣和其他的孩子保持良好的关系。我们除了想要创造有趣的亲密体验之外，还必须完成一些日常任务来维持家里的运转。与其整天叠衣服，不如花点时间抱抱孩子，再给他们读一本好书。我们大多数人都雇不起保姆，也不是所有人都有家人在身边，当然，有二者帮助可以让我们日常拥有个人时间和/或二人世界。

作为多胞胎的父母，您需要制订策略和创造性的计划来尽可能地简化和组织每天必要的任务。这样，您就有更多的时间和精力享受与孩子在一起的时光。快乐育儿法（Happy Parenting）的另一部分是要为自己或为朋友挤出时间，锻炼身体，以及维持和伴侣的关系。

保持固定的家庭作息时间将有助于保护多胞胎、其他孩子、自己和伴侣的特殊时间。养育双胞胎的最初几年，您最好的盟友是他们对睡眠的渴求。小孩子需要充足的睡眠。在孩子已经过了新生儿阶段后，如果家人一起努力，培养他们固定的就寝时间，您将拥有每晚几个小时的和其他家庭成员在一起的时间。快乐的父母才能成为更好的父母。寻找自己的或夫妻二人的时间并非自私；它是健康的并且对家庭中的每个人有益。正所谓空杯无溢（One can not pour from an empty cup）。

宁按：One can not pour from an empty cup，英语成句类似于谚语。杯子装了水，才能倒出，才能解渴。指人充实了自己，才能帮助其他人，有益于社会。在此译为“空杯无溢”，溢谐音益。

不要“一刀切”

作为一名家长和一名儿科医生，我的亲身经历教给了我很多。当我们的双胞胎儿子出生的时候，大儿子只有 18 个月。我和丈夫必须迅速合作照顾 3 个不到 2 岁的孩子。我记得有一次婴儿床出了问题，我打电话给婴儿床制造商，接电话的女维修员简直不敢相信我们同时有 3 个睡在婴儿床里的孩子。我们头上简直写上了“效率”两个大字，因为我们不仅自己并得哄着 3 个年幼的儿子按照每天的时间表运转，这样才能坚持下来。我们都是执业医师，没有外界的儿童护理援助。我丈夫在我去医院工作的日子里独自照顾我们的儿子，而我在他工作的日子里独自照顾孩子。我们的第四个孩子是一个女儿，在大儿子 4 周岁生日前一个月出生，她的到来让我们的家庭更加圆满。

在双胞胎蹒跚学步的时候，我兼职从事儿科临床工作，随后我决定在我的 4 个孩子都还小的时候暂时全职在家。直到 4 个孩子都有更规律的学习计划后，我回到了临床实践和大学教师的岗位上。我从各个角度体验了养育双胞胎的感受——在外工作、母乳喂养以及作为孩子的主要监护人兼职在家工作。我的专业知识和抚育 4 个孩子的真实生活经验帮助我高效、健康、充满爱心地养育孩子们。

我很高兴有机会与您和您的家人分享我的一些见解。虽然这一章和这本书的其他几章多涉及双胞胎的出生，但接下来几章将集中在双胞胎的抚养上，从准备婴儿的降生到孩子上学。然而，这些章节中提到的原则、策略、技巧和建议也都适用于抚养三胞胎、四胞胎或更多孩子的家庭。有关三胞胎的单独内容以及更多信息，请参见后续章节。

当开启养育多胞胎的旅程时，有时会有朋友、家人和医疗保健专家给您建议和鼓励。倾听每一个人的想法，并尝试一下，但最终只有您才能找出最适合自己家庭的方式。并非所有的多孩家庭都相同，有两个大孩子和一对双胞胎的家庭与只有双胞胎孩子的家庭或有三胞胎和一个弟弟妹妹的家庭应当采取不同的应对方式。接受他人的支持和关爱，但作为父母，您会发现什么适合您的家庭。相信自己作为父母的判断力和能力，您不仅能挺过双胞胎早年的时光，还能享受其中的乐趣。

刘按：一定是您最了解自己的孩子和自己的家庭，就像鞋子合不合适只有脚知道。

第二章

准备工作

我和丈夫总是希望拥有一个大家庭，我们希望在第一个孩子出生后不久就能再次怀孕。作为一名职场妈妈，我认为我应该保持高效，孩子的年龄应该尽可能地接近。(非常有趣的是，结果是相隔几分钟而不是几年！）幸运的是，妊娠测试很快呈阳性。在怀孕6周的时候，我带着还是婴儿的马修去看产科医生，我以为这是一次简单的初步检查。

我告诉产科医生我有一些轻微的出血，但其他方面都很好。很明显，出血程度需要进行B超检查。

我带着坐在婴儿车里的马修走进一间B超室。因为有大型B超仪器和其他运行设备，小房间里温暖舒适。但我们开始检查时，马修开始在他的婴儿车里闹腾。所以我把他抱到检查台上，我平躺着，试图让自己的姿势正确。当马修意识到拍打桌子上皱巴巴的纸是一件非常有趣的事，他终于满足了。我继续紧紧地抱住他，让他不至于掉下去，这在B超检查中可不是件容易的事。

做B超检查的医生似乎花了很长时间。“嗯……我想……好吧，看看这个！”她边说边转动显示器，让我能看到它。

当看着一幅模糊的、移动的黑白图像时，你很难解释所看到的东西。但我在屏幕上看到的是不容置疑的——两个小点在重复闪烁着，每一个都有自己的节奏。两颗心！世界停止了，我的脑子里充满了震惊和怀疑。感觉就像灵魂出窍，看着这一幕上演，就像在看一部关于别人的电影，主角可以是任何人，除了我自己。我设想了一切——但双胞胎却不是我计划的一部分！

克服了眩晕模糊的情绪后，我抓住了扭来扭去，被遗忘的马修。之前我一直专注于屏幕上那两个光点。它们是那么美丽，那么纯真，它们在B超上跳出有韵律感的节拍，就像银河中正在说话的星星。我被迷住了，同时也很害怕。

刘按：很理解作者的感受。三年前，当做B超检查的医生告诉我是双胞胎的时候，我难以置信到怀疑他的技术，反复确认是不是长了肿物，医生很肯定地告诉我，不可能，那是两个小孩！然后我就变成了一只被车头灯照到的鹿，因为在我看来那是火星撞地球的概率,当时我的女儿糖糖(4岁)陪我去做B超,我告诉她这个事实,她瞪大了眼睛说:“啊!妈妈,那怎么办呢?我一个人抱不了两个小宝宝。”现在最困难的日子已经过去了,当看到他们萌萌的笑脸,感受到每个人带给你不同的幸福时,我内心觉得一切都是值得的。

情绪起伏

双胞胎的世界是一个不可思议的、混乱的、非凡的、充满挑战的地方。当您看着双胞胎成长,发展彼此之间、和家人之间的关系时,您将会感到意想不到的快乐。成为父母永远改变了您的生活,但是成为多胞胎的父母确实是一份礼物。

像我一样,您永远不会忘记得知自己怀了双胞胎的那个时刻。无论是自然受孕还是医学受孕,现在您已经成为不止一个孩子的母亲,这个事实是不可思议的。听到这个消息您可能会很激动。怀孕,连同所有相关的荷尔蒙,已经让您感触良多,而双倍(或者更多)的快乐同时到达,更让您感慨万千。您可能在这一刻感到兴高采烈,下一刻又感到焦虑恐慌。您的怀孕是意料之外还是计划多年,已经无关紧要了;您有像坐过山车一样的情绪完全正常。

支持网络包括家人和朋友,这些人深知您的过去,您可以和他们分享内心最深处的恐惧。您可以通过与伴侣、家人和朋友——任何善于倾听的人——讨论您的感受,来保持情绪健康。由于兴奋可能会在瞬间转化为恐惧,所以和爱的人互相讨论是理清头绪并开始设计应对策略的最好办法。您可以充分利用支持网络作为情绪的发泄口。

在新的旅程中您会发展新的关系。我建议您联系一下当地的多胞胎父母俱乐部,在那里您会遇到新的家庭,另外在计划生产的医院注册一个多胞胎产前课程。即使不能经常亲自去到现场学习,但如果周围都是即将迎来或者家里已经有多胞胎孩子的父母,您也可以从中增长见识,同时得到情感上的满足(欲知更多关于寻找附近多胞胎父母俱乐部的信息，请参阅第九章）。

您可能感到孤独和害怕，但如果您勇敢地走出去，就会发现其他的双胞胎家庭不仅有类似的情况，而且都挺过来了并因此经历更丰富。多亏了网络社交的普及，对于亲自参加俱乐部聚会有困难的家长来说，网上大量公共和私人的群组能够提供进一步的支持（想了解更多请参阅第九章）。如果您怀孕期间需要卧床休息一段时间，网络和其他社交媒体可能是必要的。

对双胞胎的支持

英国作家约翰·罗纳德·瑞尔·托尔金（John Ronald Reuel Tolkien）的经典小说《霍比特人》（*The Hobbit: There and Back Again*）中，巫师甘道夫出现在比尔博·巴金斯的门口，告诉他，他将参加一场涉及矮人、山脉和龙的大冒险。比尔博喜欢舒适的家和一切熟悉的东西，所以这让他目瞪口呆，难以置信。不管受孕方式如何，多胞胎的父母可能会有和比尔博有同样的感受，他们会觉得自己在没有任何开场白、警告或者准备的情况下就被推入了一个未知的世界，开始一场冒险之旅。

您会发现与认识更久的朋友和家人相比，怀上双胞胎或者已经有双胞胎或多胞胎的新朋友更了解您的情况。与有类似经历的人交谈是令人欣慰的。

理想的情况下，支持您的人应该是积极乐观的。但当许多善意的人知道您要生多胞胎时，他们可能会手足无措。这些人可能和您一样惊讶，甚至震惊。当他们得知这个消息时，可能会脱口而出未经深思熟虑的言论或问题。大多数情况下，这些人的本意是好的，他们只是没有意识到要照顾您的感受。不体贴的话语可能会伤害到您，尤其是在您情绪失控的时候。不要让这些评论影响情绪，最好的回应方式就是简单地说“我们很惊讶，当然也很高兴”。您怀孕生孩子跟别人没有关系。

对双胞胎的支持

可能会有陌生人问您一些不合适的问题，比如与怀上双胞胎相关的事，比如增加了多少体重。而且不幸的是，粗鲁的问题并不会只发生在多胞胎父母身上。我曾经读到玫琳凯化妆品创始人的故事。一个电视名人问玫琳凯："您多大了？"玫琳凯看着她的眼睛，回答道："您多重？"无论您的回应是幽默还是讽刺，不要让这些互动困扰您；简单地回答或者忽略问题。

一种选择就是幽默以对。我认识一位母亲，每当有人问她："您打算怎么办？"她会回答说："我就想在易趣上卖一个！"这句话的荒谬性提醒提问者，他们问了一个毫无帮助的愚蠢问题。无论您选择如何回应，都不要手足无措；提前预演答案，这样您就为这次不可避免的交流作好了准备。最重要的是，在您机智或简洁地回答之后，就到此为止吧。不需要和冒犯您的人谈得太详细，这样的谈话对您的情绪状态没有帮助。如果生活中某些人不能对您怀上双胞胎感到乐观和表示支持，您可能需要和他们保持一些情感上的距离，这样才能保持理智。现在最重要的，是照顾好身体、情绪和孩子。

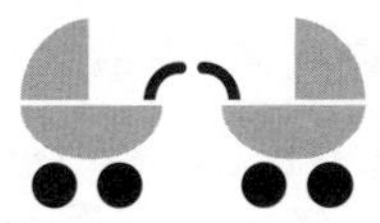

对双胞胎的支持

我在一个双胞胎母亲的聚会上遇到了一位女士，她在她女儿一岁左右生下双胞胎。我一直以为我是这个国家唯一一个有3个不到2岁孩子的妈妈，而这里突然就有满屋子可以交流的人。和其他父母见面确实减少了我的孤独感。

我们大多数人都曾经想象过一个完美的单胎婴儿，以及他如何融入我们的生活和家庭。给自己一些时间以抛弃所有的先入之见。您将在同一时间有多个孩子，这需要对我们所创造的未来的心理愿景进行相当大的调整。双胞胎或更多的孩子也许不在您的期望和计划中，但他们会带给您意想不到的幸福和爱。

当您在为即将到来的双胞胎感到不知所措甚至紧张时，可能马上会有负罪感。您可能会想："我所有的朋友都很容易，一次只生一个孩子。只生一个孩子比生双胞胎容易得多。但我也不应该有这种感觉，当我很幸运地拥有双胞胎时我怎么能有这种想法？"允许自己去感受人类所有的情感，不要内疚。如果您有时感到失望，承认您的感受，然后继续前进。利用这段时间和伴侣以及支持您的朋友交谈。

双胞胎故事

乔恩是一对双胞胎婴儿和一个学龄前孩子的父亲。他说："我希望知道人类的爱和关怀的能力有多大的弹性。我担心我不能熟练地处理两个婴儿的所有错综复杂的照护，同时还能在不发疯的情况下抽出时间感受所有的爱和奇迹。这种担心很快变成了一种节奏——几乎和它降临到我们身上的速度一样快——成为了新常态。我们甚至无法想象只有一个孩子。"

刘按：接纳自己，首先要接纳自己的情绪和感受，无论焦虑、生气、内疚……都是正常的情绪，是人类真实的情感。我相信养育不同数量的孩子带给父母的挑战是完全不同的，而且不是 1+1+1=3，事实是指数级的增长。我也相信，没有身受就没有感同，当我只有一个孩子的时候，我完全可以控制自己的理智，但是变成三个的时候，我觉得是很困难的，所以寻找相似家庭构成的朋友很有益处。我们能够真正地互相理解和支持，并且交流经验。

照顾好自己和宝宝

怀了不止一个孩子，这让您在产科医生的眼里成为一个特殊的类别。双胎妊娠归类为高危妊娠，这可以理解为，我们需要更加密切地关注这次怀孕。有糖尿病、早产史或者有其他重大健康问题的母亲也属于高危人群。大多数的双胎妊娠过程都很顺利,如果您能更好地照顾自己,顺利的概率会增加。

医生们把婴儿出生前的生长时间称为妊娠期,以周和天为单位来进行定义。例如,医生可能会说某个婴儿在怀孕 36^{+3} 周时出生,这说明婴儿生长了 36 周又 3 天。

根据美国人口统计报告,大约 60% 的双胞胎,超过 90% 的三胞胎,以及几乎所有的四胞胎和更高阶的多胞胎都会早产。平均而言,大多数单胎妊娠持续 39 周,双胞胎是 35 周,三胞胎是 32 周,四胞胎是 29 周。怀孕的时间随着婴儿数的增多而缩短。

美国妇产科医师学会(American College of Obstetricians and Gynecologists,ACOG)已经将早产(preterm)定义为妊娠期不超过 36^{+6} 周的分娩;早期足月(early-term)指妊娠期介于 37~38^{+6} 周之间的分娩;足月(full-term)指妊娠期为 39~40^{+6} 周的分娩。正在期盼双胞胎或者更多孩子降临的父母,需要意识到早产的可能性更大。请注意早期足月产婴儿和早产婴儿的概念是不同的。有关早产的更多信息,请参阅第十章。

宁按:此处涉及妇产科专业名词早产、早期足月和足月。这些时间划分是基于生物学规律的人为规定。

刘按:非常庆幸,作为双胞胎妈妈我坚持到了足月剖宫产,表扬一下坚强的自己。昭昭和穆穆的出生体重分别是 2.85kg 和 2.95kg。我的经验就是放松心态,规律作息,定期产检,遵医嘱,有不适的时候随时就医。在孕后期二十多天的时间里我一直在医院卧床。卧床期间我读了几遍《诗经》和《楚辞》,从中选了“穆”和“昭”两个字。象征两个人在妈妈肚子里的位置左昭右穆;象征两个人的性格,一个偏沉稳,一个更活泼(昭昭胎动次数明显高于穆穆,出生之后性格以及运动能力对比也是如此。根据第一个孩子的胎动经验,我一直猜测左侧的昭昭是个女孩,进手术室之前我跟医生说想要一个哥哥和妹妹组合,没想到结局如此惊喜);谐音同朝暮,如日月光辉深得我心。

适当的营养在您怀孕期间非常重要。如果可能的话,孕妇最好在准备怀孕的前几个月服用含有叶酸的维生素。叶酸是产前维生素的重要成分，已经证明可以减少神经管缺陷的概率，如脊柱裂。如果您还没有每天服用产前维生素，不要担心错过时间，现在开始就可以。把产前维生素加入食物中服用来减少恶心，并且为自己鼓掌吧，因为您为了宝宝的健康又迈出了一步。双胞胎妈妈不需要每天服用双倍剂量的产前维生素，正常剂量就够了。

对于双胎妊娠，摄入正确的食物和适当的热量至关重要。大多数专家认为，单胎妊娠每天需要额外摄入 300 卡路里的热量，而双胎妊娠每天需要额外摄入 1 000 卡路里的热量。经常吃一些健康的小零食可以缓解晨吐，并且可以帮助您达到每天的热量摄入目标。胃里一直有些东西，可以减轻恶心的感觉。酸奶、坚果、水果、果汁、饼干和奶昔都是不错的选择。

除了消耗额外的卡路里外，喝水也很重要。当您似乎每 5 分钟就要跑一次厕所的时候，保持充足的水分可能会让您在接下来的几个月里发疯。然而，宝宝的血液流动和体内废物的清除依赖水分。在一天的早些时候多喝水，然后在晚上 8 点以后停止喝水，这样您就可以在晚上睡得更久一些。

双胞胎小贴士

即使在忙碌的一天，也要提醒自己多喝水。每天早上预先把您需要的水装在单独的水瓶或者更大的容器里，每小时喝一小口。在一天结束的时候，空瓶子会告诉您已经补充了所需要的水分。

倾听身体的信号

定期进行产检至关重要。因为双胞胎早产的可能性更大，所以任何症状或担忧都必须及时解决，以保障婴儿的安全。您察觉到的任何新的妊娠症状都必须引起产科医生的注意；看似微不足道的事情可能是更严重事件的征兆。出血、阴道分泌物、越来越频繁的宫缩、骨盆或后背下部的压力甚至腹泻都可能是早产的迹象。妊娠早期的出血可能是由双胞胎植入子宫壁引起的正常现象。任何时候出现出血都应该立刻咨询您的产科医生。

双胞胎故事

丽莎是一对蹒跚学步的双胞胎的母亲。她说:“现在回想起来,我认为任何想要双胞胎的人都应该知道更多关于剖宫产的信息,我真希望自己当时对此能有更充分的准备。”

双胎妊娠也会增加子痫前期的概率。在这种情况下,母亲血压升高,尿液中蛋白质增加(通过尿液分析可以检测,这是每次产前检查都需要尿液标本的原因),而且比正常妊娠时更容易肿胀。如果您发现体重迅速增加或者头痛,请联系产科医生,以便尽快检查。治疗会根据疾病的严重程度而不同,可能是卧床休息,可能需要住院药物治疗,必要时则需立即分娩。

双胎输血综合征(twin-twin transfusion syndrome,TTTS),是发生于同卵双生妊娠中的一种罕见并发症(仅见于10%~20%的单绒毛膜双胎,意味着同卵双胞胎共用一个胎盘)。两个婴儿的血液会混在胎盘血管之间,导致一个婴儿循环了太多的血液,而另一个婴儿循环得太少。产前超声可以帮助产科医生评估胎盘、血液流动以及同卵双胞胎的生长发育情况。

宁按:子痫(eclampsia)是怀孕期间或生宝宝之后,不能用其他原因解释的抽搐,一般会有子痫前期,发病的原因有多种。它是妊娠期高血压疾病的五种表现之一,一般需要紧急就医。

在怀孕期间,乐观而专注的态度对您的精神状态有好处。一天又一天,一周又一周,按部就班。好好吃东西,注意孩子和身体在告诉您什么。孩子在子宫里待的时间越久,对他们的出生越有帮助。肚子越大,您就应该越开心。

怀孕准备

您现在为双胞胎准备得越充足,对孩子出生时越有帮助。如果因为妊娠并发症需要卧床休息，您需要分配一些准备工作给其他人或者尽可能多地网上订购。比一般的单胎妊娠提早一些考虑准备好必要的物品，如婴儿床，这样您就为孩子们的提前出生作好了准备。

养育双胞胎的新信息

双胞胎父母俱乐部，无论是线上的还是线下的，能给您提供情感支持和有用的信息。仅仅1~2个有用的提示就可能真正帮助您运筹帷幄解决双胞胎的问题，节省很多时间和精力。在一次双胞胎父母俱乐部的聚会上，我了解到了一种双胞胎哺乳枕头的存在。这是一个大的泡沫填充设备，专门设计用来方便地同时对两个婴儿进行母乳喂养或奶瓶喂养。即使我是儿科医生，我以前也从没听说过它！在最初的几个月里，这个小窍门让我们的家庭生活变得轻松了很多。如果没有我那可靠的双胞胎哺乳枕头，我无法想象自己能在最初的几周里“活”下来。

为双胞胎购物

双胞胎父母俱乐部也举办服装和用品交换活动，以及从其他会员那里购买二手用品的销售活动。在这些大减价活动中可以找到真正物美价廉的东西。孩子们长得非常快，似乎每周都需要新衣服，所以这些二手用品可以节省预算。

为双胞胎准备各种用品时，您必须谨慎购物。婴儿用品行业会让您相信需要为每个孩子准备20双婴儿鞋，给每张婴儿床安装一个防尘圈，一个婴儿湿巾保暖器(baby wipe warmer)，再在每个房间放置一个尿布桶。广告商甚至会发布“便利”清单，上面有许多不必要或不相关的项目。使用这些清单作为提醒或指导没问题，但不要觉得有义务购买上面的所有物品。

初为父母尤其需要注意婴儿用品的营销现象。因为您是第一次当父母，您想尽您所能作最好的准备。婴儿用品公司利用新父母的期待、焦虑和经验不足，巧妙地暗示如果想成为一个好父母的话，您肯定愿意花49.99美元买到带字母表的婴儿床。然而，昂贵的东西并不能让您成为好父母，好父母应该为孩子提供爱、安全和保障，其他的都是花哨的东西。

双胞胎小贴士

您是不是让太多的必须拥有的婴儿用品搞得晕头转向？许多婴儿用品不是必要的。只要您有最基本的比如吃的、尿布、婴儿床和汽车安全座椅，就一切准备就绪了。

双胞胎的父母需要优先考虑预算。您需要购买或清洗两倍的尿布。如果您使用吸奶器或者不哺乳，您需要两倍数量的奶瓶。考虑成为大型超市或商场的会员，以节省在所需物品上的花费。

您可能需要精简其他可以灵活处理的物品。值得注意的是，从长远来看抚养双胞胎并不比养育两个分别出生的孩子花更多钱，只是可能会同时需要某些东西。

联系您的家人和朋友，问问他们是否有闲置的婴儿用品。跟他们借这些东西是个好主意，因为很多婴儿用品只能用几个月。有弹性的座椅、婴儿袋和婴儿秋千很快就被淘汰了。例如，当一个婴儿长到 3.6kg 左右的时候（查看特定制造商的说明），就可以开始使用一个前抱式婴儿袋（soft-pack front carrier），一直可以用到婴儿 9kg 左右（通常 9 个月大）。不要对旧衣服过于挑剔。我记得我第一次怀孕的时候，我想给我儿子买一切崭新的东西。几个月后，我很快进入另一个阶段，我意识到，“嘿，借一个小秋千没什么大不了的，还能省点钱”。

请仔细检查并清洁借用的设备，以确保其安全和卫生，还要确认没有松动或损坏的零件。借用物品时，还需要确保它们不在任何安全召回列表中。这对婴儿床尤其重要，因为双胞胎可能会在那里度过他们的大部分时间。

双胞胎小贴士

当您为双胞胎准备各种用品的时候，借一些额外的婴儿用品来控制预算。可以查看美国消费品安全委员会网站，确保借来的或二手的婴儿用品没有被召回。

其他“必须拥有”的婴儿用品通常是不必要的，甚至是不安全的。您必须自己决定，是要为了拥有一个可爱的婴儿房而购买某些物品，还是宁愿省一点钱。婴儿床床围就是一个很好的例子。美国儿科学会（American Academy of Pediatrics，AAP）建议不要使用床围。婴儿床床围看起来好像可以为孩子挡风和防止颠簸，但它们不应该被用于婴儿床。没有证据证明床围可以防止严重伤害；事实上，它反而有让婴儿窒息或被困的风险。此外，大一点的婴儿可以借它们爬出婴儿床。婴儿通常在头三四个月不会翻身，所以您不必担心他们的头会撞到栏杆上。要评估所谓的婴儿必需品，以确保它们是必需的、安全的。

双胞胎小贴士

这一点再怎么强调都不为过：婴儿需要您的爱和拥抱，而不是物品或者可爱的衣服。

双胞胎婴儿需要准备什么

以下是婴儿需要的物品清单，以及一些不一定需要但是可以让您保持清醒的物品。这个清单并非包罗万象，但是它包含了双胞胎婴儿在出生后最初几个月时可以考虑购买的物品。在后面的章节中，我们将讨论对您的双胞胎以后的生活有用的东西。

- 婴儿床

双胞胎将在各自的婴儿床上安全舒适地睡觉。买两个新的婴儿床，或者如果家里有以前哥哥姐姐的旧婴儿床，而且符合安全标准，可以只买一个。如果值得信赖的朋友或亲戚家有多余的婴儿床，也非常好，您可以使用！但需要确认婴儿床没有损坏或不在安全问题召回名单上。任何婴儿床的板条宽度不得超过 6cm。婴儿床栏杆的顶部应至少距床垫顶部 66cm（随着孩子们越来越高，可以定期降低床垫）。2011 年实施的美国联邦安全标准禁止生产或销售下拉围栏婴儿床（drop-side rail cribs），以防止新生儿和幼儿窒息或被勒死。

● 汽车安全座椅

您肯定需要两个。汽车安全座椅是那些您不应该借用或者使用二手物品的东西之一（或者我应该说之二？）。即使汽车安全座椅只发生了轻微的碰撞，也必须更换。汽车安全座椅带有儿童用较低锚栓和系绳（Lower Anchors and Tethers for Children，LATCH）系统，如果汽车配备有 LATCH 接口，正确安装会更容易一些（该系统在 2002 年成为标准配置）。您可以通过 LATCH 或安全带来安装汽车安全座椅；请务必仔细阅读车主手册以及汽车安全座椅的使用说明。因为双胞胎在出生时很小，您需要的新生儿/婴儿汽车安全座椅最好能够支撑头颈部。在孩子长大以前，不必担心安全座椅的可调节性，因为您的新生儿出生时可能并未达到指定的最低体重。

● 母乳或配方奶粉

母乳在婴儿生命的最初几周是最理想的食物，但您可能想要或需要使用新生儿/婴儿配方奶粉作补充。在后面的章节中，我们将详细讨论母乳和配方奶喂养问题。

● 奶瓶、奶嘴环和硅胶奶嘴

您会发现用洗碗机清洗这些东西会容易得多。大多数现代洗碗机的消毒设置将有效地为您消毒。可在洗碗时将奶嘴和奶嘴环放在小塑料洗碗篮里（可以在网上或大商场的婴儿用品区买到）。还要确保您手上有新生儿的慢流奶嘴（当双胞胎长大后，有中、快流的选择）。新生儿通常每 24 小时需要母乳喂养 8~12 次（用配方奶喂养，频率稍低一些），所以估计您可能在 24 小时内需要多达 24 个奶嘴。您可以选择减少奶嘴的数量，但那样的话，您每天就需要增加消毒用过的奶嘴的次数。如果您要用吸奶器，确保奶瓶和吸奶器匹配。

- 吸奶器

如果您打算给双胞胎母乳喂养，吸奶器是非常有用的。如果您发现需要增加母乳的供应，吸奶有助于刺激乳房分泌更多的母乳，您可以将营养丰富的母乳储存起来，供以后使用。一个高质量的电动双乳吸奶器是值得购买的，它可以节省您收集母乳的时间和精力。很多妈妈选择租一个吸奶器，而不是提前买一个；租吸奶器可以让父母在预算上有更多的灵活性。在接下来的两章中，我们将更详细地讨论母乳喂养双胞胎。

- 尿布和纸巾

一次性纸尿裤很方便，但是很贵。登录各大纸尿裤生产商的网站，可以获得专为多胞胎父母准备的优惠券。但可能需要等到孩子有出生证明之后才能领取，因为有些公司想要证明您确实有双胞胎。许多家庭使用布尿布并自己清洗或使用布尿布服务。这些服务的成本和可用性因地区而异，因此您需要进行一些调研。布尿布比一次性用品更环保，但另一方面也需要消耗更多的能源和水进行洗涤。请注意，即使是敏感皮肤用湿巾，也可能会刺激宝宝的皮肤，所以在您确定找到合适的尿布和湿巾之前，不要买太多。我自己孩子的皮肤非常敏感，所以我们经常用温水和棉球来预防尿布疹（关于尿布疹的更多信息，请参阅第四章）。

宁按：可以同时准备一次性纸尿裤和布尿布，分别在不同情况下使用。

- 双胞胎哺乳枕头

建议您在怀孕 6 个月时准备一个双胞胎哺乳枕头。这样万一双胞胎早产，您就可以作好准备。双胞胎哺乳枕头是一种既便宜又简单的使同时喂奶变得容易的方法。它有助于在同一时间对两个婴儿进行母乳喂养或奶瓶喂养。从我的双胞胎出生到大约七八个月大，我一直在用。同时给宝宝喂奶可以节省时间，并有助于保持双胞胎每天的日程安排一致。

- 尿布台

一旦您在床上或地板上无精打采地换了几片尿布,您就会意识到背部健康和舒适可能取决于一个尿布台。即使您的尿布台上有安全带,也不要离开桌子,哪怕是片刻。如果您不把手放在婴儿身上,即使是新生儿也会扭动着离开桌子。我们家在楼上的梳妆台上也安装了一个尿布台,这样我们就可以在楼上和楼下各有一个换尿布的区域。第二张尿布台并非必须,但它确实让最初几个月的生活变得更轻松。

- 衣服

您喜欢把衣服堆起来一周洗一次,还是更喜欢频繁地清洗以便于打理?您的答案将帮助您决定给双胞胎买多少衣服。在家里,没人在乎双胞胎是否整天穿着睡衣。根据吐奶和溢尿的情况,您可能每天需要为每个双胞胎提供2~3套服装。婴儿长得很快,所以不要买太多新生儿尺寸的衣服——这些衣服可能很快就穿不了了。重要的衣服和床上用品包括:

- 裤裆处可以扣合的一体式衬衫,以及分开的上衣和裤子
- 袜子(在婴儿走路之前不需要鞋子)
- “襁褓袋”,便于安全地包裹您的婴儿
- 包脚睡衣套装
- 底部下摆敞开的袋状睡衣,简化了尿布更换的过程
- 用于包裹婴儿的毯子
- 用于洗澡的婴儿浴巾和带帽毛巾

- 新生儿/婴儿浴盆

能够容纳一个人就足够了,因为在宝宝能够独立坐之前,给他们洗澡最安全的方式就是依次给他们洗澡。一旦宝宝能够独立地坐着(参阅第五章),您就可以在一个普通的浴盆里同时给他们洗澡了,在触手可及的地方一直看着他们。

- 双胞胎婴儿车

有一系列不同价格和样式的双胞胎婴儿车。前后串联式婴儿车对于年幼的婴儿更方便,因为您可以经常将新生儿/婴儿汽车安全座椅卡入其中。这种类型的婴儿车也更窄,因此在接受儿

科医生检查时(在出生后头几个月更频繁)更容易通过医院门口。并排式的婴儿车更适合大一点的婴儿和学步的孩子,因为这种款式允许双胞胎进行更多的互动。它们比前后串联的婴儿车宽,不适合通过标准的入口,但它们通常适合轮椅可以通过的足够宽的入口。您可以选择轻便一些的,当然价格会更高。如果您住在城市里,每天都会使用婴儿车,您可能会觉得这值得花钱。一定要检查婴儿车承重的最小和最大值,以确保孩子在婴儿车里安全。

- 保护婴儿床床垫的防水垫

此外,放在婴儿床床单上的更小的防水垫使得呕吐物或其他溢出物的清洁更容易。您只需把脏的垫子拿走换上新的,节省了用新床单重新铺整个婴儿床的时间。

- 前抱式婴儿袋(front-pack carrier)、背巾(wrap)或背带

这些用品的使用寿命有限,但如果您想把家里的事情处理好,它们可以让您的生活更容易。第二个婴儿袋意味着您的伴侣可以负责双胞胎中的另一个。婴儿背带是另一种很好的选择。与所有婴儿用品一样,请确保背带符合当前的安全标准,并正确使用,以避免窒息。

- 室内游乐场

当您需要接电话或者去洗手间的时候,这些用品有助于帮助您保护宝宝的安全。有些型号自带一个尿布台,这样您就可以在主要家庭区域有一个换尿布的地方。额外的尿布、湿巾、拍嗝布(burp cloths)可以放在较低的隔间里。当选择使用这些用品时,在游乐场就不再需要添加补充床垫或者任何其他物品。

- 一部好的相机(或者一部有相机功能的智能手机)

有了双胞胎,您会拍无数张照片,但只有一小部分值得冲洗出来。幸运的是,自带优越拍照功能的智能手机还可以拍很棒的视频。确保将照片备份到线上云盘或外部硬盘。我承认,我们将照片冲洗出来制作成相册的方式很快就会落伍。然而,我希望我存储的电子版照片能够在未来焕发新的光彩。

双胞胎小贴士

给双胞胎单独或者一起拍很多照片。他们将来会很感谢您把他们当作独立的个体来对待。您如何能够记住照片里谁是谁呢？如果您不能及时标记照片，给他们的衣服涂上颜色会帮助您在几年后识别他们。男孩们和女孩们很容易就能掌握不同颜色的密码。或者一个可以穿纯色衣服，另一个穿印花或条纹衣服。

- 带除臭系统的尿布桶

尿布桶能有效地锁住不同程度的异味，通常需要每天处理消除异味。母乳喂养的婴儿大便没有太多的臭味，所以如果您在哺乳，尿布桶可能不是必要的。以我的经验，当孩子6个月大，开始添加固体食物的时候，尿布开始散发出一种强烈的气味，即使是最好的桶也掩盖不住。我们家发现最简单的处理方法是把脏尿布放在车库里的一个普通的有内衬的垃圾桶里，离我们的鼻子远一点。

- 摇椅或长躺椅

一旦您的双胞胎足够强壮，他们就可以坐在您的膝盖上，三个人一起看书。这可以成为您夜间哄睡双胞胎的例行程序的一部分，通过读书给宝宝传递信号，告诉他们马上就要睡觉了。在刚开始的几个月里，您可能需要别人在您读完书之后帮忙抱起双胞胎，但是随着时间的推移和宝宝的肌肉张力增强，您会发现自己变得更加得心应手。

宁按：建议用电子读书替代父母阅读。父母阅读形成睡眠的条件反射不利于长期。

- 家庭公告板或类似的提示系统

记录婴儿喂养和大小便情况是很重要的（尤其在双胞胎出生时低体重或者早产的情况下）。在家里中心位置有一个公告栏来记录宝宝的喂养、大小便情况。如果您还不是一个有条理的人，不要担心；多胞胎的父母都会很快变得非常有条理，以满足每个人的需求。智能手机应用程序可以方便地记录母乳喂养和大小便的数据，但您可能更喜欢在家里贴一块老式的黑板来记录,以便多个照护人员查询和做笔记。

双胞胎准备物品清单

- 两张婴儿床
- 两个汽车安全座椅
- 母乳或配方奶粉
- 奶瓶、奶嘴环和硅胶奶嘴
- 吸奶器
- 尿布和纸巾
- 双胞胎哺乳枕头
- 尿布台
- 衣服
- 新生儿/婴儿浴盆
- 双胞胎婴儿车
- 防水床垫
- 前抱式婴儿袋、背巾或背带
- 室内游乐场
- 相机
- 带除臭系统的尿布桶
- 摇椅或长躺椅
- 公告板或类似的提示系统

让大孩子作好准备

新生儿的到来创造了一个全新的家庭环境,需要所有家庭成员作出调整。随着双胞胎的到来,家庭发生了很大变化。随着 2 个或 2 个以上要靠父母照顾所有需求的新生儿的到来,哥哥姐姐的生活将不可避免地发生变化。根据年龄和发育水平,选择让您的大孩子作好双胞胎出生准备的正确方法。

对双胞胎的支持

在为双胞胎作准备时,书是一种极好的资源。适龄的书籍是帮助所有年龄的孩子过渡的好办法。

在怀孕后的前 3 个月,您可能暂时不想对 3 岁以下的孩子解释。怀孕 12 周以后定期谈论新生儿的出生是比较好的,您可以选择从这个时刻开始。蹒跚学步的孩子们特别喜欢宝宝的图画书,适宜年龄的娃娃套装是一种有趣的模拟宝宝到来之后的方式。记住一点,您的孩子很难想象有双胞胎之后的生活，直到这一刻真的发生。

一旦双胞胎回到家里，他们主要需要喂养、换尿布和拥抱；所有这些都可以在和家里的大孩子谈话和玩耍时完成。您的双胞胎的语言发展将受益于观察您和他们的哥哥姐姐聊天。比如，您和他们的姐姐一起做一个手工项目时，可以让这对双胞胎坐在有弹性的椅子上放松地观看。

双胞胎故事

乔恩是一对双胞胎婴儿和一个大儿子的父亲，他说："我真希望我能把我的长子（单胎儿子）介绍给他的妹妹们。我当时很紧张——我们还会是最好的朋友吗？我给他的关注能达到双胞胎到来之前的水平吗？当然，他很好，很快就爱上了妹妹们。"

尽量避免在双胞胎出生前后让哥哥姐姐的生活方式发生重大改变。对一个小孩子来说，成为一个哥哥或姐姐的转变已经足够大了。例如，现在不是让大孩子换睡大床的时候。如果因为空间问题需要作房间调整，那就在怀孕早期进行，这样您的孩子就不会觉得他已被双胞胎取代。如果您的孩子受过如厕训练，您可能会遇到一些意外。作为一个孩子，适应家庭中出现弟弟妹妹时，他出现行为的退行现象是正常而且常见的。您有很多事情要做，要照顾两个新出生的婴儿，如果您的大孩子表现出一些行为想引起您的关注，您可能会有挫败感。尽您所能去理解大孩子，这会具有挑战性，因为您有了新的责任。

如果大孩子在双胞胎出生时还不到 2 岁，您就能少处理一些兄弟姐妹之间的竞争问题。2 岁以下的幼儿适应能力更强，似乎对新生儿的到来更淡定。最大的挑战是 2~3 岁的孩子。作为一个孩子，她对正在发生的事情有了更好的理解，但仍然像其他孩子一样，渴望来自父母的爱和关心。

如果兄弟姐妹之间的竞争问题占了上风，一定要腾出时间来和您的大孩子独处。他可以和妈妈一起去购物，也可以和爸爸一起洗澡。不带宝宝，每天和大孩子在一起的特殊时间，会让他安心，他是永远被爱的。即使没有保姆照顾双胞胎，您不能带大孩子去郊游，也可以利用宝宝的小睡时间和大孩子单独相处。新生儿一天中大部分时间都在睡觉，所以这会让您比想象中有更多时间和另一个孩子在一起。当然，接下来的两章将详细讨论如何帮助双胞胎在同一时间睡觉，以便每个人都能过上更健康、更平静、更少混乱的生活。

临近分娩

在准备迎接宝宝到来时，您的肚子会比想象中还大。您的大肚子说明双胞胎正在茁壮成长。同时怀两个孩子具有挑战性，但可以尽情享受怀孕的每一天。子宫里的每一天对宝宝的发育都至关重要。为自己吃得好和保持健康鼓掌吧。早点收拾待产包，好好休息，作好说走就走的准备。

与您的产科团队核实选择分娩的医院，并参考第十章。要作好心理准备，因为双胞胎出生意味着房间里有很多人和您在一起。需要更多的人力和照护，以在宝宝分娩时确保安全和提供必要的支持。

我是在一所大学的附属医院剖宫生产的双胞胎，有我自己的产科团队、新生儿重症监护团队，以及众多的主治医师、住院医师和实习医师，我的产房非常拥挤。我的一个朋友生四胞胎时，医院用了两间手术室，以便有足够的空间给接生小组，以及方便立即照顾4个婴儿。当然也要意识到，不管分娩前如何准备，现实都将是一场冒险。您的分娩体验将是独一无二的，而且只属于您自己。

第三章

新生儿期

当分娩日期到来时,您可能会有一种解脱却夹杂着恐惧的感觉。几个月来一直想知道分娩会是什么样子,什么时候分娩,也许还要卧床休息一段时间,现在都结束了。一个新的篇章即将开始。

在 医 院

婴儿可能是足月出生的,也可能是早产的。不管是哪种情况,都要依靠医务人员的指导和建议。新生儿重症监护室(neonatal intensive care unit,NICU)的护士、医生和其他新生儿护理人员,如呼吸治疗师和营养师,都有丰富的经验和知识。利用每一个机会向医院工作人员寻求医疗和实用的建议。NICU 护士和新生儿护士们见到过各种情况。没有什么愚蠢的问题,尤其是当您是第一次为人父母时。最好的办法是提出问题,并让别人帮您解答,而不是静静地为一个可能的新生儿特有的问题而烦恼。

如果可能的话,提前安排人帮助照顾家里的大孩子,这样父母双方在住院期间都能在场。双方都在医院会有助于妈妈更顺利地从分娩中恢复。此外,团队合作应该从第一天就开始,这样有助于调整期望,使孩子的所有监护人员在前进的道路上保持一致。

双胞胎故事

学龄双胞胎的爸爸迈克回忆说:"尽管我们有一个大一点的孩子,尽管我们觉得已经为这次经历作好了准备,但我们住院的经历仍然让人觉得不可思议!——这真的发生了!"

如果您雇佣了夜间护理人员照顾双胞胎,以便可以在晚上睡个好觉,从分娩中恢复过来,为回家作准备——不要感到内疚。您不必觉得自己必须在住院期间做所有的事情。您自己还在从分娩中恢复,如果不能正常恢复,您也无法照顾孩子。想想飞机上的紧急程序:您必须先戴上自己的氧气面罩,然后才能帮助别人。如果您没有照顾好自己,就不能有效地照顾孩子。当带着孩子回到家的时候,您有足够的时间去做这些事情。很快您就会回家了,希望您找到可以咨询宝宝大便看起来是否正常，或者有什么好的拍嗝姿势的人。

双胞胎小贴士

当双胞胎出生以后，您在医院时会有很多问题。伴随着兴奋、分娩和睡眠不足，您可能会突然忘记脑海中的重要问题。所以在床边放一只笔，一个记事本或一部智能手机，记下您的想法。儿科医生和护士巡视、检查时，可以咨询。

当您在医院的时候，新生儿保育员可以教您用襁褓包裹新生儿的实用的技巧，对初为父母的人来说，这是非常重要的一课。通过模仿封闭的子宫环境，可以帮助安抚挑剔的新生儿或婴儿。即使是经验丰富的父母也可以参与教授良好的裹襁褓技巧的进修课程。

泌乳顾问可以在母乳喂养过程中帮助您。如果医院没有提供哺乳咨询服务，请确保儿科医生或注册护士（registered nurse，RN）有为您安排。泌乳顾问可以帮助宝宝学会正确吃奶的方法，告诉您同时喂养双胞胎的不同方法，并向您展示如何挤出和储存珍贵的母乳。如果宝宝需要的话，NICU 护士还会教您如何给他们喂药。

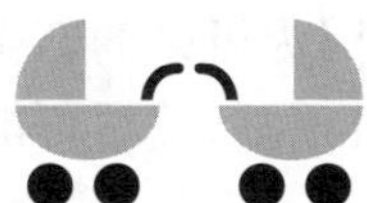

对双胞胎的支持

利用强大的母乳喂养资源提前学习，母乳喂养成功的机会很大。关于母乳喂养，有两本很好的参考书：琼·杨格·米克（Joan Younger Meek，MD，MS，RD）主编，美国儿科学会（American Academy of Pediatrics，AAP）出版的《新妈妈母乳喂养指南》（*New Mother's Giude to Breastfeeding*）和凯瑟琳·哈金斯（Kathleen Huggins）主编的《妈妈的照护伴侣》（*Nursing Mother's Companion*）。另可参见本章中母乳喂养的信息。

宁按：

《新妈妈母乳喂养指南》第二版有中译本，名为《美国儿科学会母乳喂养指南》。

很快您就会发现,您把孩子放在汽车安全座椅上,手里拿着出院证明,带着所有亲爱的孩子回家了!

回　家

带着刚出生的双胞胎从医院回到家里,可以让您松口气。回到熟悉、舒适的家里,床和饭菜都很好。但是接下来您就会意识到——有两个孩子需要照顾!那些乐于助人的护士和医院工作人员哪儿去了?深呼吸,每天做一些事情。孩子们都会变得越来越强壮,您的家人也会学会一种新的生活方式,包括新生的宝宝。把您和双胞胎在一起的生活想象成在公海上的一次伟大的航海冒险。当您开始学习打结和扬帆时,就是回家的时刻。现在只是进入了水域,很快您就会达到巡航速度,开始一段不可思议的旅程。

如果您的双胞胎有哥哥或姐姐,现在是他们庆祝的好时机,也可以从他们的角度来看待双胞胎的到来。我建议您和另一个孩子尽可能积极地讨论新生儿。例如,"这是新妹妹们!她们有你这样一个大姐姐,真是太幸运了!"尽可能多地关注您的大孩子。宝宝不知道您是否在跟他们说话,但是大孩子知道。当给双胞胎拍嗝的时候,您会惊讶于您能和大一点的孩子进行很多有趣的对话。可以把这一理念推广到其他人身上:当好心的亲朋好友因为可爱的新生儿来访时,提前提醒他们一下,请他们先向大孩子打招呼,并尽可能多地让她参与到谈话中来。

双胞胎小贴士

双胞胎出生意味着您的大孩子现在是大哥哥或大姐姐了。一些家庭喜欢以双胞胎的名义给大一点的孩子送一个礼物以强调他们的新头衔,庆祝他们新的家庭地位。

保持双胞胎作息一致

您将如何管理婴儿第一周的生活？好消息是新生儿睡得多。吃饭和睡觉是新生儿最关心的两个问题。“生存”的关键是确保双胞胎在同样的时间开始睡觉。新生儿平均每天需要16或17小时的睡眠。这种睡眠的不方便之处在于，它会均匀地分为日间睡眠和夜间睡眠，并需要经常中断来喂奶。所有的新生儿都需要至少每3小时吃一次，因为他们的胃很小，但是他们的热量需求很高。偶尔进行集中喂奶时，母乳喂养的婴儿可能需要每隔1~2小时进食一次。频繁哺乳有助于促进乳汁分泌，适应孩子的快速成长。

那么，如何协调两个婴儿频繁进食和睡觉的混乱状态呢？这里有一条喂养双胞胎的黄金法则：当一个宝宝醒来吃奶时，另一个也必须醒来吃。尽管有句老话“永远不要吵醒熟睡的婴儿”，但也要记住，您一天中没有足够的时间喂饱一个接一个的婴儿，而且日复一日。一旦孩子们醒来吃奶，就同时喂他们，同时拍嗝。如果您有帮手喂其中一个双胞胎，而您喂另一个，那非常好。但如果您正在母乳喂养，或者打算和双胞胎单独在一起，您就需要自学如何同时喂养两个孩子。尽管会得到周围人的帮助，但妈妈们和爸爸们最好都早点开始学习如何同时喂养双胞胎。

双胞胎故事

雪莉是一对学龄前双胞胎的妈妈，她回忆道：“我收到的最好的建议是，同一时间喂养孩子。我一个人怎么也不会想到这一点。”

同时喂养双胞胎的最好方法是用一个大的双胞胎哺乳枕头，这对于母乳喂养和奶瓶喂养都适用（图3-1和图3-2）。它是一个大的U形枕头，有一个结实的泡沫芯，可以放在您的腰部，后面有一个开口。大多数枕头都有一个固定用安全带，让枕头紧贴您的身体。两个双胞胎各在一边，保持好位置。早期您可能需要帮助才能将婴儿放在枕头上，但随着时间的推移，您很快就会很有能力同时安全地

图 3-1 双橄榄球抱式体位母乳喂养

图 3-2 双橄榄球抱式体位奶瓶喂养

抱着两个孩子。

如果您做过剖宫产手术，可能需要等一周左右才能开始使用双胞胎哺乳枕头，因为枕头的前缘会穿过您愈合的腹部。术后使用普通枕头垫在两边以双橄榄球抱的姿势来照顾您的双胞胎。另一种母乳喂养姿势是一个婴儿采用传统的摇篮抱，另一个婴儿则使用橄榄球抱(图 3-3)。父亲们也可以用这种特制的枕头和装满母乳或配方奶的奶瓶同时给婴儿喂奶。

图 3-3　另一种母乳喂养姿势：一个宝宝摇篮抱，一个宝宝橄榄球抱

每次喂奶时把枕头或抱枕放置标准是一件麻烦事，因为您必须在频繁喂食新生儿的过程中，次次都找到合适的体位。无论是母乳喂养还是奶瓶喂养，您都要正确地调整自己和双胞胎的位置，以防止背部疼痛。一次弯腰 20 分钟，一天 8~12 次，几周后会对身体造成伤害。

双胞胎胃很小，尤其是早产的双胞胎，但却需要大量的热量。这就是婴儿需要频繁进食的原因——无论是白天还是晚上，大量进食才能在生命的最初几周正常发育、增加体重。您可以根据自己孩子的需要随时调整时间表。

当双胞胎醒来吃东西的时候，看看时钟，在心里记下时间。新生儿通常只能忍受 1 小时或 1.5 小时的连续清醒，最多 2 小时。事实上，他们一次只能清醒大约 90 分钟，这可以帮您调整双胞胎的日程。醒着的时间是怎么度过的？喂食和拍嗝需要相当长的时间（特别是当爸爸妈妈努力让宝宝正确地摆姿势的时候）。在喂食和拍嗝之后，双胞胎应该直立起来，有助于他们消化奶水。这也是与他们互动、交谈和玩耍的好时机。当您给宝宝拥抱或拍嗝的时候，弹性椅子扣上安全带有助于帮助保持另一个宝宝直立。

通常喂奶后是婴儿排便的理想时间，因为胃结肠反射，胃里的食物会刺激肠道运动。如果您在喂食后稍等一会儿再换尿布，也许可以节省尿布。在喂奶、拍嗝、换尿布之后，再看一眼时钟，我可以向您保证，现在差不多是双胞胎该睡觉的时候了。他们可能不会显得特别“难搞”，但要记住，哭泣是疲劳的一个晚期信号。不要等到宝宝哭了再哄她入睡，一旦她哭了，肾上腺素就开始分泌，她就会因为过度激动而更难入睡。学会识别宝宝想要小睡的微妙的线索，在还没开始哭闹之前，用襁褓或者毯子把他们包起来，以模拟子宫的环境。在这个时间点，他们吃饱了，拍完嗝，换了干净的尿布，没有任何其他事情要做，就会回去睡几个小时。

双胞胎故事

安德鲁和瑞恩出生后，我们还在医院的时候，我很担心瑞恩。安德鲁总是在下一次喂食时自己醒来，我们发现几乎每次喂食都需要吵醒瑞恩以配合安德鲁的时间表。不过在最初的几周里，他体重增加得很好，尽管总是被叫醒起来进食。十多年过去了，瑞安已经证明了自己是一个冷静、沉稳、泰然自若的人。我确信他在刚出生几天时就已经向我们展示了这些特质。

双胞胎小贴士

您的双胞胎中可能永远有一个会先醒来吃奶。不必担心总叫醒另一个一起吃奶，会对另一个造成一辈子的伤害。您是在通过父母的理智帮助他们。如果您调整双胞胎的作息时间表，随着时间的推移，两个人的生物钟将逐渐一致。他们自然会在相似的时间里感到饥饿。

然后，在小睡（1 个小时或更久）后，当双胞胎中的一个醒来时，看看时钟。如果另一个 10 分钟后还没醒，把他叫醒，继续您的计划。您可以看到正在形成的模式。重复这对双胞胎同时醒来，吃饭，打嗝，玩耍，换衣，然后再睡觉的循环是您可以同时处理两个新生儿的方法。可以调整这个建议的日程以适应您自己的需要，但要确保坚持下去。一以贯之的坚持是关键。婴儿会本能地感觉到一个作息时间表或固定程序,如果你们保持一致,每个人都会预见到下一步。

双胞胎小贴士

在晚上给新生的双胞胎喂奶时,要尽可能让他们感到无聊。把灯光调暗,不要和您的孩子说话或唱歌。他们将开始通过这些潜意识的信息来学习睡眠。

在早期,不要指望孩子整晚都在睡觉。宝宝会很饿,渴望频繁进食,这样他们才能继续成长,特别是如果他们是早产儿或体重不足 3.2kg。虽然现在期待双胞胎睡到天亮的奇迹还为时过早,但您应该从第一天开始采取措施,让宝宝明白白天是玩耍的时间,晚上是睡觉的时间。从晚上 8 点左右,一直到天亮,保持喂奶时的安静和高效。如果可能的话,在双胞胎睡觉的房间里给他们喂食,把灯光调暗。只在有便便或宝宝当前有尿布疹的情况下才换尿布。现在一次性纸尿裤可以容纳大量尿液而不会渗漏或引起太多不适。喂奶和拍嗝后,抱一下双胞胎,哄他们入睡,关键是尽量不要引起他们的注意。如果尿布确实需要更换,避免过多的眼神接触和交流。半夜不是和您的双胞胎一起玩耍或亲昵的时候,这些事应该在白天做。虽然不适用于每个人,但我用白噪声来帮助婴儿入睡。房间里的小电扇可以消除外界噪声,并给双胞胎发出睡觉时间到了的信号。

双胞胎小贴士

您和伴侣可以分工轮流夜间喂奶,这样每个人都可以一次睡得更长。例如,您可以负责午夜喂奶(储奶袋里的母乳或配方奶),而您的伴侣可以负责凌晨 3:00 独自喂奶。这样,每人可以连续睡 5 个小时或更长时间。

宁按:形成规律性是一生的主题,成人也需要。小孩子就像小动物一样,形成规律性的主要方式是条件反射。父母要主动认知,坚持形成条件反射。形成的过程也许艰苦,但形成之后对孩子的益处、对父母的好处显而易见。各位一定要坚持哦！

双胞胎喂养：母乳或配方奶

每个新妈妈都要决定采用母乳喂养还是配方奶喂养。美国儿科学会鼓励母乳喂养，认为母乳是6个月以下婴儿的最佳营养品，并强烈建议对1岁以下的婴儿进行母乳喂养(如果需要，可以持续到1岁以后)。相比于配方奶喂养，母乳喂养有许多优点：妈妈和宝宝通过身体接触增进了感情；母乳是专为宝宝准备的，更容易消化，不需要混合或准备，已经处于合适的温度，并且含有免疫因子，已被证明可以预防耳部感染、腹泻和呼吸道疾病；对母亲来说，母乳喂养有助于子宫收缩到怀孕前的状态；同时，母乳喂养的妈妈也会燃烧更多的卡路里来促进产奶，有助于减轻怀孕期间增加的体重(推迟排卵和月经是另一个潜在的好处，但不要把母乳喂养作为唯一的避孕方式)。美国儿科学会建议母乳喂养的婴儿每天补充400国际单位的维生素D。一些适用于新生儿和婴儿的液体维生素制剂可用于此目的，只需要每天滴几滴即可(请一定查看维生素的新生儿/婴儿使用说明)。

当然，如果您怀的是双胞胎，决定吃什么并不容易。您可能会想："我到底怎样才能喂养两个婴儿呢？我会变成哺乳机器吗？有可能分泌足够的母乳吗？"是的，母乳喂养两个婴儿是有可能的。把母乳吸出来会刺激下次喂奶时产生更多的乳汁。对母乳的需求创造了供给。需求翻倍，供应也可以翻倍。大多数的母亲应该能够分泌足以喂食两个婴儿的奶水。

如果您对母乳喂养双胞胎的想法感到害怕，那么就学习如何开始吧。慢慢来，看看进展如何。在分娩的头几天，您会分泌初乳(早期母乳，也被称为"液体黄金"，量比较少但是含有丰富的免疫促进因子)。这是极具挑战性的日子，因为没有足够的奶量让您的双胞胎吃饱。一旦您的奶量增加，哺乳就会变得简单，通常是在分娩后第4或第5天(成熟乳)。奶量的增加有助于您的双胞胎在哺乳时吃得更饱。

对于出生第一周的健康双胞胎来说，如果宝宝在哺乳后仍然饿着，说明您的乳汁不足，补充一点配方奶是可以的。在您的双胞胎每次哺乳后，立即补充 30mL 或 60mL 的配方奶不会显著抑制您的泌乳量。关键是您要先哺乳或把乳汁吸出来，以免抑制自己的泌乳量。婴儿摄入的任何一点初乳或母乳都有额外的好处。

双胞胎故事

尽管尽了最大努力，但由于无法控制的因素，您可能仍然无法母乳喂养。苏是一对三年级双胞胎的妈妈，她回忆道："当时我因为严重的双乳乳腺炎住院以至于不能继续母乳喂养。偏偏我的孩子又是早产儿！所以放弃母乳喂养让我非常担心。那是一段我不应该经历的困难时期！"完全可以现实点儿，如果不能选择母乳喂养，其他选择也是可以的。

如果您在母乳喂养方面遇到困难，可以向儿科医生寻求帮助和建议，并向泌乳顾问寻求额外的资源和支持。坚持一天是一天。尽量避免向您自己或任何人承诺——必须完全实行母乳喂养，直到某个特定的时间，比如等到双胞胎满 6 个月。这当然是一个很好的目标，很多人也已经成功完成，但对您而言，并不一定行得通，坚持一个可能行不通的决定，会给自己带来额外的压力。好消息是，所有在美国生产和销售的婴儿配方奶粉，无论是否是品牌商品，都受到了严格监督，并以适当比例添加了婴儿所需的所有营养因子。

对双胞胎的支持

无论您的双胞胎喝多少母乳都是有益的。尽您所能提供更多的母乳，需要时向您的儿科医生和泌乳顾问寻求帮助。

我给我的双胞胎母乳喂养到 3 个半月，之后使用配方奶粉。当时我出于很多原因选择了全配方奶粉喂养。之前，在我巨大的双胞胎哺乳枕头上给我的双胞胎儿子哺乳的记忆是我珍藏一生的美好回忆;之后,我也很享受更换到配方奶粉时的便利和解脱。这让我看到了故事的两面性。尝试母乳喂养,看看结果如何,如果换成配方奶粉那也很好。再强调一次,您给婴儿喝多少母乳都是有益的。

如何做到母乳喂养

母乳喂养的一大挑战是如何知道婴儿每次哺乳时实际摄入的奶量。您将了解每一个婴儿的喂养模式。也许一个婴儿比另一个婴儿吃奶更快,10 分钟内就吃完,而另一个则会逗留 15 分钟以上。在喂食结束时感到满意的婴儿们打嗝,尿不湿湿得“很好”,并且每天至少排便一次。一般来说,如果奶量足够,在出生后的第一周,宝宝每天应该有 4~6 次小便和 3~6 次大便。很多母乳喂养的婴儿每次喂食都会大便,这是正常的,因为母乳很容易消化。儿科的体重检查是确定奶量摄入是否足够的最好方法。尤其是如果您的孩子早产或体重偏低,或者两者兼而有之,您应该在孩子出院后去找儿科医生做额外的体重检查。在早期,每个婴儿奶量应该每天至少增加 30mL。很多时候,父母可能会担心母乳喂养进行得不太顺利,但是孩子体重的增加增强了他们的信心。

双胞胎小贴士

可能双胞胎中的一个比另一个吃得更多。只要他们的体重都有适当地增加,尽量放松,避免总是对他们进行过多的比较。

您的双胞胎可能有两种不同的喂养方式,其中一个双胞胎可能比另一个在生长高峰期更饿。出于这个原因,您可能需要记住每一次哪个宝宝在哪一边喂奶,然后下一次换一边喂奶。通过改变双胞胎哺乳的方向,您可以平衡左乳和右乳之间的乳汁供应,这样就不会失衡。另外,您的双胞胎会从两边吃奶的经验中受益。婴儿有时会倾向于只选择一边,您可以通过经常更换来抑制这种倾向。您需要双侧乳房均匀地分泌乳汁。

当我的双胞胎刚出生的时候，我很难记起谁在哪一边吃奶，所以我用胶带贴了两张卡片，上面分别写着“安德鲁”和“瑞安”，贴在厨房岛台边缘。我会根据谁在哪个乳房上吃奶来改变卡片的位置，以帮助我记得交换宝宝吃奶的位置。即使使用记事本，我每天也会有几次忘记交换位置哺乳，但当您在24小时内哺乳8~12次时，一切都会变好。我的一位好朋友使用一个塑料手镯，交替着戴在两边手腕上，以表明婴儿应该在哪一边哺乳。智能手机上有很多应用程序，可以帮助母乳喂养的妈妈记录谁在哪一边吃奶，何时吃奶。

做一个简单的图表，记下双胞胎的进食、排尿和排便模式。记录喂食信息的图表在医院和回到家里的早期都很有用。在图表中，包括每天哺乳的时间，之后是否补充配方奶粉，以及宝宝是否有大小便。这样的图表是观察婴儿24小时内情况的简单方法。在这个睡眠不足的时期，您不能依赖记忆。在您出院后的第一个星期，我们的儿科医生会想要看到这些记录。或者，您也可以在智能手机或笔记本上使用应用程序进行电子记录。

如果您能挤出母乳，最好是以小量储存，在早期不超过每瓶或每冰袋60或90mL。如果宝宝不是特别饿，这种方法可以防止浪费任何珍贵的母乳。如果他需要更多的奶，您也可以随时解冻另一份。有些妈妈喜欢把母乳冷冻在特制的塑料袋里；另一些妈妈则放在耐热耐冷冻的安全奶瓶里，这些奶瓶可以直接连在吸奶器上，以简化收集、储存和喂养的过程。

如果您纯母乳喂养双胞胎，重要的是在出生后的前3周尽可能多地亲自喂，避免使用奶嘴，以防止乳头混淆。（宁按：即混淆母亲乳头和奶瓶奶嘴。）3周后，您有一个特殊的机会窗口，从3周到6周这段时间，母乳喂养的婴儿更容易学会奶瓶喂养，而不会对母乳喂养造成明显干扰。利用这一机会，让您的双胞胎习惯哺乳和用奶瓶喂养配方奶或母乳。对您的伴侣来说，奶瓶喂养是一个很好的方式，可以让他参与到婴儿的照顾中来，促进亲子关系，让妈妈休息一下。如果您打算休完产假后回去工作，您需要训练这对双胞胎同时接受奶瓶喂养和母乳喂养。

怎样才能训练您的双胞胎用奶瓶进食？把双胞胎、奶瓶和双胞胎哺乳枕头交给爸爸或另一位护理人员。(参见下一节关于如何安全地加热瓶子。)最重要的一步是您需要离开房间。婴儿知道妈妈什么时候在身边,他们会更喜欢妈妈熟悉的乳房而不是奶瓶。对双胞胎要有耐心;他们可能需要一些过程才能真正喝到瓶子里的东西。

简化配方奶喂养过程

如果您用配方奶喂养您的宝宝,或者仅用配方奶补充母乳喂养,那么一次准备几批配方奶是很有用的。双胞胎的父母根本没有时间在每次喂食时都准备奶粉。购买多个容量为 1L 的液体容器,同时准备 2L 配方奶,以节省时间。将 900mL 的水装入每个罐子,用漏斗加 15 勺配方奶粉(仔细检查罐子边上的尺寸)。如果您使用浓缩液体配方奶,将等量的浓缩液和水混合。轻轻搅动罐子使水与粉末混合,温水可以让这个过程变得更容易。把准备好的配方奶罐放进冰箱,等双胞胎要吃奶的时候,把想要的量倒进瓶子里,加热一下。我们发现这是一天喂两个饥饿婴儿几次奶粉的最简便方法。

双胞胎小贴士

如果您是配方奶喂养,不要忘记使用新生儿慢流奶嘴,可以帮助婴儿更容易地进食和消化,而不需要吞咽多余的空气。

微波炉加热奶瓶是一种危险的方法,因为它们会在整个液体中产生热量,尽管奶瓶握在手上会感觉相对较凉,但奶可能已经滚烫了。加热奶瓶最安全的方法是把两个盖好盖子的奶瓶放在厨房水槽中的一大碗温水里浸泡大约 10~15 分钟,然后按计划喂食。提前作好下一次喂食的准备,把奶瓶加热,以便在宝宝需要喂养时使用。

每天所需配方奶的量取决于婴儿的体重和年龄。从出生到 2 个月大,每个婴儿每次喂奶的量为 60~150mL。2~4 月龄时,婴儿通常平均每次需要 120~180mL 配方奶，4~6 月龄，每次喂养 150~210mL 配方奶，6 个月后婴儿可以吃固体食物以获得额外的热量，所以您真的不需要超过 210mL 的奶瓶。12 个月后，健康的婴儿可以过渡到全脂牛奶。

如果您发现一个您喜欢的 150mL 或 180mL 的奶瓶品牌和类型，您应该把它囤积起来。您的双胞胎平均每 3 小时喂食一次配方奶，也就是一天要喂 16 瓶。决定您是经常清洗瓶子还是一天统一洗一次。一旦双胞胎 1 岁左右，他们就可以开始使用杯子喝水了。

宁按：原文是盎司等英文单位。换算成中国通用单位，会产生小数点，我们取整数。

打嗝和反流

无论是母乳喂养还是奶瓶喂养，无论是否容易吐奶，所有婴儿都会从打嗝中受益。哺乳进行到一半时，或者在喝了 30~60mL 的配方奶后，给您的双胞胎一些时间改变一下姿势，拍嗝释放胃里多余的气体是帮助您的宝宝进食的好方法。我见过很多饥饿的婴儿很快吸入食物，但由于胃里吸入了空气，他们会吐出相当一部分食物。吐奶不一定是反流造成的，通常是由于喂养的速度不当，或者吃得过多。正确的进食节奏是在宝宝咕嘟咕嘟喝完剩下的奶之前给宝宝休息的时间，让肚子里的气体上升并释放出来。

双胞胎小贴士

即使您的双胞胎非常饿，也不要试图喂他们太快，不然他们最终会吐在腿上。

您在给婴儿喂食后会花多长时间拍嗝呢？给双胞胎拍嗝，直到他们打嗝——然后再拍打更多嗝！听起来很傻，但是很多次在听到巨大的打嗝声之后，还会有一个更小的泡泡出来。有时您甚至听不到打嗝声。如果您是母乳喂养的话，听不到声音是比较常见的，但是无论如何，确保给每个婴儿拍嗝至少 5 分钟。把拍嗝的时间当成拥抱的时间好好享受吧。

您可以同时给双胞胎拍嗝。如果您用的是一个大的双胞胎哺乳枕头，您可以让双胞胎坐在两边，这样可以同时拥抱两个婴儿并给他们拍嗝(图 3-4)。注意确保您能分别很好地控制住双胞胎，因为他们这么大的婴儿肌肉很弱。或者，您可以把双胞胎腹部向下，拍拍他们的背。在这种姿势下，一定要抬起您的膝盖，这样他们的头就会向上倾斜，奶水就不会从他们嘴里流出来。

图 3-4 使用双胞胎哺乳枕头同时给两个宝宝拍嗝

双胞胎更可能早产，早产婴儿更容易出现反流。反流是指奶从胃里回流，通过食管(连接口和胃的通道)，从口中流出。如果宝宝经常吐奶，但体重一直在增加，您不必担心。在这种情况下，您可能需要确保婴儿在每次喂食时不要吃得过饱，并且在喂食中正确地拍嗝。如果宝宝经常吐奶，很挑剔，而且体重没有像儿科医生希望的那样增加，反流可能是罪魁祸首。如果您用配方奶喂养，医生可能会就喂养策略给出一些建议，更换婴儿的配方奶或者开具处方，这取决于婴儿的情况。

双胞胎小贴士

每次喂奶后，让双胞胎保持直立大约20分钟，以帮助他们更舒适地消化。

每次喂食和打嗝完成后，尽量不要立即让婴儿平躺。想象一下，吃了一顿丰盛的节日大餐，然后平躺在地上，您会觉得很不舒服。把您的双胞胎放在45°直立的有弹性的椅子上，或者甚至把其中一个宝宝放在前抱式婴儿袋里。这样您的双胞胎可以环顾四周，让牛奶在他们的胃里沉淀。

出 游 建 议

双胞胎跟您回家后的前3周，我建议让他们保持“低调”，待在家里就好，即使您的双胞胎是足月儿。因为所有的新生儿免疫系统都不成熟。世界上有很多虱子、细菌、病毒！商场里的人看到双胞胎会情不自禁地伸出手来抚摸他们，有身体接触，这足以让我们的双胞胎新生儿感染病毒。一旦您出门在外，对于过于友好和好奇的陌生人要直截了当拒绝。他们可以看，但不能摸。一句简单的话，“请不要碰我的孩子，他们感冒了”，应该就能驱走好奇心。

宁按：一方面是时间。国内一般健康分娩，会安排4周后回到医院进行新生儿体检。我认为这个时间是合适的。如果双胞胎是早产，遵照医嘱即可。

另一方面是陌生人、环境中的致病因子。确实要考虑这些因素，但也不必过虑。没有完美的环境，父母身上也可能有。拒绝陌生人的抚摸是必须的，但裹足不前则不必。

中国传统还一个优良习惯是“挪窝”。就是满月之后，一定要离开坐月子的地方，去另一个地方。强制性增加环境刺激，锻炼新生儿的适应性。

双胞胎小贴士

一定要让您家的访客在抱新生儿之前用肥皂或者洗手液洗手。

一旦您的双胞胎出生超过 3 周,定期出门是保持头脑清新的好方法。盯着家里同一面墙,照顾两个非常难养的小家伙而不偶尔看一眼外面的世界是不健康的。一次简单的社区散步会让每个人呼吸到新鲜空气。如果您渴望走出家门,即使是开车去邮局也会是一件有趣的事情。如果有灵感或有需要,提前作好出游的准备。

一个备好的尿布袋(diaper bag)可以让您更轻松地把双胞胎带出家门。如果尿布袋准备好了,您就有更好的机会出去。在尿布袋里,放一个塑料食品储存袋,里面有装满水的婴儿奶瓶、一些奶粉(预先称量过的,不需要勺子)和一次性奶嘴。这些物品可以让您在旅途中轻松地为这对双胞胎准备一顿美味的大餐。当然,还要放好尿布、湿巾和其他必要的物品。

如果空间允许,可以考虑将双胞胎婴儿车存放在汽车后备箱里,这样就可以随时出发了。您不必每次出门都把它拖到车上。一切都可以简化。如果您有一个大一点的、蹒跚学步的孩子,可以把他和一个双胞胎放在婴儿车里,把另一个双胞胎放在一个柔软的前抱式婴儿袋里。这样您就不必去追一个随意跑的孩子了,每个人都有控制,都很安全。如果允许的话,把双胞胎的婴儿车安全座椅放进婴儿车里可能更简单。

双胞胎小贴士

在一次外出游玩之后,您有空的时候,试着把您的包重新装好,这样就可以为下一次旅行作好准备了。

除了平时的尿布袋,还要在车里放一个特别的袋子,以备不时之需。通常医院或儿科医生的办公室有很多免费尿布袋,很完美。在这个袋子里,扔几瓶水(定期补充),预先称好的配方奶粉,额外的尿布和湿巾,换洗衣服,还有一些毯子。这个袋子是用来装婴儿必需品的,以防万一。紧急储备物资有利于缓解焦虑(例如,万一您和双胞胎一起出去时,汽车爆胎)。如果您赶着去办点事,又不想查看尿布袋的状态,那也很方便。您要知道,如果旅行比预期的要长,手头有补给总是好的。任何能帮助您更频繁地走出家门的东西对您和双胞胎都是有益的——这的确非常明智。

婴儿肠绞痛

婴儿肠绞痛(infant colic)到底是什么意思呢?这是一个古老的术语,许多人至今仍用它来描述新生儿或幼儿烦躁不安的倾向。过去,大多数人认为很多婴儿的哭闹和烦躁是由"腹部胀痛"引起的。目前的看法是,一系列的"婴儿烦躁症(Infantile fussiness)"(我更喜欢的术语),可能与任何腹部胀痛有关,也可能无关。所有的婴儿在不同的时间都会有不同程度的紧张不安。

您的双胞胎,一个可能比另一个哭得更多,这取决于每个孩子的气质。尽量不要比较孩子,也不要感到内疚。双胞胎的父母通常会因为经常抱着双胞胎中更烦躁的那个而感到内疚。众所周知,腹痛(colicky)的婴儿会让一个人丧失理智。尽您最大的努力,公平地分配拥抱给两个宝宝,无论他们是紧张不安还是平和安静。希望您能公平地(fair)对待两个孩子,但给他们完全相同的(equal)体验是不可能的。

新生儿和婴儿哭闹的强度往往在6周左右达到峰值,通常在3个月大时会有很大改善。每当双胞胎中有一个或两个都很烦躁或哭闹的时候,您就要把潜在的诱因列成一个诱因清单。

- 宝宝饿了吗?
- 宝宝需要拍嗝吗?
- 宝宝是尿尿了还是拉便便了?
- 宝宝是冷、热还是痛?

- 宝宝是否需要襁褓(模仿子宫周围的环境)?
- 宝宝累了吗?看看时钟,孩子醒了1.5小时了吗?
- 宝宝需要吮吸吗?如果您愿意的话,让孩子吸吮自己的手或拇指,或者您喜欢的话,也可以用奶嘴(出生3周后)。

如果您解决了所有这些问题后宝宝仍然在哭,她可能是有腹痛。您可能注意到下午晚些时候和晚餐时间家里特别吵。婴儿在这段时间更容易哭闹,从理论上来讲,这是因为婴儿在白天所有兴奋的活动和刺激下感到疲惫不堪。哭闹经常发生,每天3个小时,一个星期几次。

因为我们不能和婴儿交谈,所以没有人知道他们为什么会无缘无故地哭。研究表明,肠绞痛的发作似乎与哭闹只有部分关联。相反,哭闹似乎与婴儿对周围环境高度敏感有关。想象一下,如果你几个月来一直生活在一个温暖的子宫里,现在突然进入一个开放、嘈杂、混乱的世界。轻微的声音对你来说就像往黑板上钉钉子,因此你会痛哭流涕。

因为哭泣可能与婴儿周围的刺激物有关,更有效的舒缓技术是模拟舒适的子宫环境,好好包裹双胞胎以模拟子宫里的环境。把您的宝宝放在前抱式婴儿袋里,再带着他们走路,模拟子宫里的摇摆。轻摇您的双胞胎。嗡嗡作响的风扇,甚至是收音机调频的静电,都能产生有益的白噪声;您的子宫一直在嗡嗡作响:想象一下宝宝在子宫里,您的主动脉有节奏地在他们的头附近急速跳动。虽然这违反直觉,但绝对的安静是新的令新生儿不安的因素。

双胞胎故事

普迦是一对刚学会走路的龙凤胎的妈妈。她分享道:“如果婴儿在哭,检查您的清单来确定原因:饿了,困了,需要换尿布,或者需要拥抱。如果您有一份清单,判断哭闹的原因就容易多了。”

肠绞痛似乎确实有一个积极的好处:它可以帮助父母与婴儿建立亲密关系,因为抱着哭泣的婴儿通常有助于她或他安静下来。有人从理论上认为,改善粘连是结肠绞痛的一个进化优势。与大多数其他动物物种的婴儿相比，人类婴儿非常依赖父母对他们进行照顾并帮助他们生存。千百年来，父母的耳朵和大脑对婴儿的哭声作出反应，使婴儿得以生存和成长。所以即使双胞胎的哭闹有时会让您发疯，您也要懂得哭闹也是有目的的。它确保您的双胞胎宝宝每天都能得到很多拥抱。

双胞胎故事

丽莎是一对9岁双胞胎男孩的妈妈，她说："在最初的3~4个月里，尽一切努力过好每一天。如果宝宝需要睡觉，让他睡吧。他们今天需要的，并不一定是明天必需的。"

我们知道，所有不同文化和种族的婴儿都不同程度地受到肠绞痛的影响。我们也知道肠绞痛的严重程度与未来的行为和发展没有关系。如果双胞胎中有一个或两个得了肠绞痛，他仍然有和其他平静的宝宝一样的机会成长为一个正常的小学生、青少年和成年人。别担心您那尖叫的5周大的孩子会永远这样。他长大后不会受到任何不良的影响。

双胞胎小贴士

双胞胎中的一个通常比另一个更"难伺候"。别担心您忽略了那个比较安静的孩子。放松一点——您可能在此时需要比其他时候更多地抱着这个孩子，但是几个月或几年之后，一切都会变得平衡。从长远来看，双胞胎中的每一个都可能会在某些时间更需要您。

如果您对双胞胎的哭声忍耐到了极限，需要休息一下。请您的伴侣、亲戚或朋友在您散步或洗澡时照看这对双胞胎。即使1小时的休息也能帮助您度过这段充满挑战的时期。绝对不要在沮丧中摇晃宝宝；这可能会对宝宝和他发育中的大脑造成不可逆转的伤害。如果您实在没有办法了，把哭闹的婴儿放在安全的地方（比如婴儿床),关上门,让自己休息一下是没问题的。记住,孩子长大后就不会哭了。

安抚奶嘴的使用

是否使用安抚奶嘴是每个家长都必须自己决定的事情。许多父母很高兴并成功地使用了安抚奶嘴,而且会多次使用。最近的研究表明,安抚奶嘴可以降低婴儿猝死综合征的风险。然而,当把安抚奶嘴提供给新生儿以满足他们对非营养性吸吮的需要时,需要保持奶嘴清洁,并对奶嘴进行消毒,特别是当新生儿出现口腔鹅口疮时。鹅口疮是一种在新生儿期常见的由酵母菌过度生长引起的疾病。

无安抚奶嘴生活的结果是双胞胎会找到另一种抚慰自己的方法。他们是两个人,您是一个,您不希望他们在夜间醒来因为找不到掉落的奶嘴时而对您哭泣。没有奶嘴,双胞胎会发现他们的拇指也可以吮吸并以此来安慰自己回去睡觉。任何能帮助双胞胎变得更加独立的事情都会对您有帮助。但是,如果双胞胎太挑剔,似乎其他的东西都没有帮助,那么一定要使用安抚奶嘴。有些家庭觉得,用安抚奶嘴时让婴儿断奶比用拇指更容易一些,这是您在做决定时要考虑的另一个因素。

寻 求 支 持

请求,请求,请求帮助。试着接受每个人的帮助。现在不是骄傲的时候,也不是独自处理一切的时候。分配一些具体的任务,比如在店里买一些牛奶。好心的朋友和家人无法想象您正在经历什么,除非他们自己有双胞胎,他们可能无法猜测您需要什么。如果一个朋友或亲人碰巧能提供帮助,那就接受他们的帮助,并具体说明您对他们的要求:在店里买尿布,送晚餐,或者和孩子们一起玩 20 分钟。这样您就可以洗个澡,这些都是朋友们可以轻松完成的任务,而且会给您带来积极的影响。

对双胞胎的支持

不要低估陌生人的善意。除了家人和朋友之外，还可以向邻居和您信赖的地方寻求支持。许多机构定期组织志愿者送餐，以帮助有新生儿的家庭。

根据您的舒适程度和亲密程度，您也可以要求他人夜间醒来帮您喂奶。只要一晚 6 小时不间断的睡眠就可以帮助您更好地工作。我儿时最亲密的朋友从外地来看望我们，并提出要和孩子们一起过夜，这样我就可以睡觉了。当知道她可以提供帮助时，我甚至还没有接受她的建议，就已经感到如释重负。当您在困难时期苦苦挣扎时，从心理上知道可以获得帮助是很重要的。经济条件允许的家庭可以聘用“夜班护士”，以获得一些必要的休息来照顾双胞胎。有关更多信息，请参阅第九章。

确保有第二个值得信任的成年人在您的附近，一个双胞胎病了需要医疗照护时，他可以提供帮助。如果您的伴侣出差，这个人可以随叫随到。如果您需要带其中一个孩子紧急看医生，他可以留在家里照顾另一个孩子。希望您永远不要求助于他，但不希望您在事情发生时手足无措、孤独无助。

刘按：独木不成林，很多事情自己一个人是做不到的，需要团队合作才能完成，就像现在医学中的多学科团队协作一样。养育多个孩子同样如此。寻求家庭成员的帮助，与每一个家庭成员和谐相处，感谢每一个能让我们的生活更轻松一些的人。

去看儿科医生

当您带着双胞胎去儿科医生那里做健康检查和看病时，您需要提前安排一个帮手，无论是您的伴侣、家人还是朋友。对每个孩子，您都会有一些疑问，所以当您和医生谈论目前正在接受检查的婴儿时，把另一个孩子交给您的帮手。您肯定不希望因为同时照顾两个孩子而分心，没有人可以在注意力分散时讨论重要的问题。

确保儿科医生把双胞胎视为单独的个体，给您机会详细讨论一个孩子，然后再切换到另一个。可能会有一些涉及双胞胎的共性问题，但您需要时间单独讨论每一个双胞胎，并解决每个孩子的特定问题。在实践中，我照顾过一些很棒的家庭，他们会把每一个双胞胎单独带到办公室，进行健康检查。我认为这太棒了！

双胞胎小贴士

提前把您的问题写在笔记本或智能手机上，这样您去看儿科医生时就不会忘记了。

形成习惯

在您的双胞胎出生后的头2~3个月里，您会开始看到事情变得越来越有规律，而不是混乱一团。然而，到现在为止，您已经有8周左右的时间睡眠质量很差，而且可能已经开始感到筋疲力尽了。这段时间您的双胞胎会回报给您他们的第一次社交性微笑。

突然间看到婴儿对您微笑，您会觉得所有的睡眠不足和混乱都是值得的。好好享受，称赞自己——您已经赢得了这些微笑！事情会开始变得越来越有趣。这对双胞胎越来越了解他们周围的世界，并准备与您和彼此进行更多的互动。现在您已经学会了照顾双胞胎的基本原则，您可以放松一下，享受与双胞胎一起旅行的美好时光啦。

宁按：婴儿第一次的微笑——如果没有经历，您不会知道这个微笑有多美好！如果不是父母，您不会知道面对这个微笑会有多么满足、多么温馨！这个微笑，其实是生命本底的样子。最纯真美好！那一瞬间，所有的疲劳都消失了！一切付出都值得！生活非常美好！

第四章

婴儿早期

祝贺您！您和双胞胎已经度过了最初的几个月。这可不是件小事，一定要提醒自己最艰难的日子可能已经过去了。随着每一个星期的过去，您和孩子越来越了解彼此。孩子们的体重每天都在增加，变得越来越强壮。您正在学着用最好的方法来安抚他们，他们正在学习信任您和您的关爱。双胞胎看到您，闻到您的味道，会感到很舒服。他们会在非常基本的层面上意识到您一贯的爱和反应。

理想情况下，您的日常生活越来越有规律和连贯性。持续的家庭日常将简化您的生活和对婴儿的照顾。在一个固定的时间表上，您的双胞胎会知道什么将要发生。他们通常会更平静。作为父母，有规律的作息时间表对您也有好处。您会知道您的双胞胎在什么时候需要什么，无论是喂奶，拍嗝，还是小睡一会儿。

睡　眠

大约 2 个月大时，双胞胎可能一次睡更长时间。但作为父母，您的精力可能在下降。在婴儿早期的这个阶段，双胞胎的父母可能会觉得他们好像在参加马拉松比赛的后半程。孕晚期已经够累的了，肚子太大了，又睡不好觉。现在您已经连续几周睡眠不足了，这透支了您的精力。

双胞胎小贴士

主动一些，现在就教会宝宝养成良好的睡眠习惯。良好的睡眠习惯带来的好处是值得为此努力的。

别担心——隧道尽头会有光！双胞胎的父母可以主动帮助孩子入睡。休息好的婴儿更快乐，休息好的父母更高效。

我永远不会忘记我的大儿子 2 个月大的时候，不眠之夜开始对我和我的丈夫造成影响——那时候我们还只有 1 个孩子自己醒来。一位朋友安慰我们说："别担心，我女儿 9 个月大的时候就开始睡整夜觉了。"她以为她让我们安心了，但我唯一能想到的是，"我不可能再像这样生活 7 个月了”。谢天谢地，正常情况下，一个健康的婴儿在 9 个月大之前就可以睡个整夜觉了。

婴儿早期需要多少睡眠？平均来说，2~3 个月的孩子 24 小时内需要睡 15 小时。15 小时睡眠中约有 9 小时或 10 小时为夜间睡眠，其余约 5 小时应分为 3 个日间小睡。婴儿可以在 6 个月大的时候开始过渡到每天 2 次小睡。

好消息是，大多数婴儿在 3 个月大、体重大约 5.5kg 的时候，都能学会一晚上睡 6~8 小时以上。当婴儿体重增加到约 5.5kg 的时候，他的胃容量足够大，就不需要夜间进食。婴儿每天需要的所有热量和营养都应该在白天摄入。由于夜间进食频率减少，婴儿可以睡得更久。如果您采用母乳喂养，您的身体会适应不断变化的喂养时间表。

双胞胎故事

如果您的双胞胎是早产儿或低体重儿，他们需要比足月婴儿更长的夜间喂养时间。一旦您的宝宝长到大约 5.5kg，您就可以自信地继续睡眠训练了。

共享空间：婴儿床和卧室

给双胞胎每人准备一张婴儿床，不仅更安全，而且也能保证他们有足够的空间安心地睡觉。借用符合国家安全标准的婴儿床，这样完全符合预算。时光飞逝，当到了过渡到大儿童床的时候，您会很开心。节约支出您也会很高兴。

如果您的双胞胎共用一间卧室，训练他们入睡会更困难吗？我不这么认为。您的宝宝已经习惯了他们的卧室环境，他们已经接受双胞胎的存在是房间环境的一部分。由于家里的空间有限，大多数双胞胎父母让他们的双胞胎宝宝共用一间卧室。不要担心在一间卧室会干扰宝宝学习自主睡眠的过程。您不需要买一个有更多卧室的大房子来让双胞胎睡整夜觉。

我总是很惊讶双胞胎竟然有办法可以屏蔽彼此发出的声音。很多时候，当我走进他们的卧室时，一个男孩低头尖叫，而另一个男孩则在安静地睡觉。这使我大吃一惊！在某种程度上，双胞胎可以屏蔽对方的夜间噪声，这种技能一直会延续到学龄前时期。

刘按：这真的很神奇，我经常看到弟弟醒了以后，拍哥哥的脸，哥哥仍在呼呼大睡。他们在妈妈肚子里的时候，空间那么狭小，他们已经习惯了彼此的存在，所以不用太纠结共用一间卧室。

良好睡眠习惯背后的科学

在夜间睡眠期间，婴儿和成人都要经历不同的睡眠阶段。在这些阶段之间的正常的过渡期，睡眠可能会中断。即使作为成年人，我们也并不总能意识到这一点。但是确实在夜里的一些时间点，我们比其他时候更清醒。当我们从睡梦中短暂醒来，躺在家里熟悉的床上时，我们可以很容易地让自己重新入睡。然而，如果我们在一个陌生的地方，可能需要更长的时间才能入睡。

双胞胎小贴士

在给宝宝进行睡眠训练的过程中，重要的是要分清楚：一对双胞胎夜里醒来，哪些时候是因为饥饿，哪些是正常睡眠阶段之间的觉醒阶段？——如果处于这个阶段可以让他们再次入睡。您的双胞胎在凌晨2点哭吗？他们的体重超过5.5kg吗？如果体重正常，不要想当然地认为宝宝饿了，自动去喂他们。可以给他们一个安顿下来重新入睡的机会。

双胞胎入睡的能力也会受到日常生活改变的影响。如果婴儿睡着时，父母一直在身边，那么没有父母时，婴儿就可能无法入睡。因此，宝宝应该从小就学会如何在没有父母在场的情况下入睡。这也适用于只有在汽车安全座椅上才能入睡的婴儿。

宝宝睡着的时候，他们需要在一个熟悉的环境中——在这里他们以前睡着过。我们的大脑中有一个根深蒂固的想法，就是积极帮助一个哭哭啼啼的婴儿。如果父母总是立刻冲过去安抚孩子，那婴儿就需要父母的陪伴才能再次入睡。如果双胞胎总是被摇晃着入睡，那么没有熟悉的摇晃程序他们将无法入睡。如果双胞胎在哺乳或喝奶时睡着了，那么他们不吃奶就无法入睡。让宝宝多练习晚上 7 点或 8 点自己入睡。如果他们在凌晨 2 点的两个睡眠周期之间醒来，他们将能够让自己重新入睡。

特别提示：如果您的双胞胎出生时低体重或早产，他们在 2 个月和 3 个月大的时候可能仍然需要夜间喂养。但是即使双胞胎仍然需要吃夜奶，也要使用一些策略来帮助他们自己入睡。随着宝宝体重的增加，他们会睡得越来越好。

养成良好睡眠习惯的策略

两个关键的策略可以帮助双胞胎学会在晚上睡整夜觉。

- 第一个策略是良好的日常计划。白天应该有很多游戏、互动，并在日常生活中保持一致性。
- 第二个，也是更重要的策略，是您的双胞胎有足够的使自己入睡的练习。随着时间的推移，您的双胞胎会知道白天是用来吃饭、玩耍和互动的，而晚上是用来睡觉的。当您把宝宝放在婴儿床上睡觉时，他们会学习如何自己入睡。如果他们在凌晨 2 点再次醒来，他们知道该怎么做——直接重新入睡，不需要爸爸妈妈的帮助。

双胞胎小贴士

我们在双胞胎卧室里安装了小功率的灯泡，这样换尿布时就不会太亮了。

在夜间，尽量把卧室的灯光调暗，即使是双胞胎醒来吃奶的时候。宝宝醒来后，试着只在夜灯光线里处理，只有在需要帮助换尿布的时候才打开柔和的灯。如果宝宝大便了，请安静地更换尿布，假设他们目前不需要处理尿布疹或皮肤刺激，那就不换尿布。换尿布时，脱了衣服，皮肤暴露在空气中，会把婴儿从困倦状态中唤醒，他们会更难入睡。现代的一次性纸尿裤足够结实，可以舒舒服服地容纳几个小时的夜尿。保持您的面部表情尽可能接近一张“扑克脸”；现在不是进行眼神交流的时候，也不是对双胞胎低声细语的时候，更不是充满活力地演唱《小蜘蛛》(*The Itsy-Bitsy Spider*)的时候。

当宝宝意识到除了喂奶和拍嗝，他们不会从您身上得到更多东西时，唯一要做的事情就是重新入睡。

如果孩子中有一个仍然体重不足，那就悄悄地、尽快地、尽可能不引起注意地喂她，然后离开房间。如果您担心她的孪生伙伴会嫉妒，您可以在另一间昏暗的安静的房间里迅速给体重不足的孩子喂奶，然后再把她送回卧室。

对双胞胎的支持

良好的睡眠习惯对任何小孩都很重要，对有双胞胎或更多孩子的家庭尤其重要。如果需要额外的睡眠资源，医学博士马克·魏斯布卢(Marc Weissbluth)编著的《健康的睡眠习惯，快乐的双胞胎》(*Heathy sleep Habits, Happy Twins*)针对双胞胎和多胞胎家庭给出了特别的建议。瑞秋·摩恩博士(Rachel Y. Moon)来自美国儿科学会，编著了《睡眠：每个父母都需要知道的事》(*Sleep: What Every Parent Needs to Know*)。两本书都有很好的睡眠建议。睡眠好的孩子是快乐的、健康的。

仅仅对一个婴儿进行睡眠训练就很有挑战性，更不用说要训练两个。请不要拖延；睡眠训练拖延的时间越长，整个过程就越困难。随着婴儿的成长，他们将开始建立对外部物体的存继性(object permanence)感受，这意味着：即使您离开房间，不在他们的视线范围内，他们也会知道您的存在。如果双胞胎 9 个月大，并且意识到您在关闭的门外，那么睡眠训练将更加困难。如果双胞胎已经能自己坐起来或站起来，睡眠训练也更具挑战性。最好早点进行睡眠训练，这样宝宝适应能力更强。

双胞胎小贴士

良好的睡眠习惯可能会因疾病或旅行而暂时中断。如果宝宝晚上发烧或咳嗽，您需要在夜间照顾他们。当所有人都恢复健康时，您可能需要重新训练宝宝睡整夜觉。如果他们在患病或旅行前一晚一直能睡整夜觉，他们很快就会记起来。

睡前仪式的力量

双胞胎婴儿期的头几个月是开始一个持续的晚间睡前仪式的好时机。这个仪式的美妙之处在于，如果您每天晚上都这样做，它会提示您的双胞胎很快就该睡觉了。如果您坚持固定的就寝时间，在接下来的几年里，您会得到丰厚的回报，孩子们很容易在一个有利于健康的时间就寝。

当然，有些时候您不能坚持晚上的作息时间。有时您会和爱人有一个约会之夜，而照护人员可能会做一些不同的事情。有些时候，你们会为了一些有趣的活动而在外面待到很晚。这没关系，最重要的是，尽您最大的努力让晚间睡前仪式尽可能一致。

双胞胎小贴士

一个平静的、放松的就寝程序为良好的夜间睡眠奠定了基础。

另一个额外的好处是，您和伴侣可以在晚上相互交流，做任何您需要做的事情。

当我们的双胞胎还小的时候，我们的就寝仪式是从良好的刷牙习惯开始——或者在有刷牙习惯之前就已经开始了，通过用干净的湿毛巾为双胞胎擦牙龈。接下来是在浴缸里的快速洗澡，我是说快速。是的，我们每晚都会为宝宝洗澡，但如果不是夏天，而且孩子也不是特别臭或脏，那么快速洗脸、洗手、洗脚，最后洗私处就足够了。3 个月大的孩子不会在家里爬来爬去捡球，所以，您可以快速有效地给宝宝洗一个澡，同时让宝宝探索水，学会玩水，此外，提示他们就寝时间到了。

在婴儿出生后前 6 个月洗澡的时候，他们还不能独自坐起来。我们会用一个婴儿浴盆，一个接一个地给孩子们洗澡。假设每个孩子都是健康的，那么给双胞胎用相同的洗澡水可以节省时间、水和精力。当把第一个双胞胎从浴盆中抱出来交给您的伴侣后，拿出一块新的毛巾把第二个双胞胎放进浴盆里。提前准备生活用品、肥皂和毛巾可以简化洗澡后的后勤工作，减少滑倒或者意外受伤的概率。不要把婴儿单独留在浴缸里或其附近。尽量减少干扰，忽略电话。

双胞胎故事

布莱恩是一对成年同卵双胞胎的一员。他回忆道："我母亲告诉我们，当她第一次给我们洗澡时，她因为没办法在我们这么小的时候把我们区分开而惊慌失措。所以她作出了她'最好的猜测'——当我们还是婴儿的时候，她总是在我弟弟的一个脚趾上涂指甲油，这样会帮助区分我俩。之后我们形成了自己的个性，可以很明显地把我们区分开来！"

洗完澡后是睡衣时间（pajama time），然后是我们最喜欢的故事时间。父母可以分别给两个孩子读，或父母中的一方同时给双胞胎朗读。当小宝宝还没有足够的肌肉来独自坐着的时候，您怎么能同时给两个孩子朗读呢？发挥创造力。一种方法是让他们一起坐在舒适的阅读椅上，您坐在他们前面的地板上面对他们，这样他们就不会掉下来。当您阅读时，把书举在他们面前。如果您的伴侣或另一个成年人可以帮助您,让助手在您每边大腿上各放一个孩子,您可以在阅读的时候依偎和支撑他们。当您和孩子一起看书时,他们可能还不明白书上的文字或图像,但是听到您的声音和节奏是很舒服的。随着时间的推移,双胞胎会开始意识到书中的图像代表了现实生活中的事物。开始给孩子读书吧,永远不嫌早!

阅读时间结束后,一些额外的拥抱和关灯之后的一小段摇篮曲可以帮助宝宝入睡。然后打开风扇(或者白噪音替代品),把醒着的双胞胎放在婴儿床里,关上门。在接下来的 30 分钟里,他们可能会保持清醒,但这 30 分钟是他们想办法让自己入睡的时间。

如果孩子在您离开房间后哭了,而且无法平静下来,您可以定期检查一下,让他们放心,确保他们是安全的。但之后,让他们清醒地躺在婴儿床上,离开房间。也许您想再摇一摇让他们入睡,他们总是会试图让您这样做。很多时候婴儿应该单独留在婴儿床里,父母时不时地检查他们,安慰他们,直到他们终于学会自己入睡。

宁按:我不确定这种方式是否科学。应该是作者的经验之谈。我想这样做的前提应该是——清醒的婴儿足够安全。

双胞胎小贴士

如果一个家长需要加班到很晚或者整晚都要加班,您又不想让孩子错过见加班的家长,您必须设计一个对家庭有用的安排。也许您可以每周安排调整几个晚上,晚餐前让双胞胎额外睡一会儿,这样他们就可以在加班的家长回家之后陪他们度过一段美好的时光。

一些朋友或亲戚可能会质疑您是否坚持一个始终如一的就寝仪式。现在就开始养成良好的睡眠习惯,一直延续到未来几年。也许您的朋友只有一个孩子,在晚上 9:30 照顾一个脾气暴躁要求喝更多水的孩子没有问题。但当家里有多胞胎时,您必须尽一切努力帮助他们轻松入睡。休息好的孩子会健康快乐,您也会保持头脑清醒。

白天小睡

在白天,记得保持您的双胞胎的作息一致,同步他们睡眠、吃饭、拍嗝、玩耍、换尿布的时间,然后给他们更多的睡眠。婴儿在白天只能坚持清醒几个小时。所以记录下您的双胞胎从小睡中醒来的时间。当然如果两个双胞胎不是在同一时间醒来,您需要叫醒另一个孩子,这样就可以让两个孩子在同一时间醒来。

双胞胎小贴士

双胞胎的睡眠质量和时长对您的家庭至关重要。有了良好的睡眠习惯,双胞胎会更快乐、更健康。良好的睡眠能增强每个婴儿的免疫系统,从而更有效地抵御疾病。如果宝宝睡得好,您会有额外的时间来照顾自己,做一些必要的家务等等。如果您还没有完全达到这一点——坚持目前的努力和策略,最终一定会得到回报!

当宝宝进食、打嗝、玩耍、俯卧时,您可能开始注意到一些疲劳的迹象。宝宝疲劳的迹象会告诉您什么时候应该把他们抱起来,并启动睡前程序。这传递了"马上要睡觉啦"的信息。按照惯例,您可以给孩子们读一个故事,给他们换新的尿布并穿上睡衣。然后把他们放在黑暗房间里的婴儿床上。此时,他们疲惫不堪,吃饱了,干净了,心满意足了。除了闭上眼睛睡觉,还能做什么?这是双胞胎练习自己入睡的时间,同时,他们的双胞胎兄弟姐妹在另一张婴儿床上做着同样的事。

双胞胎小贴士

记住，哭泣是疲劳的晚期征兆。寻找双胞胎很困的早期迹象，如吮吸拇指或揉他们的眼睛或耳朵。

喂养双胞胎婴儿

如果您现在还能给双胞胎哺乳，那就太好了！您可以补充配方奶粉，这是完全没问题的。无论双胞胎能吃到多少母乳都是有益的。对我们家来说，白天母乳喂养加上晚上补充的一瓶配方奶粉，可以帮助我的双胞胎睡得更好。可以说，这瓶配方奶给他们补充了能量，他们夜间就不那么饿了。我们称他们的配方奶粉瓶为他们的"奶昔(milkshake)"，这会把他们带进睡眠。

如果您的双胞胎已经把小孔奶嘴的喂养处理得很好，您可以尝试一下更大开口的奶嘴。许多奶嘴制造商为新生儿制造一个带有小孔的慢流奶嘴，然后是一个中等流量的奶嘴，最后是一个最大开口的快流奶嘴。如果您能安全地使用一个速度更快的奶嘴，而不引起过多的嗳气或吐奶，每次喂奶您就可以节省 5 分钟。如果您每天给宝宝喂食 5 次，在您繁忙的一天里就会多出 25 分钟的时间。简单的节省时间的方法可以帮助您和双胞胎的生活变得更轻松！

美国儿科学会建议父母在 6 个月内用纯母乳喂养，根据母亲和宝宝的意愿，可以将母乳喂养的时间延长到 1 岁或者更长。随着婴儿的成长，每次喝奶的量也会增加。4 个月大时每天总摄入奶量应该是 900mL 左右，分 5 次喂食。母乳喂养的婴儿应该继续以液体补充剂的形式每天摄入 400 国际单位的维生素 D，适用于新生儿和婴儿。同样，提前将一批配方奶混合在适当体积的罐子中，将继续简化为每次喂食准备两瓶奶的过程。

您可以在宝宝 4~6 个月大，发育到足够成熟时开始给他吃固体食物，如婴儿谷类食品、蔬菜和水果泥。即使有长辈建议，也不要在奶瓶里添加婴儿谷类食品来帮助他们彻夜睡眠;这不起作用,还可能导致体重过度增加。帮助您的双胞胎整夜睡眠的方法是鼓励他们养成良好的睡眠习惯。

您需要两把高脚椅来喂双胞胎吃固体食物。高脚椅的价格范围很广。固定在现有厨房座椅上的安全座椅(带婴儿安全带和餐盘的座椅)效果很好,而且价格便宜。为了让您的双胞胎作息一致,在同一时间、同一地点给他们喂固体食物。把他们的高脚椅靠在一起,放在您面前,彼此成 90° 角,这样他们可以看到彼此,也可以看到您(图 4-1)。进餐时间对所有人来说都是一个有趣的亲密时间。一定要在引入一种新食物后等待 3 天左右,然后再引入另一种新的食物,以确保两个婴儿吃完食物都没有不适。商店买的婴儿食品很好,梨泥特别好吃。如果有足够的精力,您也可以事先准备食物,把它们做成泥,过滤,把食物冷冻在冰盒里,然后把食物取出来,重新包装在可密封的储存袋里,以便安全储存。做对家庭有用的事。

图 4-1 成 90° 的高脚椅。这样照顾者可以同时喂养两个婴儿,创造良好的三人互动体验

教两个婴儿吃固体食物会有一些混乱。在早期,每天喂 1 次固体食物是慢慢引入这种食品的好方法。当双胞胎从提供的勺子里吃软泥食物的能力提高时,您可以在接下来的几周内将固体食物增加到每天 2 次,然后增加到每天 3 次。

双胞胎故事

您的邻居只给她的婴儿吃自制的婴儿食品吗？如果因为抚养双胞胎的现实时间限制，您的宝宝只能吃商店买的婴儿食品，不要感到内疚。苏是一对正在上学的双胞胎的妈妈。她说："在自己能承受的范围内工作会舒服一些——不要为此感到内疚！对我来说，这意味着在母乳喂养方面要现实一点，要详细记录双胞胎的睡眠/喂养周期，还要点好多外卖。"

准备好您的相机！两个婴儿学习如何吃固体食物的过程是一个非常好的拍照机会。您给双胞胎拍了无数张数码照片，但每张照片里的人谁是谁呢？其他家里有年长双胞胎的父母会告诉我："迅速给打印出的照片贴上标签，因为您会忘记谁是谁！"但不知怎的，在我与双胞胎一起度过的睡眠不足的生活中，我无法集中精神给照片贴上标签。不过，我给我的同卵双胞胎穿上主题颜色的衣服。安德鲁通常穿蓝色，瑞安通常穿红色。我的照片从未被贴上标签，但是我们总是知道穿蓝色衣服的小家伙是安德鲁，穿红色的小可爱是瑞恩。这样还有另一个好处：父母和朋友了解了我们男孩的衣服颜色主题，当他们拜访我们时，无须解释他们会立即知道每个男孩是谁。

双胞胎小贴士

当发现您的双胞胎婴儿有不同的口味偏好时，不要感到惊讶。他们是独一无二的个体！如果一个婴儿抗拒某种食物，不要永远放弃这种食物。不断地给他尝试，随着时间的推移，宝宝会接受它，拓宽他的味觉范围。婴儿在接受一种食物之前通常需要接触好几次。作为父母，即使是在孩子很小的时候，您也要确保自己养成健康的饮食习惯。

刘按：不同颜色的衣服是一个不错的选择。当他们 2 岁多的时候，我每次会拿出2件不同颜色的衣服让他们选择，他们基本上不会选择同一件，这样一方面可以作区分，同时可以了解孩子内心的喜好，并且给他们更多的自主权。

双胞胎变得更强壮

在2个月和3个月大的时候，双胞胎开始发展他们的肌肉张力。他们躯干上部和颈部的肌肉正在加强。当他们俯卧在地板上时，就可以开始自己抬起头了。作为父母，我们的工作是成为家庭理疗师，并确保我们给双胞胎足够的练习，来锻炼他们的肌肉。

俯卧时间(tummy time)将帮助宝宝获得力量，并保护他们的头部，以防止出现偏头。偏头是一部分头骨扁平，可能是由于经常仰卧导致。"安全睡眠运动(safe to sleep campaign)"，前身是1992年推出的"重返睡眠运动(back to sleep campaign)"，在教育家庭采取正确的睡眠姿势以将婴儿猝死综合征的风险降至最低方面，具有非常重要的意义。当然，婴儿在醒着的时候也需要由成人照料者监督进行大量练习。

双胞胎小贴士

双胞胎和他们的父亲或母亲数量上是二比一——他们不能整天同时抱着两个宝宝。所以双胞胎父母喜欢有弹性的椅子、秋千等娱乐方式，这样可以有效容纳所有宝宝们。要避免过度使用此类设备。在开阔的地板上玩耍非常重要，可以帮助您的双胞胎发展肌肉和力量。

在早期阶段，俯卧时间可能会让婴儿和父母感到沮丧。宝宝可能会立刻哭闹，无法抬起沉重的头。如果您能在宝宝趴着的时候给他们看一些有趣的东西的话，俯卧时间会进行得更顺利。有两个孩子是一个优势，您的双胞胎可以面对彼此之间的婴儿玩具。让他们照镜子是另一个流行的选择，但是其孪生同伴也会很有趣！为了舒适起见,您可以在每个宝宝胸前放一个普通的抱枕(图 4-2)。这会给双胞胎一个稍微高一点和更有趣的有利位置。如果他们的头突然下垂,也会有缓冲。

图 4-2 有趣的俯卧时间

俯卧时间一定要在监督下进行,哪怕只有 2 分钟。可能您不得不因为孩子哭泣而结束,但每一分钟都很重要。试着把俯卧时间融入您的日常游戏和饮食中。喂食和拍嗝之后,是俯卧的好时机。也可以在妈妈或爸爸的胸前做俯卧动作,比如您在给宝宝拍嗝后,靠在沙发上的时候身体后仰。您的目标是每天给双胞胎安排几次俯卧时间。

有双胞胎时,父母会爱上有弹性的椅子。做家务时,保持孩子的安全舒适是一件非常奢侈的事。不过需要提醒的是:多胞胎的父母需要确保他们不会过度使用类似弹性椅的容器。如果您的宝宝经常束缚在有弹性的座位上,会很难练习使用肌肉。例如,您可以在喂食后短暂地使用弹性椅,因为 45° 的倾斜可以帮助您的宝宝消化牛奶,但是当您把奶瓶冲洗干净,把一罐奶粉放好后,就要把宝宝抱起来,让他们有时间在开阔的地板上待一会儿。

在出生后的第一个月,宝宝学会了视觉上跟踪您和其他物体。他们会听到您从隔壁房间出来,然后把头转向您。这些新技能将帮助他们与周围的世界建立联系和互动。

婴儿通常在 4 个月大时开始翻身。然而第一次翻滚很容易发生在更早的时候,让您和宝宝都感到惊讶。因为您永远不知道您的双胞胎宝宝什么时候开始翻身，所以千万不要把他们放在高处无人看管，比如床、沙发或尿布台。可以考虑就在双胞胎玩的地毯上换尿布。如果尿布里没有便便，那就省了去尿布台的时间，这样可以避免既想着尿布台上的宝宝，又想着地板上的宝宝。分心的时候，更容易发生事故。直接换尿布则又快又好。

一旦这对双胞胎 4 个月大，一切似乎都会变得容易一点。随着时间的推移，孩子们越来越善于逗乐自己和彼此。您可以有时间回顾一下，看看您和双胞胎已经走了多远，并享受这些日子——与混乱的最初几周相比，当下会相对更轻松。

刘按：很多孩子经历过意外摔伤的事情。有的孩子只是疼了一会儿，但有的孩子会发生骨折，甚至会导致颅脑的损伤而出现生命危险，在儿科急诊室您可能会听到很多悲伤的事情。所以预防意外伤害对于孩子的成长至关重要。

尿布疹

固体食物加入婴儿饮食后，尿布疹很常见。作为一对双胞胎的父母，您没有时间去处理尿布疹！学会如何快速地让它消失，这样就可以继续您的生活了。注意固体食物和尿布疹之间的关系。一些预防性护理可以帮助防止尿布疹。尿布内部温暖潮湿的环境会引发尿布疹，而且不幸的是，现代纸尿裤在保持水分方面做得太好了。换尿布时，不要急于穿上新尿布，给宝宝的小屁股一些暴露在空气里的时间。不穿尿布的时间只需要几分钟，就可以让包在尿布里的皮肤真正干透。当我的双胞胎还是婴儿的时候我有一个小窍门，就是当孩子们光着小屁股透气时，在手边要准备几条休闲、舒适、纯棉的裤子。如果孩子们碰巧尿尿的话，运动裤有助于防止尿得到处都是。警告：暴露在空气中容易刺激排尿。

如果您的宝宝有尿布疹，每次换尿布时都要用含有锌的乳膏。一定要大量地使用，像在蛋糕上撒糖霜一样使用乳膏——需要的量比您想象中要多。氧化锌霜形成了一层保护屏障。市场上有很多含氧化锌的软膏，效果都很好。我个人最喜欢的牌子是在氧化锌中加入玉米淀粉的那种，这两种物质在一起似乎能很快消除皮疹。如果宝宝尿布疹持续2~3天以上，或有其他的问题，请联系儿科医生进行评估。

双胞胎小贴士

即使标有“敏感皮肤适用”的湿巾也含有刺激性化学物质。考虑暂时用100%棉球蘸一些温水来代替湿巾，可以在尿布疹期间清洁皮肤。

宁按：父母一定要关注各种用品的成分。尤其是入口和接触皮肤黏膜的物品。纯粹的水分最适合人类！所有的化学成分都值得父母小心。

当我的儿子们有尿布疹时，我使用的另一个技巧是用隔尿垫把透气时间和俯卧时间结合起来。一个巧妙放置的隔尿垫，可以结合俯卧时间，捕捉任何没有尿布时可能发生的意外小便。双胞胎的父母学会了高效率，您作为其中一员，也会学会如何用这种方式同时处理多项任务。治愈尿布疹，同时锻炼上身的力量，这只是其中一个例子。这样可以简化您与双胞胎的生活。

当然，如果尿布疹没有好得像您想的那么快或者看起来特别令人担忧，请您的儿科医生检查一下。一些尿布疹会发展成皮肤酵母菌感染，这需要处方药进行治疗。

“双胞胎防护”

现在宝宝们开始有更多的移动和翻身。这是一个好时机，可以开始强化儿童防护。双胞胎的父母应该格外警惕——需要对他们的家进行“双胞胎防护（twinproofing）”，因为双胞胎可以相互启发。双胞胎会互相帮助进入限制区域，而这些区域是一个婴儿独自无法冒险进入的。下面是一些建议，可以帮助开始对您的家进行“双胞胎防护”。方法包括：

- 楼梯顶部和底部加安全防护

- 覆盖门把手
- 覆盖电源插座
- 窗帘绳固定在够不着的地方
- 所有儿童房的家具都应该远离窗户，以免跌落或挂在窗帘上(如可能，最好用无绳窗帘)
- 设置热水器参数，使水龙头流出的水的温度不超过 50℃，可以减少烫伤危险
- 梳妆台和书架用防倾装置固定在墙上

记住，即使是最好的儿童保护装置也不能代替对双胞胎的直接监督。不要仅仅因为您用了所有正确的设备来保护孩子，就在一种虚假的安全感中自我欺骗，因为危险的事情仍然会发生。而且某些家庭特征是很难避免危险的，这就要求父母要保持警惕。例如，一个简单的卧室门就可能会导致问题。有一段时间，我的双胞胎儿子们享受着一场欢乐但危险的游戏，他们各自在同一扇门的两面推搡。泡沫保护罩在这些地方不起作用，所以我们必须警惕地看着这些男孩，并适当引导他们。

宁按：我理解，某些家庭特征(certain household features)指某些家庭成员的固有特点，如嗜酒、吸烟；或房间布局的固有特点，如尖锐突出；或房间位置的固有特点，如在山坡，或临河，或临路。

刘按：双胞胎防护，这个概念非常值得家里有两个孩子的家长注意。他们可以互相鼓励，共同协作，会做到一个孩子无法做到的事情。比如推开一个满是杂物的门，他们会喊一二三，一起使劲儿，接着就听到里面瓶瓶罐罐摔碎的声音……

重返职场

生完孩子后，是否以及何时重返工作岗位的决定非常棘手。而对多个子女的父母来说，则更为复杂。照顾两个孩子的费用可能会很高，许多双职工的家庭需要探索所有的选择，并创造性地安排时间。

儿童保育的选择包括户外设施、一个以家庭为基础的日托、长

期或临时保姆。父母可以考虑在互补的时间表工作,以尽量减少每周需要帮助的时间。确定外部设施或家庭日托中心持有相应的许可证。如果您有三个或三个以上的孩子,雇佣保姆或女佣的选择可能是最划算的,因为您的整个家庭都将得到保障,而不是每多一个孩子就支付一笔额外的费用。保姆或女佣会在规定的时间来您家,也可以和服务家庭住在一起,如果父母中的一方或双方都需要出差,这是很有用的。访问网站查询参考资料,准备好面试的问题,跟随您的直觉作出选择。

一旦您决定了您的儿童保育选择和回去工作的时间,确保至少提前一周对新的生活方式进行一次尝试,并作出必要的调整。回到日常工作中,让您的照护人员记录下宝宝的日常日程安排,这样您就会对一些实际的事情有自己的感觉,比如他们喂养和尿布更换的方式,以及有趣的事情,如婴儿车和书籍偏好。当工作的父母下班回家时,可以使用特殊的仪式来分享特殊的亲子时间。晚上给孩子洗澡或睡前给孩子讲故事是父母和婴儿在白天分开后重新交流的完美方式。

玩具和书籍

通常,对婴儿来说最好的玩具是那些最简单的玩具。如果玩具“做得少”,您的孩子就会做得多。即使有两个同龄的孩子,您也不需要花很多钱买玩具。婴儿喜欢探索简单的东西,如空的、干净的酸奶容器和黄油桶。放一块东西在任何空的容器里,然后摇动它,观察宝宝的反应!简单的容器教会宝宝空间关系,帮助他们发展主要技能,如伸手去拿放在桶里的拨浪鼓。

双胞胎小贴士

您不需要每个玩具买两个。双胞胎婴儿心理的发育阶段帮助他们很好地分享玩具,因为他们不会嫉妒彼此的玩具。

给您的孩子阅读,永远不会太早。手头要有足够的纸质书,在家里的每个房间里放一些书,这样您就可以在任何时候开始阅读。您的双胞胎也能自己翻页浏览图片。养成经常去图书馆的习惯。您会很高兴地惊讶于为您的双胞胎婴儿挑选的纸质书。而且最棒的是,这些书是免费的。当您有足够勇气的时候,您也可以带宝宝去听一个婴儿故事讲座。

刘按:阅读是成本最低但能增加智慧的方法,而且是一件值得终生投入时间和精力的事情。

和双胞胎出游

继续确保您定期走出家门、保持清醒。是的,外面还有一个世界!准备好您的尿布袋,这样您就可以更容易地去做一些事情。您可能很喜欢双胞胎婴儿车,但如果您有一辆单人婴儿车的话,也可以考虑偶尔在带着双胞胎出去的时候使用,同时带一个前抱式婴儿袋。这样您就不用拖着一个巨大的双人推车,让您的脚更灵活舒适。

如果您不想让每个人都盯着您和您的家人看,那么这款单人婴儿车就派上用场了。当人们看到双胞胎时,会很兴奋,会问您很多问题。有时这种关注是有趣的,但有时您只想尽快离开,忙自己的事情。就我个人而言,无数陌生人都对我说:“您好忙啊!”如果我不想多说话,我的标准反应是什么?我会回答“我们很幸运”,然后继续前进。

继续寻求支持

不要害羞——向家人和朋友们求助。您正在非常努力地照顾年幼的双胞胎,需要休息来恢复精力和保持健康。如果附近没有直系亲属可以帮助您,您将需要创造性地思考来获得支持。让社区的朋友和邻居帮您判断您的选择。也许某个亲戚家的青少年有兴趣成为一个保姆。她可以得到一些训练成为“母亲的助手”。当您做家务的时候,她可以给您的孩子朗读。在婴儿期多一双手真的可以帮助您,所以不要害怕寻求帮助。

确保花时间和爱人交流。这样可以团结以便更有效地合作。沟通是关键,当您睡眠不足的时候,维护人际关系会变得很困难。不要期待另一半会看懂您的想法。当您需要帮助的时候,一定要直接说出寻求的具体帮助。不要因为一件被忽视的家务事而烦恼。简单地公开讨论,并寻求帮助以完成这项工作。

双胞胎故事

乔恩是双胞胎婴儿的父亲。他说:“在每个孩子出生后,我们的婚姻都很紧张。我们现在已经4岁的儿子出生时,我们遇到了一些麻烦。在照顾双胞胎时,很少有休息时间,会失去耐心、反应迟钝、脾气暴躁。即使对伟大的父母来说,这也是一个非常现实和自然的风险因素。我希望我们在最终陷入困境之前就认识到这一点,或许我们已经制定了一些策略或‘安全的语言’,可以更容易、更迅速地将这种无益的行为扼杀在萌芽状态。”

宁按:上面一段和框内文字,非常有价值。不要想当然地认为您的另一半、您的爱人会懂得您。其实大多数情况下是不懂得、不理解、甚至没有意识到。所以,与其冒让对方猜测而产生误解、导致低效的风险,不如直接地、正面地、友好地、坦诚地沟通交流。记住,沟通会让爱更浓!

与双胞胎分别建立联系

当双胞胎还是婴儿时,让他们保持在相同的时间表上有许多奇妙的好处。但是,始终要记住——您的双胞胎每个都是独一无二的个体。即使在这么小的年纪,也要寻找机会和每一个双胞胎单独交流。您可以带一个孩子单独出去玩儿,经历一段特殊的个人时间。另一个双胞胎则和您的配偶或另一个值得信赖的成人照护者享受特殊的一对一的时间。即使是从婴儿期开始,特别的一对一的时间,也能帮助您和双胞胎建立联系,更好地了解彼此。

宁按：这本书最值得我称道的地方是：充分寻找方法坚信自己可以胜任，对孩子独特性的尊重与实践。对于不太强调个性与个体的国内环境，后者尤其重要！可以不夸张地说，后者是促使我完成翻译工作的根本动力。每一个人都是不同的，哪怕是(同卵)双胞胎！每一对父母、每一个教师的天然责任，就是找到每一个人的独特性，如果是优点则发扬光大，如果是缺点则努力克服！让每一个人成为他/她自己，成为独一无二，是无论家庭教育还是学校教育的圭臬与归处！作者可谓深知壶中三昧！

双胞胎小贴士

您选择用什么语言来称呼双胞胎——这也会影响您(和其他人)对他们每个人的印象。尽量不要把孩子称为“双胞胎”，而是在谈话中单独说出他们各自的名字。鼓励家人和朋友们也称呼孩子自己的名字。如果有人问：“双胞胎怎么样？”您可以回答：“约什和比利都很棒！”。

当您的双胞胎还是婴儿的时候，为了生存和理智，您一直在让他们的时间表同步，但是永远记住把双胞胎当成独立的个体。当宝宝接近 6 个月大的时候，您可以从某种程度上摆脱生存模式，开始新的家庭模式，与每一个双胞胎分别建立联系。

第五章

婴儿后期

从6个月到1岁，我们这对神奇的双胞胎身心都在以惊人的速度成长。学习新技能的速度也很惊人！大一点的婴儿似乎是以指数形式学习新事物，而不是仅仅循序渐进地学习。无论双胞胎是同卵还是异卵，他们都会继续发育成两个独特的个体。他们鲜明的个性一天比一天明显。

在他们年幼的生命中，第一次，您的孩子能真正向您展示他们的喜好。有时，他们展示的方式可能有一点不好理解，例如当他们不想再吃一口时，他们却会用勺子装满食物。宝宝每天都会逗您笑，也会让您猜来猜去；双胞胎中的一个在别人的帮助下狼吞虎咽地吃晚餐时，另一个却可能只吃上几口就再也不吃了。

双胞胎的微笑、咕咕声和早期的手势形成了交流的模式，这对正确地发展与他人的关系很重要。这种早期的交流为他们与您、您的家人和彼此建立了真正的联系。当养育孩子成长时，您会发现每个孩子都是独一无二的个体，每个孩子都会以自己的速度成长。

双胞胎故事

乔恩是双胞胎的父亲。他说："我们家是异卵双胞胎女孩，所以一开始就有了不同的期望。我希望我能更多地考虑到她们令人惊奇的个性。她们是独特的，而不是子宫里的不分彼此的一对儿，尽管我知道她们将永远分享这种特殊的联系。如今，我们很少(如果有的话)称这俩女孩儿为'双胞胎'。她们是姐妹，没错，她们是双胞胎，但她们首先是独立的个体，每个人都有自己的特点和怪癖。"

睡眠模式

从6个月到1岁，宝宝应该每天睡14小时左右，才能保持健康快乐。其中大约11小时应该在夜间睡眠中度过，大约3小时被分为白天的若干个小睡。白天的睡眠通常分为两个小睡，上午和下午。如果您有大一点的孩子，您可能需要灵活安排双胞胎的小睡时间，因为大一点的孩子需要拼车和学校活动，但要尽可能尊重孩子的睡眠要求。如果双胞胎得到了必要的睡眠，您的家庭和日常生活将变得更加和谐。

就像在婴儿早期一样，婴儿通常的睡眠规律在生病或旅行时可能会暂时中断。一旦双胞胎痊愈或者旅行回来，让每个人都回到正常的睡眠规律中。有时，如果宝宝有充血、咳嗽或发烧的症状，他们会习惯父母在半夜照顾他们。当他们再次恢复健康时，帮助双胞胎宝宝恢复睡眠习惯。如果您需要复习一下关于多胎婴儿良好睡眠习惯的内容，请参考第四章。

双胞胎故事

作为一个多胞胎父母俱乐部活动的特邀嘉宾，有人问我如何帮助她 11 个月大的双胞胎夜间睡整觉。几周前，母亲担心女儿生病，在凌晨 2 点给了她一瓶奶。不幸的是，母亲陷入了这种新的夜间喂养模式，奶瓶扰乱了女儿和与其同住一个房间的双胞胎兄弟的睡眠。一个健康的、正常发育的 11 个月大的孩子不需要夜间喂食，而且这个新习惯在一个非常不方便的时间造成了一种习得的饥饿感。让母亲意识到应该把奶瓶拿掉，这种冷淡的态度可能会导致孩子和父母在头几天晚上流泪。但如果坚持下去，这个问题可能会更快地解决。

鼓励良好睡眠习惯的策略在婴儿期的任何时候都可以实施，而不仅仅是在婴儿早期，随时都有帮助。然而，这一阶段的不同之处在于，大一点的婴儿现在理解了物体存继性，他们知道即使父母不在房间里，父母也会在别的地方。您的宝宝可能会在半夜大声叫您去抱他们，或者他们甚至会抗拒睡觉时间。但是我强烈建议您在宝宝健康——例如，没有上呼吸道感染——的情况下，坚决保持一贯的睡觉时间和夜间作息。晚上洗澡，穿睡衣，讲故事，唱一两首歌，然后来个甜蜜的晚安吻，这些都是大一些的双胞胎宝宝晚上需要的——而不是额外的牛奶。

双胞胎小贴士

大一点的双胞胎宝宝正在咿呀学语和交流。您可能会注意到:在睡前,当您说晚安并关上门后,他们会互相“交谈”。双胞胎之间的这些交流是非常可爱的,这只是双胞胎父母有幸体验到的其中一种特殊快乐。如果您愿意,可以在门口听,但没有必要重新进入房间,让您的孩子安静下来。他们正在试验他们早期的语言技能。他们可能会在一起闲聊 30 分钟左右,但只要他们最终睡着,您就不需要打断他们。有关早期语言技能的更多信息,请参阅第六章。

进餐时间:一个全新的世界

您的双胞胎宝宝从 6 个月到 1 岁的营养应该来自持续的母乳或婴儿配方奶粉,以及越来越多种类和数量的固体食物。从婴儿强化谷物与牛奶混合开始,此外,餐桌上的食物也应该慢慢地加入。虽然很难相信,但当双胞胎满 1 岁时,他们应该主要吃餐桌上的食物,和其他家庭成员一样。当然,您需要稍微改良一下这些食物,以防止孩子窒息。

如果生长发育正常,双胞胎应该在 1 岁之前继续喝母乳或婴儿配方奶粉。母乳和婴儿配方奶粉中所有的特殊营养成分的比例都恰到好处,如果您的婴儿出生时很小或早产,这一点尤为重要。在 1 岁后,可以转换成含有维生素 D 的全脂牛奶。牛奶不像母乳或婴儿配方奶粉那样营养全面,这就是为什么对 12 个月以上的儿童来说,大部分热量和营养应该来自餐桌上的食物。

您会注意到双胞胎在婴儿后期的喂养模式可能会开始改变。他们在 24 小时内需要的奶量可能会明显减少。这是正常的,有三个原因:

- 宝宝吃更多固体食物,对餐桌食物更感兴趣。他们开始形成口味偏好,比起常规的牛奶他们可能更喜欢新餐桌食物的刺激性。您的双胞胎也掌握了自我喂食的技巧。假设他们发育正常,就像在常规健康儿童体检(也称为健康管理)中儿科医生评估的那样,那么重点应该放在他们日益增长的独立性上,而不是他们的总热量摄入。

- 双胞胎宝宝更加活跃,对周围的世界更感兴趣。他们正在努力提高养他们的精细运动技能,完善他们的抓握(拇指和食指合拢以抓取更小的物体)和检查微小的绒毛般的碎片的能力。相比于被困在高脚椅上吃饭,他们宁愿爬来爬去,到咖啡桌上去看放在上面的玩具。探索比吃喝有趣多了!
- 所有婴儿在接近 1 岁时生长速度开始减慢。因为孩子长得不太快,她就不会像几个月前那么想吃,能吃那么多东西了。

作为父母,我们往往会担心孩子的饮食习惯,想知道为什么过去吃了一定量的孩子现在吃得少了。在这个年龄,您需要知道在 24 小时内喝的牛奶少了是意料之中的事。

双胞胎小贴士

双胞胎的父母要时刻提醒自己不要拿两个孩子作比较。如果一个孩子喝的牛奶比另一个孩子多或少,不要感到惊讶或过于担心。记住,您有两个不同的婴儿,他们年龄相同,但每一个孩子都是独立的个体。如果您有持续的担忧,请咨询儿科医生。在生长图表上监测婴儿的生长可以极大地保证一切正常。

在 24 小时内监测每个婴儿的配方奶总摄入量。1 岁后,当换成全脂牛奶的时候,您会确定一个目标——每天最多 480~540mL 牛奶(一天绝对不超过 710mL,这会增加缺铁性贫血的风险,因为牛奶只含有很少的铁元素,如果孩子们喝够了牛奶就不会有食欲吃其他含铁的食物了)。提前制订好计划,如果宝宝 1 岁之前的饮奶量就接近这个数字,就减少他们的液体食物摄入量。

宝宝 1 岁后,您会如何给他们调奶?没有一个完美的答案。一些父母在孩子1岁后忽然改为“牛奶冷火鸡”。然而，有些婴儿不容易过渡到新口味的牛奶。对我们家来说，我使用了一种配方奶和全脂牛奶混合的方式，随着时间的推移，不断增加全脂牛奶的比例。我发现逐渐加入牛奶让孩子们更愿意接受新的口味。在几周的时间里，逐渐改变奶瓶中的成分配比（例如，从配方奶和牛奶的比例为5∶1——5份配方奶，1份牛奶——到配方奶和牛奶的比例为4∶2，依此类推），直到奶瓶中的液体变成100%全脂牛奶。您会发现这个方法很有效果，因为随着时间的推移，口味已经发生了变化。另外“冷火鸡”方法也可以奏效。

宁按：cold turkey是英语词组，指突然停止（坏习惯）；突然完全停止（使用毒品）等。比如go cold turkey，指快速停止坏习惯、戒掉坏行为。推测可能起源于人体的感受。比如我们习惯了某一个行为的乐趣后，突然中止，我们会很不适应，瑟瑟发抖地像一只冰冷的火鸡。

固体食物和餐桌（手抓）食物

从6个月开始，双胞胎应该每周都吃新食物，即果泥和强化的婴儿谷物。每3天左右引进一种新食物，以确保没有食物过敏或不耐受。传统上，儿科医生建议按照特定的顺序推出新食品——从混合了母乳或配方奶的婴儿谷类食品开始，接着是蔬菜泥，接着是水果泥，然后是肉类，最后是餐桌（手抓）食物。然而，最近专家们一致认为，不需要具体的引入顺序。对于忙碌的双胞胎父母来说，没有固定的食物种类顺序是一个好消息——少一个需要强调的“规则”。放松点，不要担心没有按照特定的顺序引入食物，防止窒息的危险并确保为双胞胎提供各种各样的口味的食物就可以了。您在增强宝宝的味觉感受，同时提供良好的营养。

过去认为延迟引入某些食物（如花生）有助于预防食物过敏的观点已被当前的研究推翻。新的指导方针表明，例如，在婴儿成长的食物清单中，只要您在加入新食物之间等待3天，您就可以继续引入花生、鸡蛋和草莓。记住这一点，花生和所有坚果都有导致窒息的危险。即使是奶油花生酱也会导致窒息,所以要么提供稀释的奶油花生酱(用牛奶或水果泥稀释),要么提供含有花生蛋白的膨化谷物。这一新的喂养指南不包括患有湿疹(敏感皮肤或特应性皮炎)的婴儿,他们需要处方药物。这些婴儿的父母在将花生引入饮食前应该咨询儿科过敏症专家。最近的研究有一个令人兴奋的进展,提出早期摄入某些食物可以减少食物过敏的发生。

虽然食物的顺序对双胞胎可能不重要,但是铁需要有很好的来源。婴儿谷类食品是铁的重要来源。在6个月大的时候,双胞胎需要一种新的、额外的铁摄入来源来适应他们的生长和红细胞的产生,这对母乳喂养的婴儿尤为重要。将米饭、燕麦片等婴儿谷类食品与吸出来的母乳或婴儿配方奶混合,而不是用清水,以提高热量和营养价值。此外,双胞胎已经习惯了牛奶或配方奶的味道,他们会很高兴能在新的谷类食品中识别出熟悉的味道。

双胞胎小贴士

如果天气好的话,尽量在室外喂您的孩子。两个吃固体食物的宝宝会把屋里弄得很乱,如果您不必在每次饭后都把地板擦干净,生活会更轻松。对于室内用餐,一些家长喜欢在两张高椅子下面的地板上铺一个浴帘或其他类似的防水布,以简化餐后清洁工作。

除了需要铁的良好来源外,宝宝还需要从6个月大开始补充氟。如果您的家庭供水是经过处理的城市用水,氟化物需求很可能能够得到满足。如果使用井水,应该问您的儿科医生双胞胎是否需要氟复合维生素补充剂。更多的氟化物并不一定更好。如果摄入过多的氟化物,婴儿会患上氟中毒,这是一种对牙齿和骨骼有害的疾病。和儿科医生谈谈,确保氟化物平衡。

双胞胎应该准备好在9个月大的时候尝试餐桌(手抓)食物。要开始吃餐桌上的食物,他们应该能够完全坐起来,并有一个良好的抓握能力。把O形早餐麦片作为引入的第一种手抓食物是不错的选择,因为它会很快融化在口中,将窒息的风险降到了最低。为了防止窒息，一定要把餐桌上的食物切成纵向便于双胞胎食用的大小，并确保食物煮熟后呈糊状。您个人可能更喜欢有嚼劲儿的蔬菜或者意大利面，但现在要给您的宝宝提供糊状的食物。

如果双胞胎有不同的口味偏好，不要惊讶。毕竟，您的孩子是独一无二的。用餐时给宝宝提供各种有趣的口味、质地和风味的食品。如果双胞胎中有一个或两个在第一次提供某种食物时拒绝了，不要马上放弃。他们可能不会在最初几次品尝绿豆时就对它着迷，但要在不同的场合不断尝试。专家们一致认为，在孩子决定喜欢哪一种食物之前，他可能需要尝试十几次。即使从双胞胎还是婴儿的时候起，吃饭时也要避免权力斗争。

双胞胎小贴士

双胞胎宝宝喜欢模仿您。很快会有一天，他们会互相喂食！

当宝宝坐在高脚椅上吃饭时，千万不要离开房间，哪怕是片刻。您永远不知道一对双胞胎什么时候会被食物噎住。有时候，家里有两个孩子，我们可能会有一种错误的安全感，就好像人多就安全。一定要有成年人在双胞胎用餐时直接监督。

吸管杯训练：再见，奶瓶！

宝宝在他们 1 岁的时候就准备好了学习如何用吸管杯喝水。为什么儿科医生鼓励家庭在这个年龄改用杯子喝水呢？随着婴儿年龄的增长和对某些人或某些物体的依恋程度越来越高，他们往往会与这些物体形成更牢固的联系。不幸的是，幼儿除了营养外，可能还依赖奶瓶来获得安抚，儿科医生也发现，长时间接触奶瓶会导致体重增加过多和蛀牙等问题。如果孩子习惯性地吮吸奶瓶，里面的牛奶或果汁会引起新牙齿的龋坏，这就是所谓的幼儿早期龋齿。

随着 1 岁生日的临近，您的孩子需要学习一种喝牛奶的新方法。

牛奶应在标准用餐时间和点心时间享用，同时直立坐在高椅子或桌子上。从成长的角度看，如果一个孩子总是一只手拿着奶瓶，他就无法有效地学习或掌握新技能。

作为多胞胎的父母，早一些鼓励孩子用杯子会比晚一些好。从奶瓶到杯子的转变越晚，就越困难，因为1岁的孩子每个月都会更强烈地发展他们的自主性。在双胞胎1岁前后，把奶瓶换成小杯子会让整个过程更加轻松。

当您开始给双胞胎进行吸管杯训练时，您需要从小处着手，然后逐步提高。最初，选择一个非主要的奶瓶喂养时间——可能是午后。您不会希望他们在学习使用杯子的过程中感到沮丧。许多吸管杯品牌都有一个单独的阀门插入件，放置在杯盖内以防止溢出。让孩子更容易地接受训练，不要一开始就使用阀门。这些阀门防止牛奶自由地从杯口流出，要求孩子用更多的吸吮动作把牛奶吸出来(您自己试一下，您可能惊讶于需要多大的吸力才能让液体流动)。不使用阀门可能会有点混乱，但是要帮助双胞胎理解使用这个新对象的目的是提供牛奶和解渴，甚至是在他们能够掌握正确的吸吮动作之前就让他们理解。用30mL左右的水来试试是个好主意，因为30mL的水洒出来没什么大不了的，而且还能够让年龄较大的婴儿(6个月后)习惯水的味道。

双胞胎小贴士

作为双胞胎的父母，您总是在追求效率。开始的时候，向吸管杯过渡有可能会让您觉得很麻烦或者很费劲，您可能会忍不住把奶瓶递给他们喝，特别是如果他们已经知道如何自己拿着奶瓶的话。记住，他们越早学会用吸管喝东西，他们就能越早走上独立之路。当双胞胎更加独立的时候，您可以有更多时间和他们玩耍和互动，而不是继续日常的喂养和清洁工作。

后勤事务怎么办？让双胞胎坐在您前面的高椅子上，轮流帮助每个孩子尝试从杯子里喝水，和每个孩子玩耍。教学课程应该是一段愉快和有趣的经历，因为您总是希望孩子对用餐时间有积极的联想。如果您发现用水杯喝水让这对双胞胎感到沮丧，或者您自己感到恼火，就结束这个过程。您明天可以再试一次。或者如果一个双胞胎喜欢到处爬，另一个对牛奶有兴趣，那就去和感兴趣的双胞胎一起利用这个机会吧。和每个孩子一对一地单独相处总是一件好事！

有几种方法可以最终从哺乳或奶瓶喂养转变为使用杯子，每个家庭都必须从逻辑和情感上选择适合他们的方法。与大多数育儿问题一样，没有一个解决方案能很好地满足每个人的需要。

有人建议用“冷火鸡(cold turkey)”的方法，声称如果在一天的任何时候以任何方式继续提供母乳或奶瓶，都会引起孩子的渴望和坚持，从而阻碍孩子适应新的饮用方法，所以不如立刻、马上停止原来的方式。我觉得这种冷火鸡的方法对父母和孩子都有点苛刻。在哺乳的情况下，它也会给母亲造成很大的身体疼痛，因为如果从一天4次哺乳到突然停止，一天为零，母亲可能会经历乳房充血和溢奶。

双胞胎小贴士

双胞胎在早期有很多转变要做。无论是从一个小杯子里学习喝水，如厕训练，还是搬到一个大孩子的床上。作为父母，您需要注意情绪。让两个或更多的孩子同时经历同样的事情是很困难的！如果您发现自己变得沮丧或恼火，您需要后退一步，重新安排。即使是年幼的婴儿也会感受到父母的焦虑，从而让这种转变更加艰难。尽量冷静下来，休息一下，改天再试。

宁按：上面的内容很有价值——情绪可以传染。坏情绪会导致周围的人一同沮丧、消极、焦虑，而美好欢乐也会让环境欣欣向荣。每一个成年人都要学会有效控制自己的情绪，让美好和欢乐时刻萦绕着自己。这往往意味着对自己好一点，同时也是对别人好一点。其实某种意义上说，成长就是去学习控制情绪的过程，而成熟就是已经学会了有效积极地控制情绪。

一个更温和的方法是给宝宝断奶的过程中逐渐改变喝水和喝牛奶的方式。一次次直到所有的喂养过程都换成杯子为止。开始的时候用杯子喂得少一些，这样宝宝不会因为饥饿而不愿意尝试新的东西。在一周左右的时间里，每天在同一时段尝试这种新的喂养方法，然后选择一天中不同的时间来切换喂养方式。您可以延长或缩短两次额外调整之间的时间，因为您需要让它为您的家庭服务。如果亲戚们周末来探望您或有其他活动，可以根据需要多等一周，让大家适应新的方式。您不会想在其他很多事情发生的时候（比如感恩节），把早上的奶瓶喂食改成杯子喂食。如果能让事情变得简单一点，您将成为一个更快乐的父母，并能帮助您的宝宝度过过渡期。随着时间的推移，这一模式最终将用于一天中所有的喂食时段。

如果您还在哺乳，您会注意到，一旦放弃了 1 或 2 个喂奶时段，奶量可能会急剧下降。您可能会发现您需要提供比计划更快的吸管杯训练。尽量不要担心双胞胎喝的牛奶总量，记住，他们的成长速度正在放缓，如果他们真的饿了，他们会想办法喝的！双胞胎也吃固体食物，所以他们不会挨饿。许多哺乳妈妈会坚持每天的最后一次母乳喂养，通常是在睡觉前，为了情感上的联系和安抚——如果您想继续的话，这是一个很好的仪式。

口腔健康

双胞胎第一颗乳牙萌出的平均时间大约是在他们 6 个月大的时候。每个孩子都不一样，所以不要担心您的孩子早一点还是晚一点长出第一颗牙。如果您有顾虑请询问儿科医生。当第一颗牙萌出时，您可以开始使用婴儿牙刷和牙膏，每天两次。美国牙科协会（American Dental Association）和美国儿科学会推荐 2 岁及 2 岁以下的儿童使用米粒大小的氟化物牙膏。这个年龄用婴儿毛巾和水轻轻摩擦牙齿和牙龈，像牙刷一样好用。养成食用固体食物后用干净的毛巾清洁双胞胎牙龈和第一颗牙齿的习惯。宝宝可能一顿饭后满脸都是黏黏的谷类食品和水果泥，您需要抹掉它们。先用干净的毛巾清洁牙龈和牙齿,然后再擦脸(和身体)。我们将整个厨房的抽屉都放上干净的婴儿毛巾,以简化餐后清洁工作。一些家庭喜欢使用一次性湿巾给宝宝擦脸,因为比较方便,然而,清水和柔软的毛巾对敏感的皮肤来说稍微温和一点,可以减少皮疹。

双胞胎小贴士

作为双胞胎婴儿的父母,您每天都要做许多相同的育儿工作。不时退后一步,评估您储存必要婴儿用品的地方。您能对经常使用的物品进行重新分类,使它们更方便使用,并简化照顾双胞胎的程序吗?

刘按:有些家长会认为乳牙如果出现问题可以不用处理因为将来会换恒牙,但是却不了解乳牙的严重问题会影响恒牙的发育。甜食的过多摄入不仅会影响牙齿健康,同时也会影响视力。

游戏和发育

通常在6个月大的时候,您的双胞胎开始独立坐着,他们将能够从一个全新的角度看世界。我可以向您保证,双胞胎将在不同的日子里实现这一里程碑,不要烦恼或比较他们。我儿子安德鲁比他的孪生兄弟瑞安独立坐早一个月左右。我当时很紧张,不知道小瑞安什么时候才能独自坐起来!现在回想起来,当时我有多担心瑞安的大运动发育时,我笑了。因为今天,他在高中参加了长跑和游泳比赛。尽管这些年前我一直很担心,但是他做得很好。

双胞胎小贴士

当双胞胎开始独立坐着的时候,您可以建立一些新的生活习惯让自己的生活更轻松。例如,您可以在大浴缸里装满水,同时给他们洗澡。但千万别有虚假的安全感。当孩子在浴缸里或浴缸附近时,要继续照顾他们,并让其待在您手臂够得着的地方。很快您也可以买一个

"活动中心(座位周围各个方向有玩具)",同时给两个宝宝洗澡,或者在您准备晚餐的时候给宝宝找一个新的好玩的地方,这些都会让生活变得更容易。

许多单胎子女和多胞胎父母担心的一个问题是,他们的孩子什么时候会迈出第一步。人类的祖祖辈辈都非常重视走路,把能够步行当作里程碑。您会经常听到祖父母的笑声,"哦,他 15 个月才学会走路"或者其他人的骄傲吹牛,"我女儿在 10 个月就会走路了",好像走路让她成了一个天才。孩子第一次走路的时间与智力和未来的运动灵活性无关。步行可以在 9~18 个月之间的任何时间开始,这都被认为是在正常的范围内。每个孩子都有自己的发育速度和时期。

许多家长在家庭聚会上会比较年龄相仿的堂兄弟姐妹的生理特长,或是在和朋友玩耍的时候比较,因为将自己的孩子与其他孩子进行比较的冲动是很普遍的。而对双胞胎父母而言,他们鼻子底下有两个可爱的"小标本",相互比较更是他们的人类天性。尽量不要这样做,即使您的双胞胎是同卵双胞胎,他们也需要自己的时间去到达他们的目标。走得早的双胞胎并不更好或更聪明,走得晚的人在其一生中也并不都需要特别的帮助。

双胞胎故事

普亚是一对双胞胎幼儿的妈妈,她分享道:"把孩子当作独立的个体来对待,如果他们在不同的时间发展了爬行、行走、说话等技能,不要气馁。他们准备好了就会掌握这些技能。我们的女儿 10 个月大时会走路,而我们的儿子 13 个月大时才会走路。然而,我们的儿子比我们的女儿更早开始咿呀学语。"

平均来说,双胞胎可能比同龄单胎子女开始走路的时间晚一点。我认为这有两个原因。首先,许多双胞胎早产,使他们的发育步调与单胎宝宝稍有差异。其次,当您有两个孩子要照看时,给他们单独进行训练就更难了。只有一个孩子的父母有一种奢侈的享受，可以牵着孩子的双手，指导他整天走路，鼓励他在帮助下乐于行走。多胞胎的父母不能把这种持续的注意力集中在一个孩子身上。

您不必感到内疚。拥有出生在不同时间的多个孩子的父母，甚至没有太多时间专门照顾一个孩子。我的第四个孩子是单胎女孩。我有没有 5 分钟以上的时间牵着她的手来帮助她学会在家里走动？绝对没有！不管怎样，她还是弄明白了。别担心，会学会的。但如果您对双胞胎的运动发育有什么特别的担心，请一定要咨询儿科医生。

对双胞胎的支持

说到里程碑，您可能会发现自己经常比较这对双胞胎。这种比较不会很快就结束。谁先数到 100？谁先会学读书？假设您的双胞胎都很健康，他们可能会轮流掌握一项新技能。相信我，当我告诉您从长远来看，您会惊讶于这样一个事实：每个孩子都会在不同的领域发挥领导作用，并轮流成为领导者；这一切都会得到平衡。享受您孩子的成就，而不是担心为什么他的孪生兄弟姐妹还没有做到。

活动中心是我们的双胞胎男孩大一些时喜欢的玩具。这些固定的玩具中心中央有一个婴儿座椅，周围是五颜六色的玩具，音乐盒和会动的物品。这些东西也许价格很高，同时买 2 个可能太贵了。我们用大儿子的旧的，又从我嫂子家借了一个。您的双胞胎可以在这些玩具中心安全地弹跳，敲打音乐盒上的按钮，一起玩得很开心。这样您就会知道他们在哪里——不会怀疑他们是否爬进了浴室和把手伸进了马桶。但要确保双胞胎在这些玩具中心的时间不要超过 15 分钟。双胞胎确实需要在家里走动锻炼肌肉和协调能力。但在忙得不可开交的时候，比如准备家庭晚餐时，让双胞胎儿子快乐而安全地玩耍 15 分钟，对我来说真的很有帮助。在我们家的搞笑视频里，双胞胎在一起蹦蹦跳跳，同时还疯狂地傻笑。

不要把这些固定的游戏中心和可以在房子里转圈的老式学步

车混为一谈。学步车极为危险,许多儿童因学步车从楼梯上摔下来而骨折或头部严重受伤。美国儿科学会建议禁止出售婴儿学步车。不要买也不要让任何家族成员送给您。与以前的想法相反,学步车不能帮助孩子更早地走路。而且学步车使用不同于自然行走的肌肉群,会延迟孩子自主行走。

语言和交流

当谈到双胞胎的语言发展时,父母可能会听到这样的结论:双胞胎有时与同龄的单胎子女相比有语言迟缓,男孩比女孩更严重。把这些归纳总结出来,关注您孩子的特点以及他们的能力。

怎么能鼓励双胞胎早期的语言能力?向您的双胞胎讲述自己的经历,为他们提供关于一天中发生的事件的连续对话,无论多么平凡、琐碎。“现在我们要换尿布了”“那只小狗在叫”,诸如此类。

在孩子说出第一个单词之前,他们接受词汇的能力越来越强,这意味着他们理解您在说什么,即使他们还不会说话。在您向配偶提及一个特别的玩具时,孩子可能会爬到玩具旁边,让您大吃一惊。您会注意到双胞胎开始模仿单词,用语言交谈,好像他们真的在说什么。鼓励这些早期的讨论,因为它们将随着时间的推移而发展成为真实的对话。

双胞胎故事

普亚是一对龙凤双胞胎幼儿的妈妈。她分享道:“尽早使用婴儿手语。这非常容易学习,并且会帮助宝宝在能够口头交流之前,先表达他们的需求。使用手语也有助于避免发脾气的情况。”

有些双胞胎因为缺乏照顾而出现早期的语言发育迟缓。双胞胎数量与父亲或母亲的比例是 2∶1,使得他们很难像一个单独出生的婴儿那样获得一对一的谈话时间。日常生活中的混乱会使鼓励语言发展成为一项真正的挑战。大多数时候,您并不关心孩子们的语言能力，而只是想让他们在把房顶掀翻前入睡。

除非您有四只手，否则一次只能换双胞胎其中一人的尿布。换尿布是一个特殊的机会。当您换尿布的时候，可以看着她的眼睛和她说话。当她的双胞胎兄弟姐妹换完尿布时，就轮到她了。

对双胞胎的支持

当生活一团糟的时候，您怎么教孩子说话呢？讲述您的日常生活。您的房间很乱——和双胞胎谈谈吧！“孩子，这个房间太乱了！”“你相信我已经两天没洗澡了吗？”

研究表明，一些双胞胎可能会有早期语言迟缓，但这些孩子大多在四五岁时就赶上了。如果您对双胞胎的语言发育有特别的顾虑，请咨询儿科医生，以确定是否需要进一步的评估或治疗。

宁按：不必过度担心儿童说话晚的现象。早一点说话的，也不意味着聪明，和他日后的平步青云也没有必然关联。“贵人语迟”放在此处更多的是一种祝福！实际上这句话说的是成人。总之不必过度焦虑或兴奋。平静对待、安心等待，也可以咨询医生。

这里也可能是提示。很多家长不知道早期与婴儿交流的重要性，导致语言发育迟缓。提示一下可以避免发生。

安全问题

随着双胞胎们每天都变得更加活泼好动，确保他们经常受到关注就变得更加重要。时刻检查您的家，确保儿童防护措施尽可能的好，并根据需要进行调整（有关“双胞胎防护”的更多信息，请参阅第四章）。总是有您想不到的地方需要保护或改进，双胞胎会很有帮助地向您证明这些！暂时把酒架收起来，这可能会让您很难过。但从长远来看，良好的儿童保护措施会让您的生活更轻松。一个有良好的儿童防护措施的家可以让双胞胎自由地去探索，也可以让您避免一整天都在改变他们的方向。

双胞胎小贴士

请记住，世界上最好的儿童防护措施并不能取代直接监督。回形针或其他小的、有窒息危险的物品可能会无意中落在地上，供10个月大的宝宝好奇地探索。双胞胎都是小小的科学家、探险家，会探索新事物和新领域，但他们对什么是安全的，什么是不安全的几乎一无所知。

别忘了儿童防护和双胞胎防护的区别。每个月双胞胎都会变得越来越聪明，他们从双胞胎兄弟姐妹的经历中学到的和从自己的经历中学到的一样多。每个人都会在家里尝试更多的东西，因为他们喜欢尝试他的孪生兄弟刚刚做过的事情。还要记住的是，一扇压力门，可以让一个单胎子女远离一个充满易碎小玩意的房间，但可能无法持续承受两个小家伙靠在门上和推在门上的总力量。考虑挂壁式门（wall-mounted gate）或更大的游戏场。

双胞胎小贴士

创造性地评估您的家，看看是否为成长中的双胞胎创造了一个安全的特定玩耍的场地。安全门种类繁多，它们允许父母将孩子限制在特定区域。当我们的孩子还小的时候，家里没有正式的客厅，所以我们顺理成章地把这个空间用作娱乐区。单胎子女的父母可以使用一个移动的游戏场作为临时的安全区域，但是，双胞胎的父母可能需要比一个小矩形更大的空间！

现在双胞胎爬行的速度越来越快，并且正在学习走路，所以当您无法密切关注他们的时候，把他们限定在一个安全的区域是很好的。如果您要去洗手间或从烤箱里取东西，您的一对双胞胎会在那个时候发现地毯上的一个松动的按钮，然后把它塞进嘴里，以便进一步探索。为了防止此类灾难，可以在您的家里某个角落设置一个大的带门的游戏场所。

市场上有带门的游戏围栏可供选择。另一种选择是用门隔出一个经过严密检查的安全角落。双胞胎可能不会花很多时间在安全地带玩耍,但是当您需要的时候,准备好空间是很好的。把特殊的婴儿安全玩具放在里面,甚至根据需要轮流把不同的玩具放到安全区,让双胞胎保持兴趣。每天多次检查这个空间,看看是否有令人窒息的危险出现,比如一个坏掉的玩具或者哥哥姐姐带到附近的乐高玩具。

纪律:朝着可接受的行为努力

在这个年龄,双胞胎不需要传统意义上的纪律,但是您需要开始教双胞胎什么是合适的,什么是不合适的。如果过去容忍了某些坏习惯几次,那改掉它们就更难了。我们家使用了家庭规则的概念。为了安全,家里的每个人都必须遵守。我没有反复说“不”(如果您不善于使用这个字,您会经常听到别人对您说不),而是试图用一句简单的话代替“不”来表达我的指示,试着说,“我们不碰烤箱门——它很热。”“别揪我的头发——它会伤到我的头。”另一个策略是告诉您的孩子他们应该做什么,而不是他们不应该做什么。试一下,“坐在我腿上”,而不是“停止奔跑”。

双胞胎小贴士

婴儿早期的违规行为通常只是年轻的探险者出于他们自然和健康的好奇心行动的结果,但是双胞胎的父母需要明确什么是可以的,什么是不可以的。烤箱的门闪闪发亮,对一个11个月大的孩子来说非常有趣,但是即使它现在是关闭的,您也不希望双胞胎认为可以靠在上面近距离观察它。也许有一天它会很热,您恰巧不在那里,也不能马上去干预。

当双胞胎有不适当的行为时,立即干预。让孩子把行为和结果联系起来。把孩子从这种情境中带走,并将其注意力转向一个新的活动或地点。重新定向效果很好,因为这个年龄的孩子注意力持续时间仍然很短。

不要无意中鼓励您不想在未来无休止重复的行为。有时候,父母会被孩子揪头发或咬肩膀的动作搞得措手不及。混乱的时候,甚至会大笑。当双胞胎 10 个月大的时候拉垂直百叶窗被您夸奖说多么可爱,那就作好准备,两个 22 个月大的蹒跚学步的孩子会经常拉它们,除非某种家庭规则已经很早就确立了。孩子会重复这个动作,看看她是否能让您再次大笑。咬不是一个值得鼓励的好习惯。如果您抑制不住,把脸转过去笑,尽可能地保持一致的回应。有时,有选择地偶尔使用"不"这个词是恰当的。在咬人的情况下,把孩子从您的肩膀上移开,坚定地说:"不,我们不咬人。"

双胞胎小贴士

现在鼓励好的行为比以后纠正坏的行为要容易得多。

当您有两个同龄的孩子学习家庭规则时,一致性尤其重要。两个小家伙四处乱跑,在没有父母积极监督、干预和引导的情况下,很快就会升级为混乱。年幼时学到的经验教训将延续到未来几年,从长远来看会让您的生活变得更加轻松。

双胞胎小贴士

当谈到纪律时,您的反应一致性是关键。这听起来很简单,但事实并非如此。当您疲劳过度,整天追着您的双胞胎跑的时候,您很难保持一致。有时候您会感到疲劳,不想参与比赛,但这些天您还是要继续坚持自己的规则。

情绪管理:如何保持理智

持续监控不止一个会爬行、会移动的婴儿,还要避免对父母造成伤害。当宝宝开始爬和走时,您需要像空中交通管制员一样持续监视和警惕。和对待任何工作或任务一样,保持活力、适当休息是很重要的。不要认为寻求帮助是父母不称职的表现。我认为能够确定哪些时刻会特别有压力是非常明智的,尤其是当整个家庭从父母中的一方或双方的休息中受益的时候。

向伴侣寻求帮助,他能够并且应该在任何时间内处理好家里的事情和所有的孩子。孩子的父亲不是保姆——他是家长。您有住在附近的亲戚或信任的好朋友吗?友好的邻居是否有寻找"家庭帮手"的经历?调查您所有的援助选择。

什么是休息?这取决于您。您可以花一个小时看一本好书,去附近跑步,去咖啡店几个小时,和朋友出去玩一个晚上,或者通宵旅行——这都取决于您。

寻求帮助和休息对您来说是健康的。您可以退一步,看看家庭是如何影响您的情绪的。从我的双胞胎出生开始,我就经历了一种特殊的负罪感。当我一对一地和一个男孩单独相处,一起看书或一起做煎饼的时候,我有时不能真正享受这一刻,因为我为没有和我的另一个男孩共度这一特殊的时光而感到内疚。有时候我发现自己打断了这个特殊的时刻,邀请我的另一个双胞胎加入我们,或者我匆匆度过这个时刻,这样我就可以抓住双胞胎中的另一个,为他复制这个时刻。当然,打断和匆忙不会导致有意义的、自发的共情和教学效果。它们只会导致双胞胎中的一个或两个都跑到别处,而我却坐在那里,拿着书问:"难道没有人想和妈妈一起读书吗?"我从中学到了什么?如果双胞胎中的一个在您的膝盖上或者在您的陪伴下,准备好了一个故事,那就开始读吧。随着时间的推移,另一个双胞胎也会获得很多一对一的机会。

双胞胎小贴士

专注于每一个双胞胎随着时间的推移所积累的经验。平衡不是完全相等，但应该是公平的。每一个双胞胎都应该得到尽可能多的独处时间。克服罪恶感，享受特殊的时光。一对一的时间提供了重要的教学时刻，并会促进您家庭内部的关系。

刘按：最早我也有作者提到的这种内疚，除了让自己焦虑没有任何好处。从长远的角度来看，把自己的情绪处理好，才是最重要的，这样才能提高每一次陪伴他们的质量。

尤其如果您是一位全职父母时，我相信您从来没有像成为全职父母的第一年那样束缚在家里。如果您在怀孕期间就躺在床上休息，这会增加与外界隔绝的感觉。在某种程度上，再也不出门似乎更容易！您为什么要离开？牛奶在冰箱里，一堆尿布在尿布台旁，衣服在抽屉里。带上双胞胎出门看起来很麻烦，但是即使只是一个月几次，也要努力把孩子带出家门。这可能就像在商场里转悠20分钟一样，也许很平常，但是这些经历对您和双胞胎来说是健康的。

如果您真的喜欢冒险，请伴侣或其他成年人帮助您的家人去当地的游泳池。计划、准备和执行这次出游可能会让人望而生畏——坦率地说，这会让人觉得您在计划一次小规模的军事行动——但对所有参与其中的人来说，这将是精神上的激励。

双胞胎故事

当我们的双胞胎还是婴儿的时候，我和我的丈夫总是惊讶于我们的男孩在去了一个简单的三明治店之后是多么的冷静和专注。就像对成年人一样，让11个月大的双胞胎离开他们的常规环境和日常生活，可以帮助他们恢复精神，重新集中注意力。他们可以带着新的视角回到他们熟悉的游戏区，拥抱熟悉的玩具。

与双胞胎分别共度时光

如果一个孩子在一对一的时间里获得了大量正面的信息，那么他就不太可能在其他方面表现出来负面的情况。不管是积极的还是消极的关注，都是双胞胎渴望从您这里得到的。这些一对一的积极互动也是必要的，这样您就可以开始认识到每个双胞胎的个性和特征。即使是同卵双胞胎看待世界的方式也可能非常不同。

一个忙碌的家庭怎么能和每个孩子一对一地相处呢？每周都要有创意，寻找新的方法。每个家庭都需要定期购物，您可以让孩子每周轮流和父母进行一对一的购物旅行。一个孩子出去玩得很开心，他看到了商店里所有让人兴奋的事物，而且当您选择 4 个绿苹果并把它们放进袋子里时，他还学到了颜色和数字，与此同时，您的另一个孩子在家和您的伴侣玩耍。您不需要为此感到内疚，因为下个周末，就轮到另一个双胞胎了。如果有亲戚住在附近，也许那个亲戚可以和一个双胞胎待在家里，而您带着另一个去散步，聊聊您在附近看到的事情，并挤出一点时间锻炼。

第一年：时光飞逝！

恭喜！您和双胞胎度过了第一年！看看家里的视频，嘲笑您怀孕时的肚子有多大。对两个恰好在同一天出生的漂亮孩子微笑，看看你们都走了多远。如果您要举行生日聚会，那就在中午举行一个小型聚会。您不会被压垮，双胞胎不会被过度刺激，你们都可以享受这个庆祝活动。

双胞胎故事

丹妮尔是一对学龄期双胞胎的妈妈。她说:"尽管他们是同一天生日,但我们总是分开吃蛋糕,分开唱歌。随着我的双胞胎年龄的增长,他们仍然喜欢各自挑选自己的蛋糕。"给每个双胞胎单独和自己的蛋糕拍照,以及给两个孩子和两个蛋糕一起拍合照。您也可以每年轮流选择先为谁唱生日歌。

第一年过得比单胎婴儿还要快,因为您太忙了。当然,您会有这样的日子:您认为双胞胎永远都学不会没有支撑独立地坐着,学不会拿着一个小口杯独自喝水,或者学不会说话。但是有一天您转过身来,一切都突然改变了。他们现在互相追逐,假装是小狗,大声吠叫,狂笑不止。

我太忙了,没时间写详细的育儿书,但是我为他们每个人都保存了一本简单的书。如果我的一个双胞胎做了什么可爱的事,我会记在记事本上。我会把我的笔记堆起来,每隔几个月,就把它们一次全部重写到书里。如果您觉得智能手机的笔记功能更适合您,就用它吧。

双胞胎小贴士

如果一切都出了问题,房子乱七八糟。宝宝们整天穿着睡衣,每天都是这样,那就笑着享受吧!想一想您将会为家庭写下所有精彩的故事。在成长过程中,孩子永远不会记得房子干不干净,但他们会记得和您在一起有多开心。

无一例外,当您带着双胞胎来到这个世界时,人们会对您这个疯狂的小家庭感兴趣。对我来说,最棒的经历来自与孩子已经长大的双胞胎父母的交流。我记得有一次,当我和丈夫与我们 2 岁的儿子以及 12 个月大的双胞胎在一家休闲餐厅吃午餐时,一位年长的绅士注意到了我们。当他和他的妻子要离开时,他走近我们，告诉我们他们有一对双胞胎和一个年龄差很小的哥哥，他们现在都长大了。他停顿了一下，狡黠地笑了笑，说道："这很有趣，不是吗？"

知道其他人不仅挺过了与您相似的困境，而且还乐在其中，这很有帮助。感到孤独是很常见的，尤其是当您和孩子待在家里的时候。很快，双胞胎幼儿期和学龄前的忙碌将取代您现在可能经历的孤独。

第六章

幼儿期(1~2 岁)

随着时间的流逝，您的生活会变得越来越容易。白天的日常生活有着越来越一致的节奏和流程。使用一个可靠的时间表，孩子和父母都可以预测接下来会发生什么。每个人都会相处得很融洽，因为大家的想法都是一样的。在晚上，您的蹒跚学步的双胞胎足够大，可以持续有规律地睡一整夜。包括父母在内，每个人晚上睡得越多，就会越健康、越快乐。

即便如此，双胞胎的生活并没有变得完全简单。日常生活变得简单一点，但是，幼儿时期的重大转变给这条道路带来了一些坎坷。纪律和如厕训练就是这种坎坷的例子。

当您养育这个特定的年龄和人生阶段的孩子时，理解幼儿特定的年龄发展里程碑将有助于预测未来的坎坷。对于许多蹒跚学步的孩童的行为，父母可以从“年龄段的特征，不是孩子本身的问题”的表达中找到安慰。父母不应该把顽固的性格特征归咎于一个孩子的恒常本质，应该记住，对于一个可能会随着时间、爱和养育而成长的孩子来说，这些是发展到适当阶段的特有表现。1岁和2岁的孩子自我意识越来越强：每个孩子都意识到自己是一个与父母和双胞胎兄弟分离的人。随着孩子越来越意识到他们是独立的人，他们会寻求与父母和双胞胎兄弟分离。这种独立性有时会以不愉快的方式表现出来。

双胞胎故事

米歇尔是三年级双胞胎男孩的妈妈。她分享道：“在我儿子蹒跚学步的那几年，最大的帮助是让他们遵守时间表，同时也灵活地应对变化。就寝时间的惯例保持不变：晚餐、洗澡和睡觉。白天，我有差事，打扫卫生，和大孩子一起做作业，活动等等。时间、日程和事件会改变，我会变得疲惫不堪，但后来我意识到：哦，好吧。我已经尽力了，我开始顺其自然。我会开诚布公地告诉人们，‘这个时候去那里对我来说很难，所以我可能会迟到’。虽然我的意图是按时到那里，但我意识到我可能无法承诺。我有那种保持理智的灵活性。我觉得只要我尽力了，就不需要担心其他事情。”

对您的孩子来说,蹒跚学步的岁月令人兴奋又害怕。您作为父母角色的作用是继续提供和在他们婴儿时一样的充满爱和安全的环境,同时向他们展示如何采取适当的行为。您的耐心,加上温和的鼓励,将有助于引导蹒跚学步的双胞胎走向成熟,成长为行为良好的学龄前儿童。在他们蹒跚学步的时候会遇到一些挑战,但是在困难的日子里不要太沮丧。享受孩子们的成长,惊奇地看着他们学得有多快吧!

睡眠问题

双胞胎的小睡时间是神圣的。一个有规律的、持续的睡眠时间表能让孩子快乐健康,还能让您保持清醒。不管日子有多疯狂,每天都预留一段时间,做您的待办事项,收拾好要洗的衣服,或者自己小睡一会儿!

双胞胎小贴士

记住,每个家庭都有不同的日程需求。当双胞胎还在蹒跚学步的时候,可能需要从一天两次小睡转变为一天一次下午小睡,由于早晨小睡的阻力或者是为了满足大孩子的需求。根据家人的作息时间表,确定为双胞胎平均每天提供 14 小时睡眠的最佳方式。在外工作的父母可能会选择让他们的孩子午睡一会儿,直到孩子 5 岁,这样他们的家庭就可以在晚上有一些高质量的时间,而不会让孩子过度劳累。

宁按:作者说睡眠是神圣的,确实如此。对成人而言,也是这样。人主要是饮食和睡眠,一个好则健康无忧,两个都好则福气、长寿。新生儿期、儿童期一定要保证充足的睡眠,这对发育、成长、智力发展、疾病康复等都至关重要。充足的睡眠如果再加上规律性,简直是完美的童年!父母也会因此得到“解放”!

随着双胞胎成长为具有新兴趣和能力的幼儿,生活变得更加令人兴奋,而睡眠变得不那么有吸引力。以前喜欢午睡的孩子可能会突然有抵制午睡的想法。不要把这种不感兴趣误认为是他们不再需要小睡的信号。平均来说,1岁和2岁的孩子仍然需要每天14小时的睡眠,包括11~12小时的夜间睡眠,以及白天1~2次小睡,总共2~3个小时。每个孩子都是不同的,但是有些孩子可能在2~3岁左右就放弃小睡,到那时他们将从安静时间中受益。

双胞胎故事

丽莎是9岁双胞胎男孩的妈妈。她说:"和您双胞胎的睡眠保持一致。没有良好的睡眠,您就不太可能度过美好的一天。要坚持小睡、就寝时间和之前的仪式。"

如果您的双胞胎拒绝午睡或就寝时间,记住过度劳累的孩子可能比休息好的孩子更难入睡。如果您蹒跚学步的双胞胎在小睡时间更抗拒,您可以考虑早点开始小睡,看看他们是否会更容易入睡。给自己空间去尝试,为家人找到最好的解决方案。如果双胞胎有一周特别暴躁,糟糕的睡眠可能是罪魁祸首。尝试几天提前小睡和就寝,看看会发生什么。如果孩子对新的作息时间表很满意,您可以更加确信他们得到了足够的休息。

一些父母用大儿童床来庆祝孩子的第二个生日。但是根据经验,大儿童床会带来一系列全新的睡眠问题。让孩子尽可能长时间地享受他们的婴儿床(只要他们安全地待在婴儿床里),但是要为大儿童床的过渡作好准备。您永远不知道他们学会爬出婴儿床的那一天何时会到来。当一个双胞胎学会如何跳出婴儿床时,另一个双胞胎会通过观察来学习。如果您还没有准备好大孩子的床,而双胞胎开始从婴儿床爬出来,一个安全、暂时的过渡就是简单地把婴儿床从房间里移走,把婴儿床床垫直接放在地板上。这降低了摔伤的风险。

随着双胞胎年龄的增长,一个可靠的睡眠时间表会持续下去,这对双胞胎、父母和兄弟姐妹都是最有利的。当我们的双胞胎1岁的时候,他们的午睡时间是我们和大儿子单独相处的理想时间,他当时才3岁。

双胞胎小贴士

午睡时间也是玩棋盘游戏的好时间,这些游戏往往会被幼儿破坏,至少会弄乱(纸牌)和移动(棋子)。双胞胎的午睡时间可以是把含小零件的玩具拿出来的时间(到指定的地方),在孩子醒着的时候这太难了。在双胞胎从午睡中醒来之前,每个人都能非常熟练地清理这些有窒息危险的东西。

过渡到大儿童床

把我们的双胞胎儿子从婴儿床过渡到大儿童床对我们的家庭来说是一个非常具有挑战性的时期。经历了我们大儿子的转变,即使当我们的双胞胎儿子还是婴儿的时候,我对这个里程碑依然充满了敬意和恐惧。我记得很多个晚上,凌晨3点,我们的小家伙在我们床边,仅仅是因为他有这样做的自由。我害怕我们的双胞胎意识到"我自由了!我们自由了!没有围栏!通宵派对!"或者,另一方面,双胞胎可能害怕他们的新环境。对于一个2岁的孩子来说,换到一张没有安全的高栏杆的开放的床是很可怕的。因此,不管双胞胎是高兴还是害怕,凌晨2点,他们发现自己在一张新床上醒来,他们都有可能做以下事情之一:在他们共用的卧室举行一场凌晨2点的聚会,检查房间的每一个角落,就好像他们从未见过自己的房间;反复跑向您和伴侣的床边,哭喊着他们很害怕。这种恶作剧会让您睡不好觉。

在一个理想的世界里,我们都有足够大的房子给每一个双胞胎一间自己的卧室。然而,我们大多数人都需要双胞胎合住一间卧室。共用一个卧室带来了"有样学样"的所有乐趣。

一些家庭成功地尝试了一些方法,让他们的双胞胎在新的大儿童床上整夜安睡。我们认识的一个有三胞胎的家庭(包括两个同住一间卧室的男孩)建议我们给双胞胎男孩买汽车床——塑料模制的双人汽车床。很明显,他们的儿子如此爱他们的汽车床,以至于他们从来没有想过半夜爬下床。这些汽车床听起来如此神奇,以至于我们预算了两张汽车床的高昂价格,认为花在睡个好觉上的钱是值得的。长话短说,这些汽车床对我们家来说并不那么神奇。我们经历了夜间聚会(窗帘被拉到地板上,夜灯从插座上拔下来,用叉子在墙上“画画”),还有更直截了当地到爸爸妈妈床上哭。对一个家庭有效的东西可能对另一个家庭无效。因为我们的汽车床不起作用,我们需要实施一些可靠的战略,使每个人更加顺利地过渡到大床。

现实一点,记住不管您准备得多充分,也不管您能多好地遵循让孩子整晚睡在自己床上的基本原则,您的孩子都是人,会有一些艰难的夜晚。请记住,困难只是暂时的,如果您坚持遵循基本的睡眠规则,双胞胎最终将再次在每晚平静地入睡。疾病、旅行和日程变化都会影响夜间睡眠。当有一个特别令人厌倦的睡眠周时,请记住这一点——这一切都会过去,孩子将走向下一个里程碑。在某种程度上,训练蹒跚学步的双胞胎整晚待在他们的大儿童床上的过程就像训练宝宝整夜睡觉一样。

生存策略

在过渡到大儿童床睡觉的阶段,有一些非常有用的睡眠策略可以使用。首先,当双胞胎大约 2 岁,还没有完全爬出婴儿床时,我建议在他们的卧室门框上安装一个压力门。当他们仍然待在他们熟悉的婴儿床里时,提前放一个门会给孩子时间去适应门的存在。大门将成为卧室景观的一部分,当大儿童床就位时,它将发挥重要作用,让双胞胎待在他们应该睡觉的卧室里,防止他们没有阻碍地在房子里乱跑,不受限制地胡闹。如果您睡得很沉,这个门是个特别好的主意。您甚至可能听不到您的双胞胎在凌晨 4 点跑进厨房大吵一架。

下一步是选择新的大儿童床。尽量让双胞胎参与这个过程,和孩子讨论这个转变。如果您家里有年龄较大的孩子,指出双胞胎现在怎么样才能像他们的哥哥姐姐那样。让他们感受哥哥姐姐的床,在当地的图书馆或书店找一些关于如何过渡到一张大儿童床的儿童书籍。这些步骤将帮助双胞胎在情感上为改变作好准备。

如果大儿童床没有内置的边,您需要确保孩子睡觉时不会从床上滚下来。我建议将每张床推到卧室的一个角落,并在外面的一侧放置一个安全门。两个门比可以保护 4 个敞开侧面的 4 个安全门更经济实惠。

双胞胎小贴士

如果双胞胎共用一个大卧室,一个好主意是在婴儿床还在的时候把大儿童床放在房间里。在房间里同时放两张婴儿床和两张大床,放几天,留出时间来讨论变化。您可以让两个孩子选择晚上睡在哪里,婴儿床还是大床。一些孩子很兴奋,喜欢冒险,迫不及待地想试试新床。其他孩子有点犹豫,想在他们熟悉的婴儿床里多睡一会儿。两种选择都很好。这种方法的美妙之处在于,您给了孩子在两个可接受的选择中作出选择的权力,孩子会感到更有力量,更能"控制局面"。在我们家,我们的双胞胎儿子共用一个小卧室,没有足够的空间来玩这个。因此,我们经常谈论这种转变,并让我们的双胞胎感受哥哥的床。我们的双胞胎已经作好了使用新床的准备,很兴奋,感觉自己已经控制了局面……

另一个平稳过渡到大儿童床的策略是保持夜间作息的其他方面不变。洗澡、换睡衣、讲故事、上床——不管您的仪式是什么,坚持做下去。持续的夜间仪式会让您的双胞胎放心,他们的整个世界没有改变,只是他们睡觉的床有微调。

当把双胞胎抱进被窝时,提醒他们晚上是睡觉时间。"外面天黑时,我们都会睡觉。当白天阳光明媚的时候,我们就去玩。"坚定地离开房间。如果双胞胎没有睡着,或者至少没有安静下来,等10~15分钟。如果有必要,检查一下,让他们回到床上。除非您准备好在接下来的5年里睡在他们的卧室地板上,否则不要屈服于陪他们睡觉的要求。即使您已经坚持了一个星期,如果您的决心崩溃了,第8天晚上您和他们躺在一起,这就是孩子会记得的全部,您需要从头开始。使用您在双胞胎3个月大时用过的方法:检查一下,不苟言笑,"公事公办"的样子,告诉他们睡在自己的床上,然后离开房间。

如果他们很难在晚上安定下来,您可能需要开始为睡眠贴上成功贴纸图表。双胞胎一人一张表,来监控他们的进展,并教他们要争取什么。每一个孩子只要在某个夜晚安静入睡,在那天就能赢得一张贴纸。例如,在贴了5张贴纸后,您的孩子会获得一个小奖励(当地的一元店是选择这种奖品的完美的地方)。刚开始把赢取奖励的贴纸数量设定得低一些,这样每个孩子都能尝到成功的滋味。然后提高标准,随着双胞胎适应正常的睡眠习惯,增加赢取奖励的贴纸数量。

如果在一些最初的成功之后,双胞胎开始在半夜叫醒对方和您。您要有条不紊,尽可能多地让他们回到自己的床上。

双胞胎小贴士

您可能会惊讶于只有一个孩子经常醒来,而她的姐妹却在所有的噪声中安然入睡。如果发生这种情况,要庆幸只有一个孩子醒来,并鼓励她安静地躺在床上睡着,以免打扰她的姐妹。

夜间醒来可能需要纳入成功贴纸图表的评判标准中,只有一整夜都睡着的双胞胎才能获得一张贴纸。我注意到,当我和我的双胞胎儿子一起使用成功贴纸图表时,竞争开始了。他们变得非常渴望做得更好并赢得更多的贴纸。一场小小的友谊赛如果能帮助每个人再次睡个好觉的话,那也是一件好事。

双胞胎小贴士

如果夜间睡眠模式出现问题,您需要评估每个双胞胎的整体睡眠模式。确保午睡不要超过下午 4 点,以免影响夜间睡眠。

午睡(或安静时间)的需要

在他们蹒跚学步的后期,当双胞胎即将满 3 岁并且有一张大儿童床的时候,早点安顿下来午睡对他们可能是一个挑战。另外您可能会注意到,在双胞胎白天有充足的时间小睡的时候,他们很难在晚上就寝时间轻易入睡。如果您的孩子快 3 岁了,并且正在经历这两种情况中的任何一种,我建议您不要一下子戒掉午睡。相反,我建议将午后小睡转变成一个小时的强制安静时间,以取代小睡时间。

安静时间是每个人都安静地休息一小时的时间。在这段时间里,电视关闭,屏幕关闭,也许一个双胞胎决定看一本书,而另一个检查一下她的右脚。安静时间可能发生在双胞胎的卧室、您的卧室、客厅,或者任何适合的地方。您甚至可以根据需要变换位置,这里重要的概念是让双胞胎在接下来的时间中简单地放松和休息。

双胞胎小贴士

无论孩子还是成人,从繁忙的日程中抽身出来休息总是健康的。如果您家里有一个小宝宝,把安静时间和宝宝的午睡时间协调起来。如果家里有年纪较大的孩子,把安静时间设定在他们放学回家之前,或者鼓励他们有自己的安静时间来阅读或玩玩具。一小时的平静和安宁是有助于家庭和谐的宝贵财富。

每个孩子都是独立的,其中一个双胞胎可能正在小睡,而另一个显然已经完成了她的每日小睡任务。此时要有创造性,让小睡的双胞胎单独睡在她的房间里,这样她就不会受到打扰,然后带着另一个双胞胎去您的卧室安静一下。

营养和用餐时间

给蹒跚学步的双胞胎喂食是一次真正的冒险！您身边是两个独一无二的人,这两个人在不同的时间有不同的胃口。当他们学习如何自己吃饭时,每个双胞胎可能掌握不同的进食技能,并且可能有不同的口味偏好。您如何满足孩子们在幼儿时期独特的营养需求呢?

在 1 岁之后,大多数正常发育的孩子可以从母乳或配方奶转换到维生素 D 全脂牛奶。双胞胎应该从 12 个月大开始喝全脂牛奶,直到他们满 2 岁。全脂牛奶的脂肪含量高于 2%,当然也高于脱脂牛奶,这对双胞胎们仍在发育的大脑和脊髓很重要。2 岁后,双胞胎可以喝脂肪含量为 2%、1% 的牛奶或脱脂牛奶。

全脂牛奶和所有普通牛奶都不是铁的良好来源。许多孩子会因为喝牛奶喝太饱,减少对营养丰富的餐桌食物的胃口,所以记录下蹒跚学步的双胞胎每天喝了多少牛奶。您的目标是每个孩子每天喝 480~540mL 的牛奶(每天不要超过 600mL,超过会增加缺铁性贫血的风险)。

喂养蹒跚学步的双胞胎时,最好避免权力斗争。如果一个孩子表示他吃完饭了,就让他结束用餐。他可能会说不,把勺子推开,或者扔掉他的吸管杯——这些都是您应该结束他的用餐的迹象。不要被诱惑继续用追着孩子喂食之类的战术来让孩子多吃一些。如果他的双胞胎兄弟还在吃东西,也不要担心。相信每一个双胞胎的饱腹中枢,它会告诉他们肚子已经饱了。您可能听过这样的说法:一天给幼儿喂三顿饭,他们会“吃一顿,玩一顿,饿一顿”。关键的一步是避免在两餐之间提供过多的零食或牛奶来弥补一顿简餐。零食吃得太多的幼儿在正餐时间不会吃得很好。

双胞胎小贴士

不要因为哪天一个孩子碰巧饿了,就觉得有必要喂另一个双胞胎,她可能没有那么大的胃口。很多时候,如果我们的孩子没有每天吃三顿完美丰盛的正餐,我们做父母的会不必要地觉得我们做得不好。然而,当孩子还在蹒跚学步时,您需要放松,不仅是为了让您保持理智,也是为了养成良好的饮食习惯。从长远来看,您希望避免在用餐时间反复发生"战斗"。不要在一顿饭上压力太大。例如,一个孩子可能某一餐没有摄入足够的蔬菜,但两三天内的饮食总体上满足健康需求。

进餐时适当的分量会让父母感到惊讶。一顿正餐的量比人们想象的要少得多,尤其是和今天餐馆里过于丰盛的分量相比。一份水果或蔬菜的量相当于和您孩子年龄数相同的汤匙数,一份蛋白质(如鸡肉、红肉)的量大约和孩子的拳头一样大。

双胞胎小贴士

防止窒息的危险(如热狗、生的小胡萝卜、坚果和整个的葡萄)。确保您将食物纵向切成小块,确保它们在吸入时不会阻塞孩子的呼吸道。

您可能会注意到,和几个月前相比,双胞胎在蹒跚学步时的胃口似乎更小。记住,所有这个年龄的孩子都开始放慢他们的成长速度。出生后第一年的生长速度是惊人的,如果您的孩子再保持几年,他很快就会有 2.4m 高了!

即使双胞胎还在蹒跚学步,也要和家人一起享受用餐时间。为了简化生活,家庭有时会在晚上早些时候给双胞胎喂饭,成年人则在晚些时候吃饭。让我们面对现实吧,有些日子可能会很疯狂,您必须竭尽全力度过这一周。一周至少两次的家庭聚餐会让双胞胎知道如何享受用餐时间,以及如何在用餐过程中进行社交互动。他们通过模仿学到了很多东西。开始可能看起来需要更多的练习,但是您会发现双胞胎在吃饭的时候和家人坐在一起开始学习餐桌礼仪,双胞胎会喜欢和您共度这段特殊的时光。

向孩子提供手抓食物,并介绍勺子和叉子。从短期来看,给双胞胎更多的自己吃饭的机会是非常具有挑战性的(而且会变得相当混乱)。但是从长远来看,通过尽早开始工具训练,会让您的家庭生活更加轻松。对于一些父母来说很难教他们的孩子自己吃饭,尤其是如果您是一个整洁的人。在一个匆忙的早晨,简单地用勺子给双胞胎喂麦片似乎更容易。您知道他们得到了他们需要的营养,而且速度更快,对吗?但是在一个不太忙碌的早晨,给孩子一个机会,让他们自己试着把麦片舀进他们自己的嘴里。经过练习,他们很快就会到达目标。当双胞胎能给自己喂饱一整顿饭时,生活会简单得多,经过练习,他们一定能够学会。我觉得我的双胞胎儿子似乎永远不会把一勺食物放进他们的嘴里。但后来他们学会了,我还发现有几次,他们互相喂食。

双胞胎小贴士

我们的孩子比我们更清楚他们的胃有多饱。当我们让孩子自己吃饭时,他们会真正吃到他们需要的东西。如果他们吃得不多,别担心,他们会在下顿饭时弥补。如果您有持续的担忧,咨询您的儿科医生。身高、体重和头围的良好增长可以让人放心。

您还担心孩子吃得不够好吗?可以问自己这些问题。双胞胎在他们的儿童健康体检中生长指标合格吗?他们是否规律地排软便?理想的是每天 1 次,或者至少每 2~3 天一次。孩子定时小便吗?如果双胞胎大小便顺畅,长势良好,相信他们也吃得很好。用餐时放松,帮助双胞胎学会自己吃饭,并继续提供各种健康的膳食和小吃。

您是否担心蹒跚学步的双胞胎挑食,没有吃必要种类的食物?每天继续提供各种口味和质地的食品。尽管味觉会“冒险”,但自己坚持吃健康的食物。永远不要告诉孩子您自己挑食。如果您拒绝吃某些食物,孩子当然也会这样做。您可以和儿科医生讨论这个问题。根据年龄,每日摄入与年龄相符的复合维生素可以帮助父母对双胞胎的营养状况更有信心,并在用餐时更放松。

双胞胎小贴士

幼儿偶尔便秘是很常见的。改喝牛奶和不同的饮食模式(例如,一天像马一样吃,一天像鸟一样吃)会对幼儿的排便产生影响。确保您的双胞胎不要喝太多牛奶,牛奶会使便秘更严重——每天不超过 600mL。

利用一切机会提供大量新鲜水果和蔬菜。如果孩子很挑剔,继续尝试直到您找到他们喜欢的富含纤维的食物,让他们的肠道蠕动,嘴巴快乐。例如,您可以尝试燕麦片或蒸的嫩胡萝卜,软化后纵向切片。许多孩子喜欢芒果,一种富含纤维和营养的水果。新鲜的苹果或梨很棒,为了方便起见,手边放一些罐装水果,如梨、杏或桃子。罐头水果往往很好,糊状,易于幼儿的嘴巴咀嚼。当您发现他们喜欢的高纤维食物时,记下它,当您注意到便秘开始出现时,用它作为您的灵丹妙药。

简化用餐时间

蹒跚学步的双胞胎的父母可以通过摆脱使用围嘴来简化生活。我发现,在他们 1 岁后,脏兮兮的饭菜从来不会完美地落在围嘴上,这让围嘴变得有些没用。番茄酱意大利面晚餐最后会出现在袖子、头发和裤子上。当双胞胎正在学习如何自己吃饭时,您可以确定食物不会只落在围嘴上。用餐时放松,如果孩子变得脏乱,不要担心。在厨房附近多放些衣服,如果酸奶碰巧洒在孩子的袖子上或者倒在他们的大腿上,可以快速换洗。当不需要大量的围嘴了,就可以空出一个抽屉用来存放新的东西。

另一个让双胞胎父母用餐时间生活更轻松的改变是把婴儿高脚椅换成加高座椅。大多数 2 岁左右的孩子已经准备好安静地吃饭,并且有足够的平衡能力,不会从椅子上掉下来。然而,每个孩子都是独立的,如果您的双胞胎中有一个或两个总是倾向于马上离开餐桌,或者平衡感不佳,那就再用一段时间高脚椅。我们家用放在普通餐椅上的奇妙的幼儿喂食座椅。它们是防滑的,由舒适的泡沫材料制成,没有复杂的带子,对孩子来说很容易爬进爬出,并且很容易擦拭干净(或者放在水槽里进行更深层次地清洁)。另一个额外好处是:它们是流线型的,将减少用餐区的视觉混乱。

双胞胎小贴士

当您日复一日地给蹒跚学步的双胞胎喂食时,孩子在饮食习惯和风格上的变化可能会令人沮丧。记得放松,不动声色。如果孩子看到他们能从您身上得到反馈,不管是积极的反应还是消极的反应,他们会再次尝试以得到那种反应。

双胞胎:享有共同纽带的不同个体

与任何已经成年的双胞胎交谈,询问他们的成长经历。您最常听到的可能是,把每个孩子作为一个个体来抚养的努力受到了赞赏。即使当多胞胎在蹒跚学步的早期,意识到要避免把孩子当作一个整体来对待的父母也是明智的。

双胞胎小贴士

您有同卵双胞胎吗?帮助大家庭的成员和朋友辨别谁是谁。给双胞胎穿上不同的衣服,并教他们如何自我介绍。例如,“嗨,我是瑞安”。蹒跚学步的双胞胎还很小,可能没有意识到别人会把他们彼此混淆。帮助他们告诉其他人他们是谁,这将会减少其他人将他们视为整体的倾向,并鼓励人们理解他们是两个独立的个体。

抚养多个相同年龄的孩子的最初几个月,尽可能地简化日常生活以协调喂养和睡眠时间。然而,随着孩子成长为学步儿童,每个孩子都在发展自己独特的个性和身份。早期把每个孩子当作一个个体来对待的努力将会在未来的岁月中收获回报。

双胞胎故事

作为同卵双胞胎中的一员的丹妮,现在是一对幼儿园双胞胎女儿的妈妈。她分享道:“在双胞胎父母俱乐部的一次会议上(作为家长),有人问我,‘您是否因为一直和您姐姐在一起而很有自信呢?’我的回答是,如果你总是和别人在一起,那当你不再和她在一起时会发生什么呢?父母需要意识到,就像他们把孩子抚养成在没有父母的情况下也能足够独立一样,孩子们也需要在没有双胞胎兄弟姐妹在的情况下足够独立。”

积极的一对一时间的重要性

孩子蹒跚学步的年龄特别有趣,因为这是她成长为人的阶段。当然,不同的婴儿有不同的气质和个性,但是在 1 岁之后,双胞胎就真正成为了他们自己。在这个关键阶段,每天与每一个双胞胎一对一地共度美好时光非常重要。

如果您家里还有其他孩子,怎么可能每天都和每个孩子有高质量的独处时间?理想情况下,您每天都和每一个孩子共度美好时光,不管他们是双胞胎还是单胎子女。根据不同的情况,可以使用不同的策略挤出时间进行高质量陪伴。

如果是周末而且您的伴侣在家,可以带双胞胎中的一个去杂货店或外出办事,另一个可以在家和您的伴侣共度特殊时光。购物是每周都必须完成的事情。多任务同时处理,把必要的差事和与孩子的特殊时间结合起来。当你们一起在商店时,指出您选择的苹果的颜色。当您把每个苹果放进一个袋子里时,大声数出来。买苹果对您来说可能很平常,但是对一个 21 个月大的孩子来说,买苹果真的是一件乐事,因为她通常要和双胞胎兄弟姐妹一起分享父母,而很少能独自拥有父母。

在父母都在家的日子里,您不需要离开家去安排和孩子单独相处的时间。父母一方可以带一个双胞胎出去,而另一方可以和另一个一起读书。一个双胞胎可以和您在楼上玩,而另一个双胞胎可以和爸爸在楼下玩。确保偶尔分开双胞胎成为您日常生活中的一部分。提醒自己不要把他们当成一个不可分割的整体。

双胞胎小贴士

如果您必须去邮局买邮票,去银行,或者去加油站加油,可以带上双胞胎中的一个。忽略您的手机,只和孩子在一起,孩子会发现这次旅行很有趣。在这个年龄,孩子们不是一定要通过主题公园或玩具店来获得快乐。

如果您是单亲家庭或者伴侣总是加班,一定要向孩子的祖父母、家人和朋友寻求帮助。比如,看看奶奶能否在您带他双胞胎兄弟出去的时候和他待一个小时。创造性地思考,您会找到方法挤出更多优质时间。不管双胞胎是您和伴侣分别带,还是您和一个亲戚分别带,每个孩子都会有一大段时间感到自己很特别,并且有一个完全属于自己的成年人。这样每个人都能获益!

双胞胎小贴士

当我们为每一个双胞胎创造特殊的时光一对一相处时,这是我们最初决定成为父母时希望经历的时刻。这些时刻就是为人父母的全部意义!您不再仅仅是喂养和换尿布,而是用一种有意义的方式和您的孩子交流。在一个满是孩子的忙乱的家里,有时我们会忽略这一点,我们要记得找出每个孩子的动力。当您有幸和一个孩子在一起时,您就拥有了了解“这个小家伙是谁”的快乐。

老实说,有些日子压力很大——我只想一个人逃去杂货店,清楚地思考,从日常事务和需求中解脱出来。当然,如果您觉得有必要为了保持理智而自己跑一趟,您应该这样做。但是您可能会惊讶地发现,带一个孩子去商店是多么容易的事情。每天和双胞胎生活在一起,您理所当然地认为抚养两个或更多的孩子非常难。如果您只带一个孩子去郊游,您会对自己说:“哇,只有一个孩子需要照顾!”这段时间不仅有益于孩子,对为人父母的您也有好处。

在忙碌的一天里没有第二个成年人的帮助来照顾另一个双胞胎时,您怎么能挤出一点时间呢?全天寻找机会,并利用它们。您 2 岁大的双胞胎中的一个正在埋头看图画书吗?放下您正在做的事情,静静地和另一个双胞胎一起做一个拼图。把要洗的衣服放在那里——它又不会跑。在一起度过的有意义的时间都有利于亲子关系的建立和孩子自我意识的发展。如果阅读的双胞胎打断了拼图的孩子 3 分钟,这没什么大不了的。为了平衡双胞胎的特殊时间,您可以稍后和另一个双胞胎一起享受宝贵的时光。

显然,您会想要一个平衡。确保您在双胞胎之间尽可能平均地分配特殊时间。但是请记住,双胞胎永远不会有完全一样的一对一时间。这是不可能的,但没关系!您的目标是公平,但您永远无法让他们的经历完全相同。如果您注意到一个双胞胎更频繁地表现出行动化,试着增加您和他一对一的时间。您会看到他的行为有所改善。

双胞胎故事

苏是一对三年级双胞胎的妈妈。她建议说:“享受每一次拥抱吧——它很快就过去了。”

良好有效的纪律

良好的纪律始于良好的沟通。当您想和某人很好地沟通时,无论是孩子、伴侣、朋友、同事还是老板,您都应该看着对方的眼睛来表达您正在倾听。眼神交流和互动能很大程度上确保和您说话的人对他或她想要说的话感到信服。最重要的是,每一个双胞胎都希望您和她互动。

双胞胎的父母面临着两个同龄小孩的挑战,他们经常把父母拉向多个不同的方向。智能手机、电视和平板电脑等其他分散注意力的东西也于事无补。即使家里因为双胞胎或他们的兄弟姐妹变得很忙乱,您也要每天尽最大努力减少干扰,放下电话,关掉电视,在愉快的互动中倾听每个孩子的心声。双胞胎中的每一个都会和您有更深的联系,当孩子做了她不应该做的事情时,您作为父母的反应将会说明适当的行为和不适当的行为之间的明显区别。良好的沟通是有效纪律的基石。

双胞胎小贴士

当我们讨论如何管教蹒跚学步的双胞胎时,我们需要定义什么是真正的纪律。纪律和惩罚不是一回事。当我提到适当的纪律时,我指的是一个整体的家庭框架——在这个框架中,良好的行为会得到奖励,不可接受的行为会产生对应的后果。纪律,主要是考虑与孩子相处的时间多一点、有质量,并让孩子懂得不良行为会分散注意力。

可接受的选择和倾听

每天给孩子足够的机会作出可接受的选择。“你想要橙色的杯子还是蓝色的杯子?”“你喜欢蝴蝶衬衫还是有心形图案的那件?”通过让双胞胎在两个可接受的选项中选择,让他们在日常互动感到自己被赋予了自主权。

最重要的是,孩子想要得到倾听。他们想知道您爱他们,尊重他们。当20个月大的双胞胎开始尖叫着要吸管杯时,您应该冷静地问他们:“你需要什么?你想要你的杯子吗?请你礼貌地问一下好吗?”您可能没有足够的耐心每天进行这样的对话,但是如果您保持冷静,孩子也会跟着做。

如果您觉得血压随着蹒跚学步的双胞胎的需求增多而上升,使用一些技巧来保持冷静。想象一下,房间里有一个观众和您在一起,看着您和双胞胎互动,您会发现自己说了正确的话,尽管一开始也许您认为做不到。或者,您可以假装双胞胎来自另一个国家,慢慢地向他们介绍您的语言。这些想法听起来可能有点傻,但关键是在管教双胞胎时,要保持冷静,即使您需要用技巧来做到这一点。

努力指导蹒跚学步的双胞胎使用语言,而不是更野蛮的行为。即使在这么小的时候,如果您在孩子每次哭的时候都给他牛奶,您实际上是在教他每次想要牛奶的时候都大喊大叫。现在就开始训练他冷静下来,礼貌地表达自己。这些行为不是在 4 岁时神奇地学会的,而是需要更小的时候从父母和照顾者那里得到温和的鼓励。

当双胞胎还在蹒跚学步的时候,鼓励良好的行为,而不是等着以后有更多的问题才解决。对于蹒跚学步的双胞胎来说,您在同时指导两个孩子如何变得文明——这是一项繁重的工作,但从长远来看,您会收获回报。如果您达到了极限(当和两个可爱但有时情绪激动的幼儿相处时,谁没有达到过自己的极限呢?),花点时间,屏住呼吸,尽可能一致地作出反应。您不会每天都是完美的父母,但是如果您 80% 的时间都能做对事情,您就会做得很好。

双胞胎小贴士

双胞胎的父母,请参考! 沟通和关系是双向的。正如您希望孩子听您的话并尊重您的家庭规则一样,您也需要给孩子礼貌的倾听和尊重。要建立信任,避免作出空洞的承诺。举个例子,如果您答应孩子在参观完图书馆后去一趟操场,确保遵守承诺。如果您始终如一,孩子信任您,并且他们知道您会按照您说的去做,您的孩子总的来说会更冷静、更有耐心。了解自己的屏幕使用情况也很重要。如果您注意到蹒跚学步的双胞胎在您看手机时更调皮,考虑偶尔拔掉插头、关机。

如果出于某种原因,您无法兑现对孩子的承诺,那就让孩子说出想对您说的话,并认同他的感受。“你很沮丧,是不是?你希望我们去操场吗?很抱歉,我们今天没有时间,我们现在需要回家吃午饭。”如果一个孩子对某件事变得歇斯底里,他的双胞胎可能会变得疯狂并使情况升级。当这对双胞胎开始失去冷静时,冷静地召集一次会议。和双胞胎眼睛平齐,用低沉的声音说话。使用您的每一缕思维,不要失去冷静!例如,“我们不在家里大喊大叫。请使用你的语言。爸爸说现在是洗澡时间,这意味着我们现在要去洗澡了”。最重要的是,坚持到底。

发脾气

如果双胞胎中的一个(或者两个,通常是这样)真的开始发脾气,忽略他的激动和歇斯底里。确保孩子是安全的,不会在发脾气的时候伤害自己或任何人,让他尖叫。您不会想用贿赂、恳求或任何形式的关注来回报发脾气——除非您想孩子每天在家里发更多的脾气。即使是消极的注意力也会给刚学会走路的孩子带来伴随收获,也就是说,在那一刻,他们得到了父母或照顾者的完全关注,而这种关注对一个2岁的孩子来说是相当有吸引力的。给予积极行为赞扬性的关注,而忽视消极行为,在处理不可避免的发脾气的时候也要坚持下去。

宁按:发脾气是人释放压力的一种方式,是引起关注的一种方式,也是表达自我的一种方式。一定要知道发脾气的好的一面。不要试图完全禁止发脾气,客观上不可能,价值上是损失。

当然成熟后也不能随意发脾气。事实上,某种意义上,成熟等于不随意发脾气。所以无论教育,还是自我完善,控制情绪、不随意发脾气,都是重要的锻炼和能力。要让发脾气成为一种正性循环的手段,而非完全禁止或避免。

对于儿童,上一段作者的论述很精彩。类似心理学分析。父母们可以体会。

一致性是关键

每天都要遵守家庭规则,即使是在您筋疲力尽的时候。一致性是良好纪律最具挑战性的方面。当然从理论上讲,我们都知道要对孩子每天的行为保持一致并抱有相同的期望,但是当双胞胎因为感冒而彻夜未眠,您就要因疲劳而昏过去时,您猜怎么着?这很难!然而,当涉及养育子女时,您仍需全力以赴。无论今天过得好还是不好,您都需要(尽可能地)遵守家庭规则,这样蹒跚学步的双胞胎就会知道这些规则是存在的,无论一周的哪一天都要坚持。

我喜欢对我的孩子使用"家庭规则"这个术语,因为它把个人从规则中去除了。家规就是世界运转的方式。规则不是关于您想要什么或者双胞胎想要什么。规则就是这样。当我自己的孩子还小的时候,我的父母会帮忙,他们欣赏家庭规则的想法,因为祖父母不喜欢做坏人。他们可以通过说"我们不敲窗户——这是家规"来避免在孙子的眼里受到任何责备。

双胞胎小贴士

当家人和朋友来访时,或者当您去参加聚会时,双胞胎可能会试探您,看看您的反应是否会一样。不要因为在社交场合就放松规则。初学走路的孩子非常聪明,如果您对一项家规放松警惕一两次,他们会一直记住它,并不断挑战您的底线。这里的教训是,即使在略有不同的情况下,家庭规则仍然要保持不变。

暂停(time-outs)

一旦您的孩子2岁左右,他们开始对什么是对的,什么是错的有了更大的认识。您和伴侣应该私下讨论什么样的行为应该是不可容忍的(例如,打或咬)。当涉及适当的纪律时,父母和所有的照顾者需要保持一致。例如,如果双胞胎中有一个打了另一个,立即宣布"暂停"惩罚,不要拖延。您需要把攻击行为和对孩子的惩罚联系起来。犯了错的双胞胎应该独自去房间里没有玩具的无聊的地方(我们用的是普通的角落)或楼梯口,几岁就待几分钟。如果您的双胞胎试图逃脱暂停,默默地把她带回去。暂停的整个理念是移除所有的乐趣和关注。

双胞胎小贴士

管教蹒跚学步的孩子是非常令人沮丧的。提醒自己这是一个困难的阶段,你会克服它的!通常,双胞胎宝宝可能会拒绝待在指定的暂停惩罚地点。如果坚持规则,随着时间的推移,您会看到进步。忍耐一下。

不管有多疯狂,都不要大喊大叫。关注就是关注,即使它是不愉快和消极的。与单胎子女相比,双胞胎尤其渴望得到父母的关注,他们可能真的很喜欢被人吼叫(在某种程度上,听起来很奇怪),因为他们把父母的全部注意力都集中在自己身上了。所以请记住,只有在正确使用暂停的情况下,暂停才是有效的,这意味着移除所有的乐趣和关注。当暂停时间到了(一个鸡蛋计时器可以方便地计算时间),冷静地平视孩子的眼睛,并解释她为什么会被暂停。然后拥抱,继续新的一天。

如果一个非常符合双胞胎心意的新玩具或物品引起反复争吵,您有2个选择。选择1是给每个孩子一个鸡蛋计时器,给他们4分钟的轮转时间,每个双胞胎轮流(根据需要调整时间)玩。如果争吵真的很严重,使用选项2——让玩具本身"暂停"。我们的双胞胎需要知道,如果他们不能分享和友好地玩某样东西,就没有人可以玩它。把它藏好,如果您的双胞胎表现更好,第二天再试一次。有了一致性,在大多数时候,孩子将学会如何友好地玩耍。我们的孩子们已经养成了这种习惯,在过去的几年里,我们有很多生日和圣诞节,在这些日子里,礼物会被打开,我们的一个孩子会立刻跑去拿来鸡蛋计时器,以确保公平。(您可能会觉得鸡蛋计时器有点过时,因为很多人在智能手机上使用计时器。我建议避免使用智能手机,因为调整手机上的计时器应用程序可能会分散家长和孩子的"屏幕时间",这将破坏成功的纪律。)

双胞胎小贴士

当这对双胞胎都违反了家规怎么办？当两个双胞胎互相打的时候怎么办？尽量不要问是谁干的。如果问是谁干的，它会教您的孩子如何开始互相指责。现在两人都在打，谁先开始真的很重要吗？他们俩都需要休息一下。提前规划2个区域。集思广益，看看在哪里可以为暂停创建两个安全区域。

刘按：这个“不要问是谁干的”，很值得学习。否则确实会教会孩子在第一时间来推卸责任。有一次，我问是谁干的，弟弟说是我干的，我是穆穆(穆穆其实是哥哥)。他认为我分不清谁是谁。

本质上，蹒跚学步的双胞胎就像以现实生活为实验室的科学家。他们通过在特定情况采取不同的行动来进行行为实验。他们观察您对他们的行为和任何结果的反应，然后将信息记录在他们的数据文件中。如果您一直对好的行为给予积极的关注，对坏的行为则移除其乐趣和关注，双胞胎的数据文件将帮助他们最终作出正确的决定。您将不得不经历几年令人沮丧的持续研究，这样他们才能验证他们的发现。如果您和伴侣提供一个一致的学科框架，您的科学家将会以更好的态度和自我调节能力从蹒跚学步中走出来。

作为一名儿科医生，我告诫我的患者家属关于自我实现的问题。如果您期望双胞胎有某种行为，您很可能会如愿以偿。我经常听到父母说，“哦，好吧，男孩就是男孩”，由此放任他们的儿子更加过分。根据同样的思路，似乎有一种先入为主的观念，认为双胞胎是淘气的(比如“双重麻烦”之类的说法)。您需要意识到您的心态是什么。确保您期望他们都有最好的表现，就像他们都是单胎子女一样。如果您前后矛盾，您最终会得到一对难以相处的双胞胎。如果您对他们有很高的期望，并且与他们保持一致，您将会得到回报。

鼓励语言发展

初学走路的孩子通过直接与他们世界中的人交谈和观察其他人相互交谈来提高他们的语言技能。作为父母,让双胞胎说话最有益的事情是简单地和他们每个人交谈——尽可能多！继续讲述你们在一起的生活。用词语包围孩子,帮助他们学习如何使用词语。

许多人相信一种只有双胞胎才能理解的秘密双胞胎语言。习语和“隐语”都是用来描述双胞胎之间的交谈或秘密孪生语言的术语。就我个人而言,我觉得没有什么秘密语言,因为一个双胞胎说错一个单词,他的双胞胎兄弟会明白他想说什么,他们两个会继续重复这个单词的错误发音。例如,milk 成为“moak”,很快,两个双胞胎都称它为“moak”。如果发生这种情况,支持他们尝试说话的行为,并重复正确的单词。“你喜欢 miiilk 吗？好吧,我给你倒更多 miiilk。”强调正确的发音。避免说负面的话,类似“不,不是这样说的”,这会不经意间让孩子羞于尝试说新单词。只要不断重复正确的单词,直到他们理解为止就可以了。

双胞胎小贴士

在早期学说话的阶段,一些父母发现发音错误的单词或全新的、虚构的单词非常甜美可爱。这些早期的词很可爱,确保您把发明的单词记录在每个双胞胎各自的婴儿手册里,晚上当双胞胎睡觉的时候和伴侣一起笑。但是在双胞胎面前,用夸张的吐字法重复正确的、真实的单词来帮助他们学习。不要重复不正确的单词,即使它们真的很有趣。

总的来说,双胞胎的语言发展需要的时间比他们的同龄的单胎子女长一点,仅仅是因为他们经常分享相同的照顾者。您不能同时和双胞胎进行一对一的对话。尽最大努力,双胞胎会赶上的。通常在 4 岁或 5 岁的时候,双胞胎说话和同龄人一样清晰。如果您对双胞胎中的一个或两个有特殊的担忧,请咨询儿科医生。如果孩子中只有一个需要语言治疗来提高语言水平,不要感到惊讶。

双胞胎故事

身为学龄双胞胎母亲的苏建议:“注意任何发育迟缓,以确保适当的治疗。我儿子因为听力问题造成了语言发育迟缓。”

如厕训练

想象一下,如果您敢的话,一个不用整天换尿布的新世界……在这片神奇的新土地上,您不必每次出门都是为了去买尿布。您敢做梦吗?

信不信由您,它会发生的。他们有一天真的会穿内衣,会保持内衣干净和干燥!这什么时候会发生?成功的如厕训练的时机最终取决于在您和伴侣鼓励和支持下的孩子。孩子成功如厕的时间可能不如邻居的孩子早,也不会跟他们的表兄弟穿内衣的时间一致,但是别担心——它会发生的。孩子会独立上厕所的年龄与未来的智力或在世界上的地位没有关系。更早受如厕训练的孩子并不都上哈佛。他们很早就接受了训练,可能是因为他们对便盆有着特殊的个人兴趣,也可能是有着非常积极主动、乐于助人的父母,他们愿意并且能够对自己的孩子进行严格的训练,或者两者兼而有之。

这就是关键,不是吗?我们谈论的不是只训练一个孩子,而是两个孩子。您能行的!如厕训练不是一夜之间发生的。让我们回顾一下,讨论一下所涉及的年龄和阶段。

双胞胎故事

雪莉是幼儿园双胞胎的妈妈,她分享道:“我希望我能在孩子蹒跚学步的阶段多了解一点关于如厕训练的知识。到目前为止,那是为人父母最难的部分!他们现在在幼儿园,一切都平静了一些。”

何时何地开始

当您的双胞胎大约 18 个月大时，开始和他们谈论洗漱过程。没什么特别的，只是术语的定义(例如，小便、便便、冲水)和话题的介绍。当您的双胞胎之一在他的尿布上大便时，把它当作一个谈论如厕训练的机会。如果您看到他使劲拉便便，就说，“你好像正在尿片里拉便便！干得好！”这样，他就会知道自己在做什么。

双胞胎小贴士

对上厕所的过程保持积极乐观的态度。如厕是一种正常而自然的现象——毕竟每个人都会便便(everyone poops)，就像五味太郎著名的儿童书籍的标题一样。即使是最臭的尿布，也要忍住皱起鼻子的冲动。对您的双胞胎来说，知道排便是健康和正常的很重要。

即使您害羞，我也建议您在自己家里使用卫生间时采取开门的策略。当您需要自己去卫生间的时候，让双胞胎看看会发生什么。如果他们从未见过别人这样做，他们将如何学习？年长的哥哥姐姐(如果他们不介意的话)在这方面也很有用。模仿他人可以学到很多东西。无论如何，当您家里有一对蹒跚学步的双胞胎时，您会被跟踪一整天，所以让他们知道那个神秘的大厕所是干什么用的。

当双胞胎大约 24 个月大时，您可以加强一下如厕训练。当然，如果双胞胎非常渴望学习，表现出准备就绪的迹象，或许试图更像他们的哥哥姐姐，您可以更快地强化这个过程。如果双胞胎中有一个或两个表现出反抗的迹象，请准备好稍晚一点。任何权力斗争只会延长整个过程，并将真正考验您的耐力。但是在大约 24 个月的时候，大多数孩子都表现出了真正的准备状态，包括很好地走到便盆前，在不失去平衡的情况下正确地坐在便盆上，用正确的词语表达，并且有更强的膀胱和肠道控制能力(可以正确及时地排到便盆里)。双胞胎的尿布在 2 或 3 小时后仍然是干的吗？这是如厕训练准备就绪的好迹象。

有用的厕所训练装备

购买 2 把或 1 把便盆椅,并在成人马桶座上加个圈。这些也可以节省一些钱。问问家人和朋友,他们是否能把他们的旧的给您或者借给您。一个好的防滑脚凳也会有帮助。我曾希望我的双胞胎儿子,会迫不及待地坐在真正的马桶上,就像他们的哥哥那样,减少我的清理工作。不幸的是,他们害怕坐得太高,所以宁愿坐得低一些。所以我们有两个相同的便盆(为了防止因为谁坐哪个座位而争吵),无论我们在哪里消磨时间,都把它们放在附近。白天,我们大多在楼下,所以我们把两个便盆放在我们的走廊上(让我告诉您,它们非常适合当装饰品),因为我们没有其他的空间放两个便盆。在附近总有一个便盆,当然并不那么令人愉悦。但这是一个短暂的阶段,帮助孩子记住它们并且在有尿尿的冲动时很容易找到它们。晚上我们会带着两个便盆上楼,这样在洗澡和准备睡觉的时候,它们就在我们身边。

双胞胎小贴士

通过购买或向他人或当地图书馆借阅儿童使用便盆的书籍。多读一些类似书籍将有助于在双胞胎头脑中灌输这个想法,并促进整体实施。我称之为"便盆洗脑"。

每天安排如厕时间

从每天只安排一次如厕时间开始——每天让双胞胎坐在他们的便盆上练习一段时间,不管结果如何。选择一个适合您日程安排的安静时间,这样每个人都会放松。让如厕变得有趣,一起读书,唱歌,集中积极的注意力。如果您喜欢并且有能力,您可以给每个双胞胎她自己上厕所的时间,这样她会得到您充分的关注。孩子最初可以穿着衣服坐在便盆上,这样他们就习惯了这个想法,但很快他们就可以脱下尿布了。您的目标是一起进行 5~10 分钟愉快的练习。如果双胞胎想坐得更久,那太好了,如果他们几分钟后跑了,那也没关系。我们现在不是在追求实际结果。如厕时间的目的是知道坐在马桶上是一天中的常规部分,也是我们每天都要做的事情。

不要强迫孩子进行如厕训练,也不要为此而进行权力斗争。如果双胞胎中有一个(或两个)不愿意坐在她的便便椅上,那就停下来,改天再试一次,或者换个时间试试,例如在午睡之前。您最终会做到让他们一天有两次如厕时间。

双胞胎中有一个比另一个对厕所更感兴趣吗?许多双胞胎父母更喜欢一次训练一个孩子。这似乎特别适用于龙凤胎,因为女孩似乎比男孩更早对如厕训练感兴趣。

根据您的方便程度和如厕时的成功程度,您可以在商店里选购一些大孩子的内衣。随后,您可以开始每天都有内衣时间,从几个小时开始,并逐渐增加。在我们家,每天下午都有内衣时间,从午睡后开始,一直持续到睡前洗澡。在内衣时间的每小时,都检查一下每个双胞胎,问她是否需要使用厕所,“这可以保持你的内衣干净和干燥哦”。

激励工具

成功贴纸图表或便盆图表,非常适合厕所训练,并帮助孩子感到特别。可以在商店里买两块大的空白海报板,让双胞胎各自选择一种不同的颜色,把海报挂在家的中央位置,让每个人都能清楚地看到。

在每张海报的顶部写下每个双胞胎的名字,然后在顶部画一排小方块。从小处着手,让第一行只有 3 格长。每个方块贴一张贴纸(在便盆上小便贴 1 张,在便盆上大便的贴 2 张——很容易在网上或折扣店找到小奖励贴纸),当一排方块贴满贴纸时,孩子可以选择一个小奖励。第一排应该很短,这样孩子就能很早尝到成功的滋味,接下来的几排可以逐步增加方块来提高标准。

双胞胎小贴士

我们儿子的便盆图表贴在厨房岛台的一侧。在厨房设计界,展示便盆图表不会是下一个伟大的创意,不过如厕训练只是暂时的,我们的孩子们可以在家的中心位置,在视线水平处观察自己的进步,我们也可以鼓励他们走向更大的成功。

有些家庭在如厕训练过程中使用糖果奖励。但是,我警告您不要这样做——食物奖励的初衷或许是好的,但不幸的是,它会向孩子传递一个不健康的信息,因为它会培养孩子对待食物的态度,这种态度可能会导致将来的体重问题。便盆图表可能需要比分发糖果更大的努力,但是便盆图表的好处是孩子可以具象化他们所有的成功,并看到他们已经走了多远。图表可以成为一个真正的信心建设者。看看哪种方法对您的家庭有用。

可能会发生如厕事故(弄湿或弄脏),要对此有心理预期并作好准备,这样您就不会措手不及。随身携带额外的吸水布,帮助清理小便或大便。婴儿期的拍嗝布非常适合干这个。手边有多余的湿巾。当事故发生时,尽力保持冷静。让孩子以适合年龄的方式帮您清理小便或大便,给她一块额外的抹布擦地板。教双胞胎把他们的脏裤子放进洗衣区的垃圾桶里,并告诉他们在哪里可以找到干净的裤子。您要让每个孩子都明白,在便盆里大便和小便是多么容易和简单。我们在附近的架子上放满了拍嗝布、多余的内衣和裤子,只是为了在不可避免的事故发生后更容易清理。

双胞胎小贴士

预见挫折,不要因为挫折而气馁。疾病、日常日程的变化、旅行、新生婴儿——所有这些都会导致如厕训练的暂时倒退。如果蹒跚学步的双胞胎有排便不畅和便秘的问题,咨询儿科医生。继续保持乐观和积极的态度,双胞胎会康复的。当您担心的时候,记住,他们不会穿着尿布去上高中。我保证。

如果每个孩子都能及时如厕,而不需要父母或看护者的提醒,那么如厕训练就真正完成了。当您看到孩子做得很好时,试着放弃提醒,这样他们就能学会提醒自己。

双胞胎的父母都应该知道"管道秘密"(plumbing secrets)。训练双胞胎上厕所是一项艰巨的任务,父母应该尽可能地帮助他们。当我训练我的同卵双胞胎儿子时,我买了一些湿巾,盒子上清楚地标着"可冲走的"。任何能简化帮助两个小孩学习厕所语言的方法对我来说都是好主意。

然而并非巧合的是,如厕训练进行了2个月,一些不受欢迎的事件在我们家发生了。当洗衣机旋转时,水开始从淋浴排水管中汩汩流出。长话短说:那些可冲走的湿巾聚集在一起,堵塞了房子的主下水道。

当水管工在进行昂贵的维修时,他建议不要冲洗除大便和厕纸以外的任何东西——甚至不要冲洗面巾纸。当我特别问及可冲掉的湿巾时,他说没有这种东西,即使盒子上有这样的标签。如果使用,它们应该扔进垃圾桶。一个朋友经历了类似的情况。她的水管工开玩笑说,可冲掉的湿巾让他一直有生意做!我们认为是时候把这个消息传播给其他有小孩的人了,尤其是那些在进行如厕训练的双胞胎父母。这里希望这个故事能让您的管道保持畅通,免去不必要的管道维修。

安全问题

不断地重新评估家里的儿童安全防护措施。小心可能会进入双胞胎玩耍区域的窒息危险。双胞胎现在可能已经长大了,但是他们可能仍然会决定把一个小的、未知的东西放进嘴里来探索它。

随着双胞胎长大,他们的玩耍方式也会改变。他们比13个月大的时候跑得更快也更强壮。两个或两个以上的孩子互相追逐会比一个孩子单独玩耍更容易受伤。家里有没有您根本没有意识到的危险?如果您注意到家里的某个地方不安全,在有人受伤之前纠正它。当我们的双胞胎儿子还在蹒跚学步的时候,他们都在不同的场合摔倒,也都撞到了同一个墙角:瑞安绊倒了,他的额头变成了一个瘀青的大鸡蛋;几个月后,安德鲁在玩一个令人兴奋的捉迷藏游戏时撞上了它,上唇裂开。安德鲁缝针后的第二天,我买了长泡沫垫子,做成了对儿童来说安全的咖啡桌,并把它们贴在我们经常经过的走廊的墙角上。加垫的角落造型可能不会出现在室内装饰杂志上,但让我们知道不会再发生第三次这样的事情,休息会稍微容易一些。

现在双胞胎正在学习走路,您将有更多的时间待在户外。教双胞胎基本的户外规则,比如和父母待在一起,不要跑到街上。一个用栅栏围起来的院子非常适合活泼的蹒跚学步的双胞胎。如果不能使用围栏,那就努力监控双胞胎的位置。当其他成年人在场时,不要有一种虚假的安全感。外出时,一定要确保两个刚学会走路的孩子都受到监控。

宁按:"虚假的安全感"说得太精彩了。人多时,孩子兴奋度提高;父母会误以为别的大人会一样照顾孩子的安全。意外可想而知。

双胞胎小贴士

对于蹒跚学步的双胞胎的父母来说,在户外院子里玩耍会很有压力。您一出门,一个孩子朝一个方向跑,另一个孩子朝相反的方向跑。想办法和双胞胎一起安全地享受户外生活。我想选择户外家庭聚餐。我们的解决方案是安装儿童安全门,堵住出口。大门在美学上并不赏心悦目,但是在外面享受家庭晚餐而不用担心两个蹒跚学步的孩子试图逃跑是值得的。后来我们经常在户外吃饭!

两个蹒跚学步的孩子在厨房里带来了安全问题。就像所有年龄和阶段一样,没有任何神奇的儿童安全装置或小发明可以取代直接监督。父母在做饭时需要保持警惕,照看幼儿。父母可以用适合年龄的方式教授厨房安全技能。我通常会把指令写得清晰明了,并把某些任务定义为"成年人的工作"(如切洋葱、削梨)或"小孩的工作”(如测量或添加糖、撒奶酪)。随着孩子的成长和发展,他们能做的烹饪任务将不断增加。从一开始,就与热炉子、锋利的刀具和厨房其他危险的东西建立清晰的界限。随着时间的推移,在父母的持续指导下,孩子将学习烹饪时保持安全的基本知识,您将能够把更多的注意力转移到手边的菜上。有些教训是意想不到的,但仍然令人难忘。几年前,我在切蔬菜时把自己割了一个小伤口(只需要绷带)。我的一个双胞胎见证了这一事件,在接下来的几年里,如果我碰巧捡到任何锋利的工具(如剪刀、刀子,甚至是订书机),他就会提醒我:“小心点,妈妈!”除了厨房安全之外,通过提醒孩子在拿食物前用肥皂和水洗手,并对着他们的“咳嗽臂弯”(手肘弯处)打喷嚏,而不是对着沙拉碗打喷嚏,来教授良好的卫生习惯。

双胞胎小贴士

当您匆匆做好一顿快餐或美味小吃时,您2岁的双胞胎是否会乞求:“我能帮您吗?”不久前,我在博客上贴出了一篇关于厨房安全的文章。一位读者问我是否有更多让一群小孩一起进入厨房的技巧可以分享。我的建议是什么?利用孩子乐于助人的本能!通过简单地一起烹饪,孩子可以同时学习健康的饮食习惯、生活技能、家庭传统等等——这是真正高收益的活动。查看食谱和测量配料以一种有趣的、亲自动手的方式,提高了早期阅读和数学技能,并且得到了食物。家里有挑食的人吗?在烹饪过程中扮演角色的孩子更有可能尝试新的食物。

帮助幼儿或学龄前儿童在标准柜台高度工作的最安全的方法是什么?典型的台阶凳子通常不够高,但是把餐椅推到烹饪区可能会很危险。穿着袜子的小脚站在椅子上很容易滑倒。因为我们的双胞胎有年龄相近的哥哥和妹妹,我们买了一个结实稳定的脚凳,一次可以专门供两个孩子使用。它的四周都有围栏,几乎不可能翻倒,可以随着孩子的成长调节高度,如果加上窗帘,它甚至可以兼作木偶剧院。我过去常常把我们的脚凳放在壁橱里,每天都把它拖出来,然后意识到如果我们把它放在外面,比如厨房的角落里,生活会更容易。这有点碍眼,但我们已经有意识地把孩子的发展放在了美学外观之上。[在网上搜索"学习塔(the learning tower)"来看一些例子。现在有多种品牌、不同价位的学习塔出售,所以如果您选择进行购买,谨慎一些就好。]当您有双胞胎的时候,花上几顿在餐馆吃饭的费用是值得的(而且更健康),这样您就可以在家里安全地和孩子们一起做饭了。

家庭关系:一个新生儿

不管您计划与否,另一个(或两个)婴儿可能会出现在您的家庭中,而且可能比您想象中要快。当双胞胎自己还只是蹒跚学步的时候,家里的另一个孩子可能是个挑战!我们的第4个孩子出生时,双胞胎才28个月大——真是一次冒险。我记得最初几个月最困难的部分是尝试母乳喂养我们的新生儿。男孩们认为,当妈妈坐下来给宝宝喂奶时,他们有15分钟的时间去探索和制造混乱——是的,他们认为是这样。我必须真正有创意地打击这种疯狂行为,这样我才能继续母乳喂养我们的宝贝女儿。可以为双胞胎宝宝准备一些有趣的活动,在忙于照顾新生儿的关键时刻拿出来。您可以使用特殊的蜡笔或旋转玩具篮,只在婴儿喂食的时候才拿出来,在母乳喂养结束后很快就可以再次存放起来,这样它们就不会失去吸引力。

尽管最初的几个月充满挑战,但我们的双胞胎儿子随着小妹妹的出生而成熟。妹妹的存在帮助他们成长。我们的双胞胎不再是家里的小宝宝了!他们自豪地向妹妹展示大孩子是如何做事的。因此,如果您发现自己在双胞胎还年幼的时候又怀孕了,新的家庭动态会带来很多积极的影响。

保持适合双胞胎的预算:节省时间和金钱

当双胞胎较年幼时,尽可能多地穿自家和朋友家孩子的旧衣服,并在当地的多胞胎父母俱乐部购买二手衣服。让每个人都知道您很乐意接受旧衣服。如果有些物品有小污点,不要担心。把这些东西留到家庭游戏日或者在如厕训练换裤子时用。蹒跚学步的孩子长得如此之快,衣服很快就小了,您会因为省下了不少钱而很高兴的。

鞋子是旧衣橱的例外。每个孩子的脚都不一样(即使是同卵双胞胎),每个孩子的行走方式也略有不同,所以全新的鞋子更适合塑造成适合一个人的脚的形状,并被行走方式塑造。就我个人而言,我会向家人和朋友要他们孩子的旧衣服,不买新裤子和衬衫省下来的钱就可以用在买新鞋上。我们找到了一些值得信赖、舒适、可靠的运动鞋品牌,以备日常使用。再添加一双稍微时髦一点的鞋子,您就可以应对任何场合了。在家的时候,光脚是最好的,但是出门需要合适的鞋。

刘按:现在流行称孩子为“碎钞机”“四脚吞金兽”,对于多子女家庭节省不必要的开支用在刀刃上是需要考虑的。

双胞胎小贴士

试着给双胞胎买不同的鞋子,每双显然都属于一个特定的双胞胎,这样他们出门的时候不会为鞋子究竟是谁的而争吵。为每个孩子使用颜色主题也可以扩展到其他项目,例如水杯,以快速识别哪个杯子是谁的。

如果从脚趾尖到鞋垫尖能够放下一根手指,孩子的鞋子就很合适了。当孩子的脚长大时,我们会选择最喜欢的网上鞋店,那里有免费送货和免费退货服务。我们可以自信地订购相同品牌和风格的鞋,选择大一点的,也许还可以选择新颜色来增加点趣味。因为我们对这个品牌的鞋很了解,我相信新鞋会很合适。我只花几分钟在网上订购,几天后,新鞋就到了门口。我发现在我们的生活方式中,网上购物比带着蹒跚学步的双胞胎去各种鞋店更容易,寻找您喜欢的东西,希望店里有您需要的尺码。

网上购物是真正的救星。如果您支付超过一定金额,许多公司会提供免费送货,或者在规定的时间内提供免费送货的特别促销。留意这些优惠,尝试在互联网搜索引擎中输入您最喜欢的商铺的名称和“优惠券代码”,以追踪网上购物交易。您可能忙着带两个或更多的孩子,而没时间去实体店购物。

双胞胎小贴士

找到那些在物流方面有保障的购物网站。节省时间、精力和汽油钱,并在午后享受快乐而不是购物。去附近散散步,或者举行一次积木比赛!如果您能简化日常的、例行的,但却是必要的任务,比如为不断增长的双脚买鞋,您就能创造更多的空闲时间来享受家庭时光。

娱　　乐

所有的孩子都喜欢听音乐和跳舞。对于孩子和父母来说,音乐可以很好地缓解压力,也是替代打开电视的好选择。舞会是蹒跚学步的双胞胎释放能量的一种愉快方式。一定要事先清理掉地板上的玩具,因为跳舞可能会变得非常疯狂!优秀的新儿童音乐很适合家庭,成年人听起来很有趣,现在比以往任何时候都更受欢迎。我强烈推荐专门为儿童制作的明日巨星合唱团的专辑,比如《来吧,ABC》(*Here Come the ABCs*)。

双胞胎小贴士

想和蹒跚学步的双胞胎玩得开心吗?教他们“冻结舞蹈”,这是一个经典的游戏,音乐暂停时,每个人都必须像雕像一样僵住。我保证你们会玩得开心!

您播放的音乐甚至不一定是儿童音乐。例如,早期的甲壳虫乐队专辑(Early Beatles albums)非常适合儿童。确保您听的音乐对所有人来说都很有趣。双胞胎会注意到您真的喜欢某首歌,并且会喜欢听您跟着一起唱,即使您跑调了。在车里放一些CD,或者在智能手机上储存一些音乐,出门购物的时候和长途汽车旅行没有无线网的时候,听听好听的音乐。

双胞胎小贴士

丹妮尔是学龄双胞胎的妈妈,她建议说:"享受您的孩子有一个固定玩伴的事实。"

最后,享受乐趣的一部分是正确对待家庭的清洁情况。不要担心房子乱七八糟。在合理的范围内,放开了和孩子玩吧。只要确保地板不会乱到每个人都会绊倒就可以接受。孩子不会记得家里有多干净。他们只会记得您和他们一起用沙发垫玩"堡垒"的时候或者爸爸用枕头把他们压在一起,玩"垃圾车"游戏的时候。很快,孩子就会长大,您可以随心所欲地打扫房子。在晚上,当孩子睡觉的时候,保留一些体力打扫混乱的场面,这样地板就可以暂时保持干净,您和伴侣就可以感觉像正常人一样,哪怕只是几个小时。

第七章

学龄前期(3~4 岁)

“妈妈,您能来我的餐馆吗?”“爸爸,您能给我读这本书吗?”突然间,双胞胎宝宝已经成长为两个很棒的人,他们能清晰地说话,能互相合作,一同玩耍。和双胞胎一起度过的学龄前时光真的很神奇,因为 3 岁和 4 岁的孩子想象力丰富。不久前,您的家里充斥着频繁地喂食和换尿布,现在您的家是这样一个地方——沙发是火车,纸箱是飞机,您可以飞到杂货店买一条面包。

双胞胎小故事

当我们的双胞胎还很小的时候,我从没想过有一天我会在我们的早餐桌上听到这些:

安德鲁:咚咚咚。

瑞安:谁在那里?

安德鲁:下雨了。

瑞安:谁会下雨?

安德鲁:驯鹿!

两个人:巴,哈哈!(以一种双胞胎之间分享笑话时独特的方式疯狂大笑。)

双胞胎双倍的笑声是父母能听到的最美妙的事情之一。

宁按:我有限的育儿经历对我最大的意义,其实在于找到了或者说重新经历了我自己的童年——之前大多已经失落了。从这一点来讲,我感谢我的女儿暖暖!她的成长让我完整了自己。

另外和儿童相处的快乐,在于他们天马行空、不着边际的想象和表达。大多忍俊不禁,偶尔发人深思。

享受这些时光,像孩子一样和您的双胞胎尽情玩耍。学龄前儿童只想要一个和他们一起坐在地板上,跟随他们走进假想的场景的父母。在一个孩子的儿童餐厅做顾客,点一份香蕉片,上面再加点番茄酱。帮助另一个孩子玩“垃圾车”,收集各种各样的玩具,然后把它们扔到一个假装的垃圾场。娱乐不仅仅是玩耍,有更深远的意义。通过富有想象力的游戏,3 岁和 4 岁的孩子能够理解他们周围的世界。

想象场景的可能性是无限的,两个孩子处于相同的创作年龄。您有两个有创造力的头脑,彼此交换想法。方便的是,您有多个演员可以扮演不同的角色——例如,商店收银员和顾客,飞行员和副驾驶,或服务员和顾客。

双胞胎大多数时候都是很好的玩伴。然而,不要期望双胞胎每天都玩得很开心。您能想象一直和同一个人在一起吗?有两种想法的两个个体会不时有不同的意见,他们之间的分歧是不可避免的。

有没有办法防止双胞胎之间的争吵发生?不能完全避免,但是有一种方法可以减少家里的分歧。给每个孩子自己的私人空间是延长家庭安宁的一种方式。如果您尊重孩子的个人意见和个人空间,他们会感到更加自信、安全和满足。这样,您可以从根源上避免一些争吵的开始。

学龄前双胞胎的父母注意到,生活比几年前容易多了,因为双胞胎可以成为很好的玩伴。然而,请记住,您的双胞胎不会一直想在一起玩,尽管这种安排对父母来说很方便。每个孩子都需要建立自己与其他兄弟姐妹、亲戚和朋友的独特关系——这些关系都是健康正常的孩子发展的一部分。这些关系有助于每个孩子建立自己的认同感和自尊。您会注意到不同的模式出现,例如,双胞胎兄弟中的一个在某个月内经常与一个年长的哥哥姐姐在一起,而下个月,您的另一个双胞胎对邻居朋友产生了浓厚的兴趣。作为双胞胎的父母,鼓励这些萌芽状态的外部关系。您的孩子之间总存在着独特的双胞胎纽带,但是当她们开始上学的时候,这些与他人相处的早期经历有助于每个双胞胎的社交。这种社会化对适应教室环境很有帮助。早期学校生活的重点是简单地与他人相处和听指示。您的双胞胎只要和周围的世界交往,就能为上学做好充分准备。

双胞胎小贴士

在最初的几年里,您同步了双胞胎宝宝的作息,让生活变得更容易管理。现在,在这场游戏的学龄前阶段,养育双胞胎不再是为了日常生存,而是为了培养每个孩子的个性。

睡 眠 问 题

平均来说,3 岁和 4 岁的孩子在 24 小时内应该睡 12 个小时。您的双胞胎可能已经不小睡了,或者,如果就寝时间晚或者醒得早,他们可能会在下午早些时候小睡 1~2 个小时。预计会有几个月的过渡阶段。有时候,双胞胎可能需要小睡一会儿,而其他时候,安静时间就足够了。就像前一章讨论的那样,鼓励在下午早些时候有一个小时的安静时间(更多信息参阅第六章)。从一天的活动中休息一下,有助于孩子在一天剩下的时间里保持精力充沛。灵活而有创意地安排孩子们的小睡。一个双胞胎可能喜欢小睡,而另一个双胞胎可能不需要。当您和一个双胞胎在卧室里安静地读书时,允许另一个双胞胎在共用的卧室里小睡。

如果您的双胞胎共用一间卧室,一个双胞胎可能会在早上过早叫醒另一个双胞胎。如果太阳还没出来,鼓励他们待在床上。他们现在足够大了,可以理解您对他们的期望。例如,教他们,如果一个孩子醒来,外面很亮,但另一个还在睡觉,醒着的双胞胎应该悄悄地踮着脚走出房间,以免打扰到另一个孩子。可能会有几个早上,其中一个双胞胎眼睫毛忽闪忽闪地睁着大眼睛,而他的双胞胎兄弟姐妹还在打哈欠。如果那天早上你们不出门,鼓励睡眼惺忪的双胞胎回到床上,为已经睡醒的双胞胎做一个示范,这样他就可以知道下次该怎么做。

确保晚上睡个好觉的一个好方法是确保双胞胎在白天有足够的活动和锻炼。学龄前儿童天生精力充沛！白天进行大量活动将有助于双胞胎在晚上更安静。操场帮助孩子们通过攀爬和平衡来锻炼他们的大肌肉群。邻里交流和自然散步,加上时不时跑动一下,可以让孩子们的腿动起来。让双胞胎在三轮脚踏车上练习,一旦他们高了一点,就可以升级到约 30cm 高的带辅助轮的自行车。别忘了戴自行车头盔！让学习新的体育活动变得有趣。简单地在院子里跑一圈可以很好地活动身体,或者你们可以玩接球游戏。

双胞胎小贴士

目标是每天至少 30 分钟的体力活动。如果是在一天中分散的时间内进行锻炼,这种锻炼仍然有效,而且它还能提高夜间睡眠质量。

在冬天或天气不好的时候,您需要开动脑筋,想办法让双胞胎身体活动,心跳加速。清理游戏区域,玩一个安全的接球游戏,或者玩捉迷藏。我们家清理了未完工的地下室,在墙角和尖锐的边缘加了防撞条,并且整个冬天都把我们男孩的自行车放在那里。很多个下午,我们都要下楼到地下室,这样即使室外天寒地冻,我们的男孩们也可以戴上自行车头盔,骑着自行车玩得很开心。看看您能想出什么有趣的点子,每天挤出体育活动时间来帮助您的双胞胎晚上睡得更安稳。

有时候,我会提出一些可笑的主意,比如建议我们绕着在房子里跑两三圈。我一直记得瑞安第三圈过后气喘吁吁地问我:"我能继续跑吗?""当然!"我会回答。几年后,他和学校的越野队一起长跑。我觉得有趣的是,我早年愚蠢的策略让他发现了自己对跑步的热爱。

社会化:双胞胎在家庭中的角色

3 岁的双胞胎渴望了解他们周围的世界。当孩子们对自己在家庭中的角色有强烈的意识时,自尊会得到提升,他们能更轻松地度过各个年龄段。一个 3 岁的孩子怎么才能觉得自己是家庭的一员呢?让他们帮忙做家务。照顾家庭不仅仅是父母的工作,也是每个家庭成员的责任,您可以从小就践行这一理念。

学龄前儿童喜欢帮忙做家务。当您打扫卫生时,给双胞胎一块抹布清理桌面。洗衣服呢?可以把双胞胎的衣服堆起来,让每个孩子把干净的东西放回合适的抽屉里。告诉孩子一切都在哪里,这样他们下次就能再次帮助您。指导孩子做简单的家务看起来好像是增加了工作量,但是回报让这些努力都值得。双胞胎会很快学会,不久您就会发现他们真的在帮忙。此外,当团队合作时,日常琐事会更有趣。

双胞胎小贴士

大卖场通常有漂亮的不易碎的餐具[密胺树脂(melamine resin)塑料制品就是一个例子,通常用于户外娱乐]。手头有一套这样的餐具,双胞胎可以每天晚上帮忙摆好桌子,不用担心盘子会碎。请参阅第八章了解适合孩子年龄的家务列表。

当双胞胎帮忙做家务时,工作不一定要完美地完成。为每个孩子的努力鼓掌,而不是只关注结果。家务能让每个双胞胎觉得自己是家庭中有贡献的一员,这对提升他的自尊大有帮助。您的意外收获是什么? 一个习惯于在家里帮忙的 3 岁孩子,会成长为一个在家里帮忙的少年。要求每个孩子在很小的时候就给予帮助,这样它就自然而然成为每个人日常生活的一部分。8 岁的孩子不会在没有经验的情况下神奇地开始自己收拾卧室。

双胞胎能帮忙做的最重要的工作是控制玩具的杂乱程度。一个家庭中如果有多个小孩会很快导致地板上到处都是杂乱的玩具。当他们玩完玩具后,教他们把玩具收好。大篮子和手提袋可以简化这个过程(例如,一个篮子里有汽车,另一个篮子里有火车,第三个篮子里有填充动物玩具)。

双胞胎小贴士

借鉴幼儿园老师的组织策略:给每个玩具组拍数码照片并打印出来。把照片贴在储物盒上,这样不认识字就可以看照片,知道什么东西要放在哪里。

我们不是从 3 岁的孩子身上寻找完美的组织能力,我们只是在传递一个更广泛的信息:当你玩完某样东西后,你应该自己去清理。

让清理变得有趣！放一个鸡蛋计时器计时 3 分钟，然后进行一场快速清理比赛，看看在计时器计时结束前可以放好多少东西。一旦每个人都养成了帮助清理的习惯，它会成为日常生活的一部分。

双胞胎小贴士

整理双胞胎的衣柜可以简化您早晨的工作。选择自己每天穿的衣服可以帮助您的双胞胎感觉他们好像对自己的日常生活有一些掌控。把双胞胎的衣服分成游戏的衣服和漂亮的衣服。根据一天的活动，可以指导双胞胎穿上游戏服装，例如，如果你们都要去附近的游乐场。您的孩子获得了一种拥有选择权的感觉，同时他们的穿着也很适合场合。

双胞胎将通过在家里与家人互动的大量练习来学会与外界互动。适合年龄的棋盘或纸牌游戏是锻炼社交技能的好方法，同时还能促进良好的家庭关系。无论输赢，双胞胎都会学会轮流玩。他们可能很难长时间坐着不动。如果一个人只想玩一次，那没关系。只要剩下的玩家还玩得开心，就和另一个孩子继续游戏。如果第一个双胞胎又决定继续玩儿，简单地让他从他停下的地方开始即可。

在和这个年龄的孩子玩棋盘游戏时，我很少完全遵循附带的说明。如果大家不想再玩了，别担心。结束游戏，改天再试。期望 3 岁的孩子在整个棋盘游戏中保持完全安静是不现实的。随着时间的推移和练习，您会发现双胞胎宝宝可以坐更长时间，他们在游戏中会更合作，游戏对他们来说会更有意义(也就是说，不仅仅是在一个随机的圆圈里移动一个红色的游戏棋子)。如果一个孩子想和哥哥姐姐玩游戏，那太好了！鼓励双胞胎在他们愿意的时候分头行动。

为学前教育做准备

孩子在教室里待上几个小时，远离您和伴侣、兄弟姐妹，可能还有彼此,这种想法对每个相关的人来说都是一个很大的改变。如果双胞胎在托儿所中度过了一段时间,这种转变对他们而言可能不会像对那些在家里或在小团体环境中得到照顾的孩子那样突然。我们这一代人小时候可能上过幼儿园,也可能没上过。然而今天,教育专家一致认为,学前教育可以帮助孩子们在学前班到来时更有效地学习。我们谈论的是一种有趣、轻松的学前氛围,而不是任何严格的学术课程。在幼儿园,3岁的孩子通常一周参加2~3个半天的活动,而4岁的孩子一周可以参加3~4个半天的活动。

根据您居住的地点,学前班登记时间也不同。总的来说,对大多数地区来说,在您计划让双胞胎入学的前一年考虑学前教育是个好主意。繁忙的城市环境可能更具竞争性,在大城市,等待入园的幼儿并不少见。向当地相关部门咨询哪些选择更好,并和有大孩子的邻居谈谈,看看他们是否喜欢他们的私立幼儿园。如果您的孩子是早产儿或在3岁前需要早期干预治疗服务(如语言治疗),他们在您的学区可能有资格进入幼儿园。联系您当地的公立学区,了解入学资格要求的细节。

双胞胎故事

很久以前,我带着我们刚满3岁的双胞胎儿子去图书馆听故事。大约5分钟后,两个男孩开始在房间里闲逛,而不是静静地坐着听。我把他们聚集在房间的后面,告诉他们,就一次,“让我们试着坐下来听听。如果你不能坐下来听,我们就必须离开,这样我们就不会打扰其他孩子了”。那天,我们的男孩就是不感兴趣。我希望他们能享受这种听故事的经历,并与他们有积极的联系,而不是记得他们的妈妈对他们唠叨了30分钟。所以我只是把他们召集起来,然后我们就离开了。强迫他们毫无意义——这对孩子来说本应该是有趣的。改天再试一次。继续让双胞胎接触故事时间的概念和类似的经历,他们会学会享受它们。

在上幼儿园之前的几个月里,您会希望为双胞胎提供一些实践经验。在您的社区中寻找选择。公共图书馆或书店通常为幼小年龄组的孩子提供故事时间或手工课程。这些故事时间对双胞胎来说是一个练习安静地坐在一起听故事的好方法。一个额外的好处是这些通常是免费的。双胞胎会在和一屋子的3岁孩子待在一起中学到一些社交礼仪。多胞胎可能习惯于彼此亲密的身体接触,但他们需要知道,他们不能和周围的人如此亲密。

让双胞胎准备上幼儿园的另一种方法是在放学后参观您所在地区的公共场所和学校操场。了解您家周围的各种公园,让旅行变得有趣。孩子会在不同类型的设备上玩得很开心,到时候在他们的幼儿园操场上会感觉很舒服,双胞胎也会获得一点在操场上和其他孩子见面和玩耍的经验。

双胞胎小贴士

当双胞胎上幼儿园时,他们会带大量可爱的工艺作品和绘画作品回家。两个学生的作品和绘画可以很快积累并淹没一个家。您如何在最小化杂乱的同时保留孩子作品的亮点?为每个单独拿着她的艺术作品的孩子拍摄数码照片。您会有关于艺术和您的孩子创作艺术时的样子的文件,而不会占用架子上的物理空间。当您展示他们的创造时,双胞胎会骄傲地微笑。拍完数码照片后,您甚至可以用蓝色胶带把艺术品挂在双胞胎卧室墙上的画廊里。胶带可以多次重新排列,而不会损坏油漆过的墙壁或木制品。幼儿园作品的艺术画廊是提升双胞胎自尊和鼓励未来作品的好方法。如果作品弄皱或扔掉了,别担心,因为您已经用数码相机保存下来了。

查看您当地的公园社区儿童项目和娱乐性儿童运动。问他们是否可以为双胞胎提供折扣!足球是一个伟大的中性的选择,男孩女孩都会喜欢。公园社区通常会提供一个适用于3岁孩子的游戏小组课程,专门为父母接送孩子,这样他们的孩子就会习惯一个人待一会儿。为了简化过渡,如果您的双胞胎在同一个班级,当您离开时他们可以彼此陪伴。在这种类型的班级里,我的双胞胎儿子看到新玩具玩得如此兴奋,以至于他们一点也不介意妈妈离开一段时间。然而,在最初的几次,我自己却流泪了,不知道我的孩子们在告别时没有哭,是让我感觉更好还是感觉更糟。稍微练习一下和双胞胎一起出去参加这个课程,你们就可以很顺利地过渡到每周两个上午的幼儿园了。

许多双胞胎的父母想知道应该把上幼儿园的孩子放在一个班还是不同的班级。如果幼儿园很小,您可能没有选择,因为所有3岁的孩子都在一个班里。如果有两个独立的教室,您必须为您的家庭决定最佳策略。记住这个决定不是最终的。每年,您都可以(也应该)重新评估您的家庭状况,以确定在新的学年里什么样的教室安排最适合您的双胞胎。

双胞胎故事

苏是三年级双胞胎的妈妈。她建议说:"把双胞胎分到两个教室是可以的。他们仍然会有联系。另外,不要担心他们是否处于不同的阶段。"

就我们家的情况而言,我们的分班决定相当简单。我们觉得我们的同卵双胞胎儿子看起来如此相似,以至于老师和其他学生一整年都不知道谁是谁。我们不想让我们的儿子一直听到"你是哪一个?"我想淡化我的男孩们的"双生子"特征,想给我的男孩们一个机会向别人展示他们作为一个人,作为一个个体是谁。考虑到我的孩子们一周另外五天,一天24小时都在一起,我也觉得一周两个上午待在两个独立的教室里没什么大不了的。此外,我觉得在单独的幼儿园教室进行一些练习后,在高年级过渡到单独的教室会容易一点。

双胞胎的教室安置是一个大问题,因为许多家庭认为如果他们的双胞胎在同一个教室里,他们的孩子在学校会做得更好。这些家庭认为,应该由他们,而不是学校,来作出班级安排的最终决定。新的立法在美国不同的州不断涌现,家庭在双胞胎是放在一起还是分开的问题上拥有最终决定权。每个家庭必须评估自己的情况,并决定什么最适合自己。一些家庭发现,早期让双胞胎在一起有助于为高年级的最终分离铺平道路。

双胞胎小贴士

如果双胞胎在学校的两个不同的教室里,提前为特殊的学校日作好准备,比如"教师节"。在这个特殊的日子里,安排父母双方都去参加,或者让奶奶或另一个值得信任的成年人帮忙。提前让老师知道您的情况和您计划在两个教室都待一段时间,看看孩子和两个环境。如果只有一位家长能参加,向老师解释一下,这样他们就能告诉您在两个班之间移动时可能错过的重要信息。

双胞胎故事

米歇尔是两个一模一样的三年级男孩的妈妈。她回忆道:"我建议灵活一点,运用您最好的判断力。尽管我有很大的压力,我还是想把我的孩子们分开,所以我这样做了,但是他们还没有准备好,他们很崩溃。我们让他们在一起直到三年级,那时我们觉得他们准备好分开了。他们现在做得很好!每个男孩都有不同的喜好和需求,我把他们当作两个人来照顾。"

家长可以观察课堂动态,认识同学,更好地了解老师,让孩子感觉自己很特别,并在几个小时内通过在孩子的课堂上做志愿者来帮助学校。学龄前儿童通常喜欢父母在课堂上的亲身参与,孩子们在互相炫耀他们的班级和父母时获得了真正的自我提升。孩子们的学校经历对我来说有些神秘,直到我花了一些时间在教室里帮忙。在课堂上花一点时间后,您将能够问每个孩子关于朋友或学习内容的具体问题,因为您已经目睹了课堂的实际情况。即使您在外工作,我也建议您请一个上午的假,花一个小时左右的时间和同学们在一起。

如果双胞胎在两个不同的教室,一定要在家庭日程表上公布您的志愿者日期,和孩子讨论时间安排,以防止任何嫉妒或对公平的担忧。

刘按:关于双胞胎是否在同一个班学习,也是一个值得探索的问题。我认为还得视自己的家庭情况来定,两个孩子是否彼此依赖,他们是否更喜欢在一起。另一方面,在不同的班,家长需要应付不同班级布置的任务,是否有足够的人手和精力,这些都需要考虑。

一对一时间

在双胞胎的学龄前阶段,继续尽可能多地安排一对一时间。在一天中,见缝插针地识别和组合时间是一个很好的策略。例如,当一个双胞胎在玩飞机的时候,和另一个一起阅读。当另一位家长或成年人可以帮忙时,继续带一个孩子独自外出。

我们让孩子和妈妈一起进行特殊的飞机旅行,把我们家的一对一时间提升到了一个新的水平。我们有分散在全国各地的大家族,我们发现两个家庭成员的机票价格比一个6口之家的价格要便宜得多。我们可以降低旅行费用,拜访远方的亲人,挤出时间和每个孩子在一起。为了对我们的4个孩子公平,我们按照出生顺序轮流旅行。这些特殊的旅行对我们的孩子来说是一种享受,每次经历结束后,我都会对我的每个孩子的个性有一个新的认识。

两个不同的个体

每当我碰巧遇到一个作为双胞胎长大的人,我总会问,他是否希望他的父母做些不同的事情。大多数时候,我听到的回应是类似主题的一些不同请求:我希望我们的父母没有"给我们同样的生日礼物",没有"给我们穿同样的衣服",或者没有"期待我们分享一切"。

有些人认为所有的双胞胎都是一样的,有些人则持完全相反的观点。许多人问我,我的双胞胎儿子是否相反。是否一个是社交达人,而另一个是隐士?一个更健谈,另一个更安静?或者,我比较喜欢谁,"哪个好?"这些问题意味着每个双胞胎的性格特征被定义为与他的双胞胎兄弟相反。当然,事实并非如此;他们是个体,每个孩子都是完全独立的。

任何一个人都可以在某些方面和另一个人相似,但在其他方面不同。每个人,不管是否生来就是双胞胎,都渴望被当作一个个体来对待。所有双胞胎的父母,尤其是同卵或同性异卵双胞胎的父母,需要每天考虑到这一点。您是一个忙碌的家长,也许有时您为了更快或更有效率把双胞胎作为一个整体来对待,但我鼓励您把双胞胎当作碰巧在同一天出生的兄弟姐妹来对待。

鼓励个性的一个好方法是在晚上单独给他们读睡前故事。当我们的双胞胎儿子还是婴儿和幼儿时,我们是在生存模式下工作,所以我们通常同时给他们读书。随着年龄的增长,我们的双胞胎更容易得到照顾,我们发现把睡前故事一对一地读给他们听对两个男孩都有好处。分别给双胞胎朗读可以提高早期阅读技巧,创造一个平静的氛围,让他们安静下来,安下心来读一本好书。花时间和精力给双胞胎单独朗读是非常值得的。您的双胞胎不会分散彼此的注意力,会从中收获更多。试着父母轮流每晚为他们朗读。尽管如此,也要现实一点——在深夜,或者如果父母一方正在独自处理双胞胎的就寝时间,可以召集所有人来依偎着一起听睡前故事。

双胞胎小贴士

我的同卵双胞胎直到学龄前才意识到他们与其他孩子不同。突然间,他们意识到不是每个人都有一个看起来一模一样的同龄兄弟姐妹!每当有人问我的双胞胎之一:“你是哪一个?”他会疑惑地看着这个人。如果双胞胎是同性,给他们穿不同的衣服,以帮助朋友和同学知道谁是谁。如果双胞胎长得很像,和他们谈谈。他们太习惯和双胞胎兄弟生活在一起了,以至于他们可能没有意识到其他人无法区分他们。您甚至可以扮演社交场合的角色,教您的双胞胎清楚地介绍自己,并教每个孩子如何礼貌地纠正错误猜测自己身份的人。

刘按:当我有了三个孩子,我更加地理解个体差异,类似物种的差异性。这种差异在受精卵的时候就已经决定了,他们的天赋、喜好、脾气心性……都不相同,所以把他们当作独立的个体,因材施教对他们更有益处。将来我也会告诉自己的孩子,当他们面临选择自己的伴侣的时候,要选择一个适合自己的,除了个别不是良人,其实没有谁对谁错,谁好谁不好,只是两个人合不合适而已。

多胞胎知道如何分享,他们从还是新生儿的时候就和他人分享自己的父母,但是期望他们一直分享所有的东西是不现实的。您会希望有一个系统性的方式给每个孩子自己的私人空间。即使您的双胞胎共用一间卧室,您也可以给他们每人提供一个颜色鲜明的盒子,甚至是她自己的隔板单元(当然是安全地绑在墙上以防掉下来),她可以用来保存她的特殊物品——石头收藏,一个朋友生日的派对礼物,或者任何她认为对她来说重要的东西。

双胞胎故事

邦妮是一位成年同卵双胞胎。她说:"虽然我很感激父母在我成长过程中为我做的一切,但如果我有双胞胎子女,我会做一些不同的事情,或者给那些有双胞胎的人一些建议。我妈妈给我和我妹妹穿一样的衣服,一直到七年级。回首往事,我希望她能让我们穿出自己的风格。我们在高中之前一直在同一个班。不幸的是,我们去了一所小学校,所以别无选择,但这让我们在高中之前有了同样的朋友。"

提醒每一对双胞胎尊重其兄弟姐妹的个人空间——无论是年长的还是年幼的,因为双胞胎在人数上可能比年长的哥哥姐姐占优,可以单凭人力随意抢夺、没收一个玩具。给每个人一个看起来不同的存钱罐来收集零散的硬币,并建立一个家庭规则,每个孩子只能检查自己的存钱罐里的东西。

刘按:尊重兄弟姐妹的个人空间这个概念非常值得我们学习,因为孩子在成年之后仍然分不清与兄弟姐妹的界限,有时不利于小家庭的正常生活。

在生活和游戏区,创建单独的游戏站,这样在家里的不同地方就都有有趣的事情可做。一个双胞胎可以在一个地方玩棋盘游戏,而另一个去另一个房间看书。不要期望双胞胎总是玩同样的东西。给每个孩子一些空间,您的日子会更加和谐。

在生日和假日,给每个孩子独特的礼物。在三四岁的年纪,每个孩子都有特殊的兴趣。找出这些不同之处,并把它们作为赠送礼物的灵感。当成年双胞胎回忆他们收到相同物品的所有时刻,他们会抱怨。当我们的双胞胎 3 岁的时候,我们注意到鲨鱼让瑞安着迷,安德鲁对消防车感兴趣,所以在他们生日那天,我们就开始研究这些主题。向家人强调为双胞胎寻找不同的礼物,他们可能会想要一点指导,所以帮他们出主意。

如果您的双胞胎是同卵双胞胎或同性别异卵双胞胎,朋友和家人难免有困惑——谁是谁?每周在我同卵双胞胎儿子的幼儿园,总会有一个朋友或老师会把某个男孩误认为他的双胞胎兄弟。这种混乱成为生活常态,每个双胞胎都有大量的练习来提醒人们他是谁。

然而,每年,在一个特殊的日子里,双胞胎不应该重复提醒别人他们是谁——他们的生日。当我的双胞胎 5 岁的时候,我们举办了一个大型聚会,邀请了两个男孩的朋友和同学。我想尽量减少对双胞胎身份的混淆。我发现了一个很棒的在线网站,可以随心所欲地定制 T 恤。每个男孩在生日庆祝会上都穿着颜色鲜明的 T 恤,正反两面都印有他的名字,还有“今天是我的生日!”印在前面(我加上这句话是因为我认为同学的父母不一定知道过生日的孩子是谁)。

所有家里的玩具最终都会得到广泛分享。毕竟,玩所有的玩具,而不仅仅是自己的部分,会更有趣。但在最初,每个孩子期望与其他人分享之前,先给他至少一天的时间玩他的新玩具。在最初的几天后,或者一个看起来合适的时期后,新的物品可以成为公共领域的一部分,对所有人都是公平的。

如果双胞胎为了谁可以玩一个新玩具而争吵,过了一段时间后,可以使用鸡蛋计时器的技巧,让每个孩子轮流玩。鸡蛋计时器有助于让您的双胞胎放心,每个回合是公平的。

拓展社交圈

几年来,我们的男孩在学校被分到两个不同的班级,通常一个同学会邀请同一个班的男孩参加他的生日聚会——这是一件好事。参加没有他的双胞胎兄弟的朋友聚会是一个很好的学习机会。

从学龄前开始,独立于其双胞胎兄弟的社交经历将帮助每个孩子获得作为个体的自信。我的双胞胎长得一模一样,在两个男孩都在场的社交场合,他们经常花很多时间回答"你是哪一个?"我观察到,当一个男孩有机会独自和朋友玩耍或闲逛时,会把更多的时间花在有意义的互动上,而不是澄清他的身份。

如果双胞胎中有一个在他的双胞胎兄弟不在场的情况下害羞,这种经历对他的情感成熟尤其有益。不管怎么说,学前派对通常只有几个小时——这是一种练习独立生活的简单而有趣的方式。

我听说过这样的例子,只有一个双胞胎受邀参加聚会,他的父母问是否能带上另一个双胞胎。我不建议这样做。是的,对另一个孩子单独照护需要更费心,但是让受邀请的孩子独自体验派对是非常值得的。

您担心另一个双胞胎会吃醋吗?孩子们很有弹性,随着时间的推移,他们的经历会变得平衡。实事求是地解释,例如,"今天,轮到约翰去参加聚会了,很快就会轮到约瑟夫了"。孩子们会跟随父母的情感暗示。如果您对这种情况保持冷静和实事求是,您的孩子也会如此。此外,您还可以为不参加派对的双胞胎提供特殊的时间(比如去操场玩)——这对每个人来说都是双赢的局面。

宁按:"如果您对这种情况保持冷静和实事求是,您的孩子也会如此"——说得太好了。童年的孩子是父母的镜子。父母有什么样的情绪、思维、取舍,孩子就会模仿什么。所以,教育孩子(广义上也包括教育他人、示范事宜)首先是让自己有最佳的、最理性的方式。见后文"如果您对双胞胎更加情绪化和不安,他们可能会因此更加抗拒如厕"。

一贯性和纪律性

当双胞胎三四岁的时候,他们应该对家庭规则有一个清晰的理解,并对什么是适当的行为有一个概念。希望您能在他们蹒跚学步的岁月里,制定出一套一致的规则框架,并在此基础上持续发展。从小对双胞胎行为的高期望有很多好处。您不是必须消除所有的不良行为,而是在积极地强化适当的行为。

虽然三四岁的孩子比初学走路的孩子更成熟,但他们仍在成长和学习,并将继续试探底线和规则。试探底线是符合年龄的行为,而不是双胞胎故意让您发疯的行为!孩子会在不同的情况下试探您,看看规则是否仍然有效。双胞胎还会在学校和娱乐项目中遇到行为方式不同的新朋友,他们会想知道他们是否能在家里和您一起尝试这些新行为。您需要坚持并遵守家庭规则。

如果您的孩子违反了规则,不要给他无休止的毫无意义的警告,给一个暂停即可。记住,在孩子的年龄范围内,适当的暂停应该在一个无聊的地方进行,时间为每岁1分钟(也就是说,学龄前儿童暂停三四分钟)(有关纪律的更多信息,请参阅第六章)。当时间到了,简单地告诉您的孩子她做错了什么,如果情况需要,让她向合适的人道歉,然后继续您的一天。不要纠缠于不良行为,也不要过分关注,您不能用额外的关注来奖励不良行为。

宁按:“您不能用额外的关注来奖励不良行为”——非常精彩。很多父母可能没有意识到,额外关注(比如不停地唠叨)有的会引起孩子反感,也有的会引起孩子误解。误以为那样做会让父母更多地关注自己,更多地与自己在一起,从而后续重复那样的做法——即不良的行为——您“唠叨”想要避免的不良行为。父母学会控制自己、让自己的行为和语言内敛而能达到预期效果,也是家庭教育的重要方面。所有的教育,都是自我教育!参见后文如厕训练。

双胞胎小贴士

当双胞胎因为同一件事都出现了最初设定的警告行为时,您不需要给他们单独的警告。让他们知道:"当我对你们中的一个说什么的时候,我是在对你们两个说。"如果您用这种一致的模式来处理双胞胎的不良行为,阻止他们对您不同反应的试探,您将节省大量的时间和精力。

平衡关系动态

因为双胞胎已经到了学龄前阶段——需要和其他兄弟姐妹或朋友在一起,您可能会注意到家里的一个新现象:到了这个年龄,他们彼此之间很紧密,视彼此为队友。请注意,您的双胞胎可能会——也许是无意中——联合起来对付其他人。建议您把这种行为扼杀在萌芽状态。向双胞胎解释,您希望他们与所有的兄弟姐妹友好相处,而不仅仅是他们双胞胎之间。

学龄前双胞胎可能更喜欢彼此分享东西,但如果他们的哥哥或弟弟表现出兴趣,他们会立刻变得有"领土感"——这种紧密的孪生关系再次起了作用。监控这些情况,以确保其他子女不会受到粗暴对待,或者只是被动地接受某些情况来维持和平。这是一种欺凌的形式,不应该容忍。

不要忘记,正如第六章所讨论的,您应该避免问,"是谁开始的?"一场争斗需要两个孩子,如果您问是谁挑起的,双胞胎会学会操控您的反应。您应让他们学会如何在没有父母调停的情况下独自解决他们的分歧,而不是把责任归咎于他们的孪生兄弟。

外出的期望

随着双胞胎年龄的增长,您可能会和家人更多去博物馆、动物园或公园。如果您事先提醒双胞胎您对他们行为的期望,新的情况会更顺利。当您到达动物园时,在每个人解开安全带下车之前,花点时间和孩子谈谈您的期望。提醒他们,例如,“动物园可能是一个热闹的地方,有许多很酷的东西可以看,但是每个人都必须作为一个团队待在一起。如果你想看到长颈鹿,不要自己跑去！要告诉爸爸你想看长颈鹿,我们一起去。”您应该提醒孩子要有自制力,这样才不会在陌生人群中丢失他们。给您的孩子大量的练习,他们会反复学习外出。

适应新环境前的预先沟通可以帮助孩子记住如何表现。这些谈话以一种亲切而温和的方式来表达您对他表现的期望,如果他表现不好,可以想一想这些期望。如果你们要在商店排队等候,事先提醒双胞胎,您希望他们安静地和您站在一起,不要大叫着乱跑。如果您要去朋友家吃午饭,下车前提醒每个人注意行为举止。

当我的4个孩子很小的时候,我自己带他们去过很多次博物馆和动物园。我想我真的不是一个人——我带着4个孩子！我们经历了一些伟大的冒险,我的孩子学到了很多,这些旅行增强了我作为父母的信心。不过,我总是收到其他父母的评论,他们显然对我的孩子没有从我身边跑开感到震惊。我听说过很多次,“我不知道你一个人是怎么做到的。我不能,因为我的孩子很喜欢到处跑”。

双胞胎小贴士

在郊游时,您怎样才能让孩子像一个团队一样在一起？下车之前,提醒每个人保持团队精神的规则。然后,在出游的时候,如果一个孩子跑掉了,在接下来的10分钟里她应该暂时失去像一个大孩子一样单独行走的特权,她应该拉着着您的手或者手里的婴儿车(如果您正在给一个弟弟妹妹用婴儿车),如果她表现良好,她可以重新赢得和大家一起散步的特权。

如果一个或多个孩子没有理解这个信息,并且不断地逃跑,您必须缩短旅程,向孩子解释为什么要离开,因为他们不遵守规则,他们不能留下来玩。如果有人不遵守规则,缩短动物园之旅是令人不快的,但是让孩子知道行为端正和与团队在一起更重要。

当双胞胎发生冲突时

双胞胎非常亲密,但是当他们打架时,要小心!双胞胎之间的争斗可能比其他兄弟姐妹之间的争斗更加极端和情绪化,因为他们非常亲密。当一种更强的联系存在时,感情会受到更深的伤害。

您如何减少团队的内讧?找到常见的问题并找出解决方案。在我们家,汽车安全座椅的位置是一个相当热门的话题。在经历了特别糟糕的一周,为了谁应该坐在哪个汽车安全座椅上争吵不休后,我不得不调整规则。我们每月轮流坐两个汽车安全座椅。例如,安德鲁在9月份会坐在首选的座位上,瑞安在10月份会坐在那个座位上。每个人都知道会发生什么,孩子也知道我们不会胡说八道,所以他们不会费心去改变这个规则。这个规则的好处是您的孩子可以了解一年中的月份的相关知识。也许双胞胎都想要餐桌上的同一把椅子。如果双胞胎在同一个问题上反复争论,制定策略看看一个新规则是否能促进和平。

与其他兄弟姐妹的互动

要注意双胞胎和其他兄弟姐妹之间的互动,不管他们是年长还是年幼。帕特里克是10岁双胞胎女孩的12岁哥哥。他指出"有时她们会联合起来对付我",我的单胎子女会同意这种说法。这在某种程度上是不可避免的,因为这是一对孪生兄弟的团队性质,但这是父母应该意识到的。这也是一对一时间的一个原因,并且确保您的双胞胎被分到不同的小组。例如,星期六只带双胞胎之一和您最大的单胎子女去办事,把另一个双胞胎留在家里和您的伴侣在一起。

双胞胎小贴士

一个丰富的词汇环境有助于促进孩子的语言发展。即使是最忙碌的父母也可以利用每天和孩子在一起的时间大声讲述他们日常生活中发生的事情。您可能会觉得自己有点像新闻记者,但即使是像准备早餐这样的普通任务也可能是一次演讲促进会。关掉电视,将手机调至振动状态,放在一边,把注意力放在孩子身上。仅仅是和孩子在一起交流,就能大大提高他们未来的演讲和认知能力。关于促进孩子语言发展的进一步建议,请访问美国儿科学会官方网站。

继续如厕和独立性训练

如果双胞胎在他们 3 岁时没有完全接受如厕训练,不要绝望。尽可能地保持耐心和支持,这说起来容易做起来难。如厕事故(尿湿或弄脏)可能非常令人沮丧,尤其是对我们这些多子女的父母来说,如果孩子已经训练了一段时间,那就更令人沮丧了。在他们 3 岁之后,如厕训练可以进入一个新的维度。一个 3 岁的孩子可能比一个 2 岁的孩子更固执,如果有一场意志的斗争,她更有可能固执己见。

权力斗争可能比过去更加频繁和严重。作为父母,您需要尽可能放松,尽管情况可能会令人沮丧。如果您对双胞胎更加情绪化和不安,他们可能会因此更加抗拒如厕。在学龄前阶段,一个孩子确实有自己的想法。最终,她必须自己决定独自去上厕所。

双胞胎小贴士

有时候,一个双胞胎可能会倒退,开始出现如厕事故(弄湿或弄脏),结果在清理过程中得到了更多的关注。小心不要给双胞胎中的一个过多的事故关注。他的双胞胎兄弟姐妹也可能开始在潜意识中制造意外,试图获得额外的关注。

如果您度过了充满意外的艰难的一周,您可能不得不暂时停下来。让您的双胞胎帮助清理他们的小便或大便(以适合他们年龄的方式),并让他们自己找到新衣服,以帮助他们意识到在厕所里小便和大便比排在内衣里容易多了。

在如厕倒退的情况下可以使用成功贴纸图表。您可以把图表做得尽可能具体。例如,如果只有一个双胞胎有便便事故,为她创建一个便便图表来帮助她回到正轨。

当您的双胞胎使用厕所不需要提醒时,真正的如厕训练就完成了。当您注意到他们在父母的提醒下做得很好时,退后一点,看看他们是否提醒了自己。您的孩子越早学会提醒自己使用厕所,他们就越独立。如果您在如厕训练方面需要进一步的帮助,或者双胞胎有便秘等问题,请咨询儿科医生。

一个有三胞胎的朋友在她的孩子3岁半时遇到了挑战。当她的两个孩子快乐而成功地使用便盆时,剩余的那个女儿,却拒绝使用便盆,尽管之前成功过。这是一种典型的3岁的权力展示。一旦一个孩子超过3岁,如厕训练就会像是一种全新的球类运动一样。

3岁的孩子很聪明,对世界运转有了更好的理解,并且不断意识到他们的行为对他们的照顾者和环境产生影响。24个月大的孩子已经对权力斗争的概念并不陌生,但是一个3岁半的孩子为维护自己的独立性和对自己身体的控制权作出的努力是完全不同的。一如既往,每个孩子都是不同的,您最了解您的孩子。如果您对孩子有特别的担心,或者担心潜在的问题,咨询儿科医生。

很多时候,在书籍和育儿杂志中找到的如厕训练建议都是针对这样的情况,即护理者和孩子在某种神奇的泡泡中一对一,不受现实世界、家庭和工作时间表甚至兄弟姐妹的干扰。实际上我们大多数人生活在有多个孩子和多种活动行为的家庭里。对于任何一个家庭来说,尤其是在训练双胞胎或多胞胎时,许多因素都会对训练的进程产生很大的影响。

最终,一个3岁的孩子会控制自己的身体,她需要自己作出正确如厕的决定。她不能受到强迫(如谚语"牵马近水易,逼马饮水难")。没有一蹴而就的解决办法,如厕训练是一个过程。但是3岁孩子的父母在白天不要使用一次性拉拉裤。许多人错误地认为拉拉裤是布训练裤。但是说实话——它们只是一种一次性的、能够吸收液体的拉拉裤形式的尿布。而且它们经常会延长孩子学习使用厕所的过程,因为他们是外行。当您的孩子感到有尿意或者便意时,他不需要跑去厕所,他可以简单地在她已经穿好的拉拉裤的方便下做这件事。夜间睡眠时可以穿拉拉裤,一直到夜间不再尿床为止。

最终目标是让孩子穿干净、干燥的内衣。为了达到这个目标,孩子需要在一天中不断增加练习穿真正的棉质内衣的时间。她会知道如果她不能及时赶到厕所将会发生什么。是的,这意味着两个或更多孩子的事故。但是错误是生活的一部分,也是学习过程的一部分。不管结果如何,孩子也应该每天定时坐在马桶或便盆上(例如,早上第一件事,或午饭后)。

双胞胎的父母可以通过建立体系来简化清理不可避免的大小便。3 岁的孩子在发育上已经准备好成为自我护理的积极参与者,所以当事故发生时,他们可以(也应该)提供帮助。当一个孩子主动帮助处理事故时,他会发现在厕所里大小便比所有的清理工作都要简单得多(而且积极的强化会更有回报)。每当一个孩子发生事故时,看护者应该实事求是(后面会有更多的介绍),直接带孩子去厕所。“哎呀,你要尿尿了。我们去厕所吧。”即使没有东西排出来,您也需要帮助您的孩子建立一种联系,那就是需要小便或大便的感觉与坐在马桶上有关。当孩子在马桶上坐了一会儿后,帮着脱下湿的或脏的衣服,让您的孩子自己把湿衣服拿到洗衣区。为了减少洗衣压力,我们在洗衣区的公用水槽里放了一个水桶,以简化最终的洗衣过程。在前面放一个儿童凳,帮助 3 岁的孩子够到水桶。然后孩子应该得到干净的内衣和衣服并穿上。

当我们对 4 个孩子进行如厕训练时,我们把一大堆可以吸水的布(婴儿时期用过的拍嗝布)放在一个柜子里。成年看护者将负责地板大部分真正的清洁工作(例如,使用干湿真空吸尘器),但是孩子应该去拿几块布,来帮忙清理这些乱七八糟的东西(这意味着一个 3 岁孩子的努力),然后把脏布拿到洗衣桶里,以后再处理。

双胞胎小贴士

当处理不可避免的如厕事故(尿湿或弄脏)时,您可能会感到愤怒和沮丧,但尽您所能保持冷静。即使是消极的注意力也是注意力,当孩子大部分时间都和您在一起时,对注意力的渴望会让事情变得复杂。

在整个如厕训练过程中,注意您的语言。我们许多人本能地说:"难道你不想像个大孩子一样在马桶上撒尿吗?"然而,用这句话哄您的孩子并不总是有帮助。对一个 3 岁的孩子来说,成为一个大孩子的想法,加上所有额外的期望和责任,听起来可能不怎么令人向往。3 岁的孩子可能会认为,像婴儿一样的生活,伴随着拥抱和照顾者的关注,听起来是一个很好的安排,并充满期待。

关于拉拉裤的一个额外注意事项,特别是在午睡、儿童保育或学龄前时:与您的儿童保育提供者交流,确保每个人都达成共识。学龄前儿童经常在上课时间要求穿拉拉裤,然而,这可能会使事情复杂化。当一些孩子知道他们要穿拉拉裤时,他们会把每天的大便留到两个小时后。同样,许多 3 岁以上的孩子在午睡时穿着拉拉裤,可能会在午睡时便便。根据孩子的年龄和进步,和孩子在学校的照顾者谈谈,一起制订一个计划。一个没有旅行计划的为期 2 周的寒假是一个很好的例子,可以让您集中精力在更长的时间里为孩子穿普通的内衣,而不会被学校的日程打断。最后,为孩子制定一个提高标准的时间表,让他适应这个情况并取得良好的进步。

对父母的情感和社会支持

您和双胞胎的日常生活比过去容易多了,但是仍然有很多工作要做。年幼孩子的父母需要寻找减轻压力的方法,并对他们当前疯狂的生活一笑置之。积极的心态对您度过混乱的每一天有很大帮助。牛奶洒了吗?孩子们第五次听不到您说的话了吗?下次您觉得自己发脾气的时候,试着看看这种情况下的幽默。

浴室地板上溅满了洗澡水吗？让您的某位家庭成员拿着毛巾把它擦干净，告诉他们："好吧，这是清洁地板的一种方法！"每天都会发生很多事故。如果您能笑一笑，继续生活，生活会更有趣。

双胞胎小贴士

有些时候，您可能会觉得您在对您的学龄前儿童重复同样的事情 100 次！幽默地对待一切，这样您就不会失去冷静。双胞胎通过观察您学习如何处理紧张的情况。一天晚上，当时我 4 岁的双胞胎中的一个没有听我说话时，我大声问道："我们能在耳朵店给安德鲁买几只新耳朵吗？我想他的耳朵坏了——他没听妈妈说话！"安德鲁知道我在装傻(不是讽刺，这有很大的区别)，在笑声中，他明白我是想引起他的注意。我以一种有趣的方式表达了我的观点，而不是一种唠叨、令人不快的方式。一旦我让他笑了，他就会更容易接受我说的话。

为人父母可能是一条艰难的道路，但是有战友和您在一起会有所帮助。现在双胞胎参加了更多的活动，上了幼儿园，您就有了更多的机会遇见其他同龄孩子的父母。主动结交新朋友。分享故事，看到您家里的一地鸡毛也发生在其他家里，这是非常有益的。父母有许多相同的问题，不管他们是否有双胞胎。您可以对混乱一笑置之，记住每个阶段都会很快过去。如果您是一个天生害羞的人，在公园里练习和其他父母闲聊。即使闲聊不会带来终生的友谊，但它会改善您的情绪，带您走出自己的世界。

双胞胎故事

享受您拥有的充满活力的多胞胎家庭的乐趣。谢里是一对学龄前双胞胎的妈妈。她分享道："我的儿子埃文总是很困惑，当他看到只有一个孩子和妈妈在一起，总是问另一个孩子在哪里。"多有趣的视角啊！

当我们在城里闲逛的时候,我们的家人发现陌生人对我们双胞胎的评论并没有减少。如果有什么不同的话,第四个年龄相近的孩子增加了我们收到的评论的数量。很显然,最常见的评论是“您确实忙得不可开交!”有时候,这句话是以带着一些摇头的怜悯语气说的,好像在说:“哇,您好可怜!”不要让这些评论影响到您。我已经很习惯听到这句话了,所以我已经准备好回答:“他们是好孩子,我们太幸运了。”

双胞胎小贴士

随着双胞胎慢慢长大,继续尽您最大的努力去参加当地的多胞胎父母俱乐部的会议,即使只是偶尔参加一次。至少,加入他们的社交媒体页面,这样您就可以跟他们在线互动和有了一个提问和寻求支持的论坛。您可能会觉得不需要参加这些聚会了,因为已经度过了新生儿期。但如果您能给另一位多胞胎新手父母一些育儿建议,您就可以看到,双胞胎长大了,您在育儿之旅上走了有多远。这会非常好地帮您建立自信,并且让您精神振奋。

从孩子的角度看待与感兴趣的陌生人的互动。当我们在公共场合外出,人们似乎因为他们而为他们的母亲感到难过时,我的双胞胎儿子们会怎么想?我从不希望我的双胞胎感到他们是我的负担。尽管我是在和陌生人说话,而不是和我的孩子说话,但我想每天都给我的双胞胎传递这样的信息:他们被爱着,被需要,而且很棒。

双胞胎小贴士

我发现与好奇的陌生人交流时可以通过赞美孩子来提升双胞胎的自尊。无意中听到的赞美比直接告诉孩子“你是好孩子,我爱你!”要有效得多。

预算和实际事务

即使只有一个孩子,父母也要花费很多。双胞胎同时需要许多相同的东西,因此,看起来会更费钱。当您为双胞胎提供玩具和体验时,记住成本并不决定质量。学龄前儿童可以在一个空纸箱里度过一段美好时光,纸箱可以是他们想象中的任何东西——宇宙飞船、火车、房子,或者您的双胞胎想要的任何东西。玩具做得越少,您的孩子想得越多(The less a toy does,the more your kids think.)。

宁按:"玩具做得越少,您的孩子想得越多"——这是非常善意而有价值的忠告。一些家庭,尤其是刚刚富裕的家庭,喜欢给孩子买很多玩具。通过数量冗余,获得满足感。岂不知,沉迷于过多的花花绿绿,可能会导致孩子的思维能力、想象力、动手能力的退化。

"杂货店"和"餐馆"是这个年龄段最喜欢玩的两个游戏。留存空的食物容器,比如黄油桶和蛋糕混合盒,把它们清理干净,然后把它们当作"杂货"。您甚至不需要玩具厨房。您可以在空盒子上画一个带标记的范围,然后随心所欲地装饰它。

双胞胎小贴士

不要花很多钱为双胞胎买玩具。跳出框框思考有趣的玩具。我在一家工艺品商店花一美元找到了裁缝用的卷尺,我的孩子们花了一个下午测量房子周围的一切。事实上,我第一次听到我的儿子瑞安数到50是在他用卷尺测量我的浴室台面的时候。一些最好的"玩具"根本不一定是玩具。

公共图书馆可以成为许多父母减少预算的最好朋友。尽可能多地带双胞胎去图书馆转转。让每个孩子挑选自己的书或者更多的书会让他对书有一种主人翁感。家里有很多的书会鼓励双胞胎成为终生读者。

双胞胎小贴士

博物馆和动物园会员的一个好处是更容易计划自发的出游。忙碌的双胞胎父母没有太多的额外时间来研究和探索一日游的无数选择。有了博物馆或动物园的会员资格,您可以带您的家人出去玩,而不必想太多或计划太多。一旦去过几次博物馆,您就会真正了解这片土地的优势。带上您的午餐,您就有了一个划算的家庭日。

当您的家庭有四个或更多的成员时,为家庭度假做预算是困难的。机票价格可能相当高,尤其是航空公司对2岁以上的儿童收取与成人相同的票价。您可以考虑为家人办理您所在地区的动物园和博物馆会员,在其中享受更多的假期。对于大家庭来说,会员资格是非常划算的,而且通常比一年去两次的费用低。当您使用家庭会员资格时,您不会有必须在一天内看完所有展品的压力。如果一个孩子发脾气,您可以早点离开。我们喜欢获得当地的会员资格,这样当天气好的时候,我们可以去动物园,在炎热或下雪的季节,我们可以去室内水族馆。

双胞胎小贴士

当您带着您的学龄前双胞胎去郊游时,把三明治大小的塑料袋和您的用品放在一起。在外出期间,通过向每个孩子分发单独的袋子来分发健康的零食,例如小柑橘片或苹果片——这比在商店购买合适包装食物(通常包含加工过的、可能不健康的选择)更划算。

另一种享受家庭聚会时光的方式是家庭电影野餐。在家中的房间里铺上毯子,放一些爆米花,播放一部适合年龄的电影或视频。让拥抱和连接开始吧!这些野餐几乎不花什么钱,而且对所有人来说都非常有趣。

雨天:为人群画画

“妈妈,我们能画画吗?”

甚至一岁的孩子也能乱涂乱画。这是一个提升手和手指(精细运动)技能的好方法,感觉指尖下颜料的感觉,并享受其中的乐趣。甚至大一点的婴儿也喜欢在他们的高椅子托盘上练习用糊状食物画画。随着学步儿童成长为学龄前儿童及更大年龄的儿童,艺术作品更成熟,内容和形式更有意义,而绘画,无论是用手指还是画笔,都是在雨天或下雪天消磨时间的好方法。

然而,作为一个有两个或更多孩子的忙碌的父母,当您想象 20 分钟的准备时间、2 分钟的绘画时间、孩子身上的颜料比纸上的还要多,以及不可避免地要清理颜料时,您可能会暗自叹息。我们的 4 个孩子在学龄前阶段都喜欢画画,所以我们需要一个系统性的方式让每个人都更容易画画。

旧床单很容易迅速覆盖厨房桌子,吸收溅出的颜料。旧枕套覆盖在椅背上,以防孩子们扭动身体,俯身检查他们兄弟姐妹的作品进度。成人尺寸的旧 T 恤提供了很好的艺术罩衫,用夹子固定在脖子后面。这些用品可以装在新买床垫配套的有拉链的塑料储物袋里。所有东西都储存在一起,易于取出并快速安装。

当您的“毕加索”和“莫奈”完成作品后,只需将所有凌乱的罩衫和枕套堆放在床单中间,拉起四角,做一个整洁的小包裹。所有乱七八糟的东西都安全地放在里面,您可以把包裹放在洗衣区,有时间的话就洗干净。任何可清洗的颜料刷都可以浸泡在水槽里,以后再处理。

如今,可洗涂料和记号笔的选择多到令人眼花缭乱。孩子们甚至不需要新纸,在旧纸箱或回收堆中抢救出来的纸张上画画也同样有趣。看看您能为家人开发出什么样的精简系统,这样在一段快乐的时间后清理工作就变得轻而易举了。

享受当下

享受与学龄前双胞胎玩耍的时光。享受过去 4 年的劳动成果。您已经为孩子付出了太多的努力和精力,现在您可以放松一点,享受和您一手培养起来的这些很棒的孩子一起的时光吧。不要急于进入人生的下一阶段。和双胞胎一起玩额外的棋盘或纸牌游戏,享受他们生命中这个神奇的阶段吧。

刘按:活在当下,享受当下,能够把握的也只有当下。

第八章

学龄期

我们的双胞胎儿子在学龄前，喜欢在上学的早晨陪他们的哥哥去公共汽车站。一天早上，恰好是垃圾回收日，当哥哥的巴士飞驰向学校后，我们回到家，看到车道尽头有两个大的空箱子。瑞安和安德鲁毫不犹豫地各自抓起一个轮式集装箱，开始把这些庞然大物(相对于他们的小身体)滚回我们的车库。箱子远远高出他们的头顶，我大声喊道："没关系，伙计们，你们可以的！"

他们很快回答："妈妈，我们很强大，我们能做到！"安德鲁和瑞安把每个箱子都放回车库的老地方，我表扬并感谢每个男孩，心想："哇，这就是生活！"在照顾了我的双胞胎多年后，我的儿子们现在开始扭转局面，满足我们家的需求。随着双胞胎年龄的增长，他们可以在帮助家庭顺利运转方面发挥更大的作用。因为孩子的数量多，在您的家里还有很多事情要做，没错，但是孩子能够并且应该学会许多家务来作出贡献和提供帮助。

抚养双胞胎度过他们的童年是一件相当辛苦的事情。双胞胎的父母在这个过程中学到了很多，但是我们对自己的了解和对孩子的了解其实一样"多"(宁按：即我们不太了解自己)。您知道您有无限的耐心和爱心吗？您夜以继日地给两个婴儿喂食，换了无数次的尿布，解决了相互争斗的蹒跚学步的双胞胎之间的冲突，还有很多很多。

随着孩子在上学期间的成长，针对双胞胎的育儿技能将会随着年龄的增长而不断调整。在早期，双胞胎的父母保持同步的喂养和持续照顾的时间表。现在随着双胞胎长大，作为父母的工作重心将转移到心理层面，养育两个有爱心但又独立的人。

学校为您的家庭准备了什么？在学业、宿舍安排、课外活动和体育活动方面，学校提供了新的挑战和选择。您的每个孩子都有长处、短处和怪癖，这些都会影响您家庭内部的关系以及您为人父母的方式。随着时间的推移，每个孩子都会逐步发展，需要经常重新评估，看看哪些策略有效，哪些需要调整。

在您即将经历的其他有趣的冒险中，有一天双胞胎将有资格获得驾照。许多家里有大一些双胞胎的父母跟我开玩笑说："生活越来越容易了，但还要等到他们会开车才行！"我们这些双胞胎的父母会像我们适应其他里程碑一样，一天天、一步一个脚印地克服驾驶教育和其他障碍的挑战。

现在双胞胎已经度过了繁忙的早年时光，学校生活也有他们自己的挑战和问题。

内置生活课程

双胞胎从和年龄如此相近的兄弟姐妹一起长大中学到了重要的人生经验。他们学会了耐心，因为他们的父母有不止一个孩子需要照顾。他们学习如何分享，他们从一开始就和别人分享父母，随着他们的成长，他们的分享技巧每天都得到很多练习，因为他们几乎总是有一个玩伴在身边。双胞胎都会学习到同理心，由于与兄弟姐妹关系密切，他们对他人的观点不乏了解。许多专家认为，学龄双胞胎比他们的独生子女同龄人更善于社交，因为他们不断练习与他人谈判和互动。

双胞胎彼此之间的联系是美妙的，对孩子和家庭来说永远是特别的。然而，随着双胞胎的成长，要继续给孩子大量的机会成为独立的个体并追求他们自己的兴趣。他们会有不同的优势，这些优势应该得到赞美。双胞胎几乎总是有很强的彼此关联，但是每个双胞胎都会继续结交自己的朋友，参加不同的运动和活动，并有不同的生活经历。

刘按：发现和欣赏每个孩子优点，而不是把他们之间进行相互比较，他们都要成为他们自己，独一无二的自己。

教 室 安 排

教室安排的问题最初是在前一章中提出的，特别是学前教育准备部分(更多信息，参阅第七章)。重要的是，双胞胎的父母要记住，为孩子安排教室的决定不是一次性的。每年，您的孩子都在不断成长和变得成熟，随着时间的推移，他们可能会有不同的、独特的需求。我强烈建议家长每年春天重新评估家庭动态，为即将到来的学年确定最佳路径。

双胞胎故事

丹妮尔是三年级双胞胎男孩的妈妈。她分享道:"我们的双胞胎在学校的不同班级。这对我们的家庭来说一直是一个很好的平衡——在学校的时间分开和在家里的时间在一起。这有助于避免他们在考试和成绩上互相竞争。"

金是一名一年级教师,教过几组多胞胎,也是幼儿园四胞胎的妈妈。她对双胞胎的课堂安排问题有着独特的个人和专业见解。她建议,确定双胞胎是否过于依赖对方是很重要的。每对双胞胎都不一样。如果他们能够独立思考,安排在同一个教室可能没什么大不了的。

同性双胞胎,不管他们是同卵双胞胎还是异卵双胞胎,与龙凤胎相比,可能有更多的问题需要考虑。龙凤胎,由于其他人很容易就能把他们区分开来,所以他们的身份和独立性问题并不和教室安排决定挂钩。

双胞胎故事

苏是三年级双胞胎的妈妈。她建议说:"做孩子的代言人。警惕那些可能把孩子视为'一揽子处置'的老师。他们把一个孩子的进步与另一个孩子的进步进行比较。其实他们是独立的人,应该分别对待。"

2005年,美国明尼苏达州成为第一个立法规定家庭有权决定多胞胎班级选择的州,从那以后,伊利诺伊州、得克萨斯州、佐治亚州和其他州也纷纷效仿。检查孩子的学校是否有关于班级安排的政策,并与所在地区的相关管理人员讨论您的问题。许多地区没有正式的书面政策。在这些情况下,为您的孩子争取。每个孩子的个性、需求和学习方式,以及作为一个整体的孪生关系,将在您的决定中发挥作用。

宁按：说实话我从来没想过会有立法来确定多胞胎的班级选择权。这是所谓自由平等观念泛化后的细节体现。我不觉得这有多大价值。因为没有立法，实际大多也会动态适应。

当然，双胞胎有着特殊的关系，但是作为父母，我们需要注意兄弟姐妹之间的互让。如果一对双胞胎中有一个在没有对方的情况下变得害羞，父母应该意识到这一点，并努力给他更多的练习，让他自己与他人互动。在暑假和学年期间，双胞胎可以独立参加不同的活动或运动，这将有助于过渡，帮助每个人充分发挥其社交和学术能力。

双胞胎故事

莉是四个孩子的妈妈，包括一对双胞胎姐妹。她分享道："当我们的女儿开始上学时，我们决定让她们在一起。在大部分情况下，这进行得很顺利。对我来说，知道她们在同一天有同样的家庭作业和课堂作业更容易，有助于我保持条理性。她们似乎没有太多的问题，在同一个班级里也有自己的身份。我们决定在四年级时把她们分开，因此她们会有各自班级的课程表……她们每个人都有自己的优势，幸运的是，我们没有看到太多兄弟姐妹间的竞争。她们似乎意识到自己的优势所在，当对方表现出色时，她们似乎真的很开心。我希望随着她们年龄的增长，这种情况会持续下去。"

竞　争

双胞胎或任何年龄的兄弟姐妹之间的友好竞争是一件好事，可以让每个孩子都发挥出最大能力。奥运选手迈克尔·菲尔普斯有两个姐姐，她们都是游泳健将，这也鼓励了他在游泳生涯中的成长。传奇的国家足球联盟四分卫汤姆·布拉迪有三个年长的运动员姐姐，她们同样鼓励他。不过，一切都要适度，作为父母，我们应该确保我们孩子之间的竞争，不管是不是双胞胎，保持健康的多样性。对双胞胎来说，比较的倾向会多一些。过度激烈的竞争可能是因为双胞胎同一天生日,在学校同一个年级。

父母防止孩子之间过度竞争的一个方法是避免给孩子贴标签。您的孩子在学术、音乐、体育和艺术等方面的天赋会有所不同。然而,请注意您是否给孩子贴上标签。当一个孩子得知她很聪明或喜欢运动时,她可能会在其他方面缺乏自信。

兄弟姐妹,尤其是双胞胎,也可能下意识地在某些方面表现不佳,以便与家人区分开来。不管是成绩单还是篮球比赛,表扬孩子的具体努力,而不是结果。例子包括"你非常努力地为班级项目创作海报,我喜欢你的细节",而不是对孩子说"你很聪明";告诉孩子"我为你骄傲!你游得很努力,打破了你的最佳成绩",而不是"你得了第二名"。把重点放在努力上,孩子对努力有更多的控制力,而不是她的名次。

宁按:表面上这是措辞调整。实际上是教育心理学。做任何工作都是,原则正确的基础上,还要方法正确、用词正确、宣传正确、效果明确。总之,世事玄妙,人间不易!

从幼儿园到三年级,我们的双胞胎男孩总是在不同的班级。这对我们的家庭非常有效,帮助每个男孩在学校的年级中确立自己的个性。我们的男孩可以专注于他们的早期教育,而不用经常提醒老师和同学谁是谁。最近,我儿子回忆道:"回到幼儿园,很多孩子甚至不知道我是双胞胎!"坦率地说,他似乎很喜欢这一点,也许是因为它的新奇。在幼儿园的一天,课间休息后所有的班级都在排队,安德鲁的班级要求在瑞安的班级前排队。老师告诉我,相当多的5岁和6岁的孩子告诉瑞安,他排错队了,他们以为他是安德鲁,没注意到误认!

我们的男孩住在一起,共享卧室、家庭、家人等等,这意味着他们有足够的时间在一起。所以对我们来说,在学校分开几个小时会带来额外的好处,那就是他们可以在放学后更好地互相欣赏。我觉得我们的孩子偶尔分开会相处得更好。

四年级时,我们第一次选择让瑞安和安德鲁在同一个教室上课(我们的学区让所有四年级学生在两个教室之间轮流学习当天的课程)。我们的男孩已经分开六年半了,但大部分时间,第一次在同一个班的他们都相处得很好。新奇感绝对是一个优势。

然而,一年一度的地理竞赛让我们尝到了竞争的滋味。每年,学校给一个年级的所有学生进行同样的地理考试。每一个班级的获胜者都晋级到年级级别的决赛,在该年级的所有学生面前举行,并且每个年级的获胜者将继续在学校决赛中竞争。尽管瑞安在资格考试中表现非常出色,但安德鲁是班级冠军,在年级(以及年级决赛选手的父母)面前竞争赢得了公众的好感,这显然是安德鲁的荣誉。这使得我们有了一些有趣的关于得失的谈话,我们注意到了我们是如何和我们的儿子交谈,谨慎地选择我们的赞美之词。我们向瑞安强调,这是安德鲁在那一周的特殊时刻。其他时候,我们会庆祝瑞安的成就,那时我们(包括安德鲁)都会为瑞安欢呼。

健康的有活力的家庭一个很好的策略是关注长期的公平。有几天、几周甚至几个月,一个孩子会有特殊的成就,或者相反,有特殊的需求,比如生病了。在其他情况下,他的兄弟姐妹可能会需要父母更多的帮助。从长远来看,它会平衡的。每个孩子都会有属于自己的好日子。

平衡:追求个性但避免活动过度

虽然父母知道培养每个孩子的兴趣,并允许每个孩子追求个人兴趣,包括课外活动,但我们生活在现实世界中,会受到经济和时间的限制。尤其是对于那些在外工作的父母来说,简单地把多胞胎和兄弟姐妹送到他们需要去的地方可能会让他们不堪重负,更不用说负担学费、团队费用或其他费用这些非常现实的问题了。运用常识,意识到共享一些活动是可以的。尽量不要将您的家庭状况与邻居的家庭状况相比较,他们可能有两个相隔 5 年的孩子。着眼大局,优先考虑孩子最喜欢的活动,在可能的时候取消那些不太受欢迎的活动。

我们的 4 个孩子出生在 4 年之内,所以他们的课外活动有相当多的重叠。作为一个家庭,我们把学校放在第一位,其他一切都紧随其后。我努力遵循学校的个人规则，接着是宗教教育，一种乐器，一种体育运动，以避免时间安排过于紧张，但我们保持灵活性，并尽最大努力尊重每个孩子最真实的兴趣。尽管当今世界全年都有青少年运动，但这对许多家庭来说压力很大。许多学龄儿童都背负着过多的课外活动，所以如果孩子没有像他们的同学那样报名那么多，不要感到内疚。不定期的空闲时间对他们的发展同样重要。

美国儿科学会强调自由玩耍时间的重要性。并正式声明，对所有年龄的孩子来说，自由、无组织的游戏都是必不可少的。当屏幕关闭，孩子们感到无聊时，奇迹就会发生。与成人指导活动和确定时间安排不同，孩子们参与开放式游戏可以获得创造力、话题转换的能力和社交技能，并对压力有缓冲作用。对孩子来说，这些随机的时刻是最有趣的。当我年轻的时候，在雨天，我和我的兄弟们会在房子阴沟的末端放上水桶和其他随机的容器，当它们装满雨水的时候，我们会把水送到我们的马车上，马车就像一个蓄水池。这个水工厂游戏的大结局是我们一起把装满水的货车倾倒在车道上。这个简单的活动是我最喜欢的童年记忆之一，和我的兄弟们一起朝着一个愚蠢的目标共同玩耍！回顾并搜索您自己的童年，寻找相似的记忆，这将成为确保您的孩子有自由、无组织的游戏时间的灵感。

提高读写能力

学习阅读是一个过程，当宝宝啃第一本纸制书时，阅读的过程就开始了。加上鼓励，随着时间的推移，孩子会成长为自信的读者，书里的情节会吸引他们。研究继续表明，用单词(包括口语和书面语)围绕您的孩子，可以提高识字能力，培养他们一生对阅读的热爱。

每一个双胞胎都会以自己独特的速度发展阅读技能。当一个人似乎比另一个人阅读速度更快时，不要感到惊讶。尽可能经常与双胞胎中的每一个进行一对一的阅读，这样可以按照每个孩子的步调和舒适度来，而不会被她的兄弟姐妹打断。

适合孩子年龄的家务

一个有学龄三胞胎和一个年长单胎子女的朋友一月份在社交媒体上分享道："这是一个成功的寒假。我们最大的孩子现在接受了洗衣及判断洗涤剂和织物柔软剂用量的训练。我们的三胞胎得到的训练是将衣物从洗衣机转移到烘干机，并启动烘干机。他们必须通力合作，把一篮子要洗的衣物拖上楼梯。下一个生活技能应该是什么呢？"我们毕竟是在培养未来的成年人！为了孩子自身的利益，加上在家里得到帮助的实用性，父母应该鼓励所有家庭成员团队合作和做适合年龄的家务劳动。

双胞胎小贴士

尽管我每天睡前和白天都给孩子们读书，但我总是寻找更多的方法来鼓励他们识字。我在我们当地的工艺品商店找到了一块价值约 2 美元的精美黑板。它很简单，只有约 18cm×20cm，而且很容易用双面可拆卸的挂画条粘在厨房的角落里。我可以每天拿着黑板来来回回。我们开始在黑板上写幼儿园的常用词，但是后来我们在上面写了晚餐菜单。我们的孩子从自己写菜单中获得了乐趣，使黑板成为增强写作技能的有趣方式——相当于 2 美元的培训。如今，带有可移动字母和字符的留言板也很受欢迎，可以同时作为家居装饰和扫盲的助推器。放好（您甚至可以把它们放在孩子的卧室里），和他们一起开心地玩吧！

做基本家务的孩子能帮助家庭运转得更顺利，这种想法越早被引入，就越能成为一个家庭的常态。随着孩子的成长，他们的责任应该随着他们的技能的提升而逐渐增加，以一种适合发展的方式。

早早开始做家务为未成年人和青少年进一步做家务铺平了道路。为家做贡献能增强自尊，缓解无聊感，并培养良好的生活技能，一旦青少年成长为独立生活的成年人，这些技能将是非常有用的。在早期阶段，要克制过度帮助年幼的孩子完成特定任务的冲动。是的，显然父母处理任务的速度是孩子的3倍；但是，练习可以帮助孩子掌握任务，孩子们需要从小步骤开始。为努力鼓掌，不要追求完美，要牢记大局和目标。

在介绍新的家务时，一定要考虑孩子的能力和发展水平。例如，并不是所有12岁的孩子都有同样的成熟程度和安全意识。您可以为孩子未来的家庭任务制订计划。始终坚持安全第一，事先做好指导；确保您的孩子表现出对家庭任务的良好处理能力，良好的决策能力，以及知道如何处理不按计划进行的情况。

幼儿和学龄前年幼儿童(2~3岁)

- 拿起玩具并放入玩具箱中[为了避免孩子不识字，请附上打印好的照片，说明某个玩具应该放入哪个玩具箱中，以帮助分类(如火车厢、积木箱)]。
- 用餐时用不易碎的盘子(例如，密胺树脂制品，这是很常见的)和简单的餐具摆放餐桌。
- 清理表面灰尘和清扫地板(建议：提供商业上可用的纤维布来吸附灰尘和污垢——这可能是一个儿童游戏)。
- 为正在照顾弟弟妹妹(如尿布、抹布、新衣服)或做饭(蔬菜和其他简单的配料)的父母取用品。
- 将脏衣服放入洗衣篮。
- 帮助将衣服从洗衣机移到烘干机。
- 整理床铺。
- 完成工艺美术项目后进行简单的清洁。

学龄前年长儿童和幼儿园儿童(4~5 岁)

早期任务加

- 将脏盘子放入洗碗机。
- 用餐时摆好桌子和干净桌布(不会打碎的盘子)。
- 擦拭溢出物(儿童应该知道用品和纸巾存放在哪里)。
- 理顺卧室空间。
- 分类干净的镀银器具。
- 准备一份简单的健康零食。
- 擦干并放好盘子。
- 使用手持真空吸尘器来帮助清理垃圾。
- 擦拭浴室水槽并清洁浴室台面(建议:使用家用消毒湿巾)。
- 给室内植物浇水。
- 喂养宠物。
- 折叠洗碗巾和毛巾。
- 搭配干净的袜子。
- 艺术品和工艺品项目结束后进行清理,并收拾好用品。

年幼的学龄儿童(6~8 岁)

早期任务加

- 在整个房子里收集垃圾(重复使用商店里的塑料袋作为卫生间的垃圾桶衬垫,孩子们可以拉出装满的袋子,换上新的袋子)。
- 折叠各种尺寸的毛巾。
- 真空吸尘和拖地。
- 清空洗碗机,放好干净的盘子。
- 除草、耙树叶、割草前先捡树枝、清扫门廊。
- 给蔬菜去皮。
- 准备一份简单的沙拉(清洗蔬菜,寻找配料,并在监督下进行简单的切割)。
- 更换卷筒卫生纸。
- 在监督下准备一份简单早餐(如谷类食品、烤面包)。
- 擦拭浴室水槽、柜台和厕所(方便的家用擦拭巾适用于此)。
- 检索邮件和报纸。
- 擦拭微波炉。
- 将所需物品写在购物清单上。

宁按：我的女儿9岁了。我和她对照了前一个表和下表的细节。并完成了她之前没有做过的事情。这是一个神奇的经历。是翻译带给我们的改变和乐趣。

年长的学龄儿童(9~11岁)

早期任务加

- 将垃圾和回收物带到路边。
- 清洁厕所和浴室。
- 真空除尘。
- 清扫车库。
- 帮助装载洗衣机和烘干机。
- 悬挂和折叠干净的衣服。
- 将杂货放好。
- 给室内和室外植物浇水，包括花园。
- 遛宠物。
- 擦拭桌子。
- 准备简单的饭菜(如三明治)。
- 在开学前一天晚上帮助准备学校午餐。

中学生和更大的孩子(12岁以上)

早期任务加

- 清洁浴缸和淋浴器。
- 准备正餐，并计划未来的正餐。
- 烘烤蛋糕、饼干和面包。
- 去杂货店完成购物。
- 清洁冰箱和冰柜。
- 修剪草坪。
- 监督弟弟妹妹的家务。
- 更换灯泡。
- 清洗和擦车。
- 清洗窗户。
- 照顾比自己小的弟弟妹妹。

对于有双胞胎的家庭来说,早晨是一个充满挑战的时刻,许多父母发现很难准时出门。我一直在寻找方法来帮助我的孩子承担更多的个人责任,让他们作好准备。我的双胞胎在一年级的时候,开始研究模拟时钟,我想帮助他们将时间意识应用到日常生活中。对时间的精通和对时间的把握这两个目标激励我在我们的入口张贴一个时钟提醒。这个项目从开始到结束花了我大约 5 分钟。我用了一本关于如何看时间的儿童读物,书里有一个装着活动指针的假时钟。我将指针移到合适的位置,并制作了两份单独的复制品,以说明我们前往公交车站需要的时间以及公交车实际到达的时间。

如果您的家和我们的一样,您可能会发现自己每天都在向一群孩子重复类似的信息。用您的想象力去解决一些更常见的主题,同时提高孩子的独立性。

双胞胎小贴士

在一个塞满成长的双胞胎的家里,您会看到很多嗷嗷待哺的小孩子。随着时间的推移,他们也在微调自己的阅读和写作技巧。这里提供一个提高识字能力的简单方法,同时还可以确保您的冰箱和餐具室有充足的存货。

在您家的中央位置放一些纸和铅笔或可洗蜡笔。每当您家里的任何一个成员(大人或小孩)注意到牛奶、面包甚至卫生纸快用完了,鼓励他把它写在购物清单上。年幼的孩子可以画出物品的图片,或者从成年人或哥哥姐姐那里获得拼写帮助。练习在购物清单上写东西对小学生来说很有趣,但他们没有意识到自己同时也在获得有价值的识字练习。如果鼓励孩子定期补充购物清单,这将成为一种习惯。您将灌输良好的责任感,教每个孩子为家庭作贡献。如果有一天您看到一个孩子在您的购物清单上潦草地写下“巧克力”或其他类似的孩子认可的“必需品”,不要感到惊讶。

重要的安全信息

尽管智能手机让记忆变得不那么必要，但学龄双胞胎应该熟记重要的电话号码。考虑在电脑上保存一份重要电话号码的清单，并在您家的中央位置张贴一份打印版本，比如在冰箱上。自定义您的列表，包括您认为任何重要的电话号码。接下来，把您最喜欢的外卖餐馆的电话号码写在紧急电话号码下面。我们在清单上保留了关键信息，例如：

- 爸爸妈妈的手机号码和工作电话
- 祖父母和邻居的电话号码
- 儿科医生的办公室电话号码
- 学校电话号码和热线号码（非常方便，因为我的 4 个孩子经常去 3 所不同的学校）
- 毒物控制中心号码
- 本地药房号码，包括最近的 24 小时服务药房

一份纸质的清单随时可以用，很容易参考，而且永远不需要充电。如果您外出上班，约会，或者遇到意想不到的紧急情况，可以为您孩子的看护者打印一份清单，里面有所有相关的信息——不用担心每次您离开家的时候都要准备好这些信息。未雨绸缪，为意外情况作好准备能让您心情平静。如果主文档保存在计算机上，您可以根据需要轻松地进行更正和更新。给附近的亲戚或邻居多印几份，他们会准备好您的联系信息。这个列表是一个很好的例子，让孩子们明白如何为紧急情况和其他各种情况作好准备。即使是我们最小的孩子也知道联系人列表在哪里，如果需要的话，她可以马上用家庭电话打爸爸的手机，或者叫救护车。

多个孩子，多条“鞋带”

孩子在他们的早期度过了许多里程碑——用吸管杯喝饮料、如厕训练、系鞋带、独立阅读等等。对于有双胞胎或更多孩子的家庭

来说，这些里程碑有时会让人难以承受，因为您在教两个或更多同龄（通常是发展水平）的孩子相同的新技能。同时辅导两个孩子，同时处理双胞胎之间的动态关系（例如，当一个双胞胎比另一个更快地理解时也许会伤害感情），可能会导致父母终生购买 Velcro 运动鞋。然而，一旦您的双胞胎每达到一个里程碑，他们增加的独立性是值得努力的。

宁按：原文“lead a parent to buy Velcro sneakers for life”（导致父母终生购买 Velcro 运动鞋）：该运动鞋没有鞋带，可以直接穿用。此处喻指如果父母不积极教给系鞋带的方法并让孩子掌握，可能孩子一辈子都不会系鞋带。表达是夸张的（修辞方式），但道理如此。

我们教双胞胎系鞋带的策略与我们在其他里程碑上所做的相似——集体时间和一对一时间的混合。对我们有利的是，我们的双胞胎尊敬他们的哥哥。我们借用了他关于系鞋带的术语（“兔子绕着一棵树跑，跳进洞里，然后被锁在里面”）。如果您的双胞胎没有年长的哥哥姐姐，向一个亲近的堂兄弟、家庭朋友或邻居寻求帮助。孩子对孩子的演示有时比仅仅看一个成年人执行任务更有效。令人兴奋的新鞋和关于系鞋带的书（用真正的鞋带）也有帮助。大量的在线视频也提供了可视化的、详细的教程。让教学的过程变得有趣，并在适当的时候休息。当双胞胎在他们的发展过程中遇到新的里程碑时，坚持住、耐心点，把每个双胞胎都当作一个个体来对待，很快他们就会掌握今天的新技能。

卧 室 空 间

如果您有能力和空间给双胞胎每人一间自己的卧室，太好了！您可以跳到本章的下一节。对于那些因为空间原因需要孩子分享卧室的人，请继续阅读。一些家庭必须变得有创造力。吉尔是六个孩子的妈妈，包括一对六年级的双胞胎男孩，她分享说最近一个男孩从他们的合住房间搬到了一个很小的个人房间，这样他可以有自己的空间。

因为家里空间有限，我们的双胞胎儿子需要共用一间卧室。然而，每个男孩都有不同的品位，有不同程度的清洁和有序，并且每天都在成长和变化。如果您的双胞胎需要像我们一样共用一间卧室，这里有一些问题需要考虑。

- 每个孩子都应该有受保护的特殊空间来存放他的宝贝，并表达他与众不同的个性。
- 每个孩子都需要一定程度的隐私。
- 孩子们的兴趣变化很快——随着新的兴趣，火车装饰可能很快就会过时。
- 两个孩子的物品占据了两倍的空间，杂乱的东西很容易变得一团糟。

如果您选择阁楼或双层床，确保您的孩子已经做好了准备。干净、简单的书架不仅仅可以放图书，也是收藏的绝佳展示。选择两个狭窄的书架来节省空间，并为每个孩子指定一个书架来展示他自己的宝贝物品、特殊的工艺品和创作、旅行纪念品，或者他那个月非常迷恋的任何东西。在实体商店里买家具很费时间(而且带着孩子去堪称一场冒险)。相反，上网寻找负担得起的策略来控制混乱，为每个孩子开辟出独特的领域。

与孩子一起集思广益，寻找适合用 1 年以上的装饰。我在网上找到了便宜的叠层世界地图和美国地图，它们不仅在墙上看起来很漂亮，而且当孩子想知道秘鲁或特兰西瓦尼亚的位置时，它们会派上用场。

家庭动力和行为

您注意到孩子的行为在特别忙碌的几周会变得更糟吗？通常这种现象不仅仅是一个不合时宜的巧合。纪律的整体概念是一种结构，在这种结构中，良好的行为会得到奖励和加强，不恰当的行为会产生后果(关于纪律的更多信息，请参阅第六章和第七章)。我们都听说过对不良行为要按下暂停键，但更重要的是“独处时间”——与父母一对一的积极愉快的时间。花时间培养孩子的自尊心，加强你们之间的情感联系。拥有一段良好的关系本身就很美妙，但是除此之外，这是一个您可以最有效地引导孩子行为的环境。定期与父母共度积极的时光有助于孩子知道他不需要通过不恰当的行为来引起您的注意。

即使父母双方都外出工作，每周挤出有意义的一对一时间也是可能的。当您准备晚餐的时候，让一个孩子帮您做一些简单的、适合年龄的任务并和孩子交谈，记得关掉电视；周末，只带一个孩子出去办事，不要理会手机或其他干扰；和孩子坐在一起，简单地和他们一起涂鸦，分享彼此的作品；和一个孩子在外面玩接球。随着时间的推移，您可以在所有孩子之间公平分配时间，加强联系，改善整体行为。

旅行和娱乐

现在，两个以上孩子的家庭就会被认为是大家庭，所以我们这些抚养多子女的人自动属于这个群体。日常生活中，我并不认为我们的 6 口之家特别大，因为这是我们个人的正常生活。然而，当我们购买一个活动的门票或机票时，我不禁注意到费用的增加。

预算合适的双胞胎出游

我们经常在附近的社区游泳池享受夏季家庭会员的优惠。学年可能会很紧张，所以我们期待一个放松的暑假。当日程表上没有什么特别的事情时，游泳池是一个不错的选择。注册会员的时候，会因为价格太高而有一点小小的震惊(尤其是许多基本价格是针对一个 4 口之家的)，但是当您计算 6 个家庭成员 2 次或更多次来访的入场费时，数字是相似的。注册完会员后，一年内的任何后续访问都是免费的。您可以成为所在地区的博物馆、动物园、水族馆等的会员。计算一下，您可能会发现这也能为您的家人节省一些钱。此外，还可以寻找一些优惠，比如电影院周二的减价票、博物馆的免费参观日，以及小于一定年龄的孩子可以免费入场的活动。

会员预先充值的另一个好处是，您不会因为一天之内要看遍博物馆或动物园的每一个展览而感到有压力。当您的团队中有更小的孩子时，这种会员资格特别方便。一天中参与太多的活动可能会过度刺激，某个时候，年幼的孩子需要回家小睡一会儿。如果孩子们累了或者变得暴躁，没问题！您可以另找时间去看看剩下的，不需要额外的费用。许多博物馆都与其他城市的景点有互惠的合作关系，所以如果您今年夏天外出旅游，您甚至可以享受折扣。手头有几个家庭会员卡意味着不必为活动想法费心思考。为您的家庭打包一份自制午餐，您就有了负担得起的、有趣的、有教育意义的一天。

与年长的双胞胎一起旅行

随着时间的推移，您会发现外出和旅行越来越容易。这是您的生活，所以不要害怕去冒险，无论是开车还是坐飞机。积极的心态肯定会有帮助。将旅行视为让人兴奋的一部分，而不仅仅是到达目的地的一种方式。对于长途汽车旅行，提前准备好装有切片水果和蔬菜的饭盒，准备出发。在家准备食物比在途中去快餐店更健康，也更省钱。让每个孩子在自己的背包里装满书籍和适合年龄的活动物品。提前拜访图书馆或书店，这样您就可以在旅途中拿出新书。试着每隔 2~3 个小时停下来，让孩子们发泄一下，或者像我所说的那样，放松一下。给孩子一个到处跑和伸展双腿的机会有助于他们在车里表现得更好。

美国儿科学会建议限制儿童的屏幕时间，但是在一次漫长的旅行中，看屏幕时间比平时指定的时间长一些是没问题的，最好观看一些有教育意义的影片。注意避免过长的屏幕时间，因为您的孩子会变得无精打采的。如果他们不能通过不时地看窗外来恢复平衡感和视野，很多孩子会晕车。我们家在公路旅行中使用计时器，除了屏幕时间之外，还有指定的大块时间，用于交谈、汽车游戏和小吃。

对于航空旅行来说，为您的每一个孩子购买一个小的、带轮子的包来携带心爱的泰迪熊可能是值得的。有双胞胎的家庭需要更多的东西，所以让孩子付出劳动，以适合他们年龄的方式来帮助分担责任。年轻旅行者会喜欢像一个喷气式飞机驾驶员，拉着他们自己的带轮子的迷你行李箱！如果可能的话，选择直飞航班来减少旅行混乱和中断。

青春期多胞胎

有位智者曾经告诉我，当孩子满 12 岁时，她已经知道了父母对儿乎所有问题的看法。青少年时期是调整我们与孩子互动的时候，确保我们在孩子身边，准备倾听。在孩子独立的时候倾听他们的意见是让他们知道您信任他们独立思考的好方法。

沟通是关键。当某个特定话题的压力被谈话的环境抵消时，通常会出现效果最好的谈话。例如，边开车边聊天是一种很好的沟通方式。不知何故，当双方都在期待一个目的地时，压力就被释放了，青少年更有可能提供信息。同样，一边洗衣服一边聊天或者一起做其他家务，比如晚饭后洗碗，是重新建立连接和了解各种话题的好方法。即使过了 15 年，我最喜欢的和我儿子瑞安建立连接的方式仍然是在我们的院子里玩接球游戏。我们都很傻——他喜欢我随意扔球来挑战他作出一个有难度的接球（我肯定我们的邻居认为我扔球的技能为零！），但是我们也可以了解生活中正在发生的事情。此外，实现良好家庭沟通的一个重要步骤是确保屏幕时间受到监控。确保在用餐时间和睡觉前至少一小时将屏幕关闭。

双胞胎小贴士

当多胞胎 12 岁或 12 岁以上时，可以阅读的好书包括：《建立儿童和青少年的韧性：给孩子根和翅膀》（*Building Resilience in Children and Teens: Giving Kids Roots and Wings*）第 3 版，作者是肯尼斯·金斯堡（Kenneth Ginsburg）（MD）；《如何养育成人：打破过度养育的陷阱，让您的孩子为成功作好准备》（*How To Raise an Adult: Break Free of the Overparenting Trap and Prepare Your Kid for Success*），作者是朱莉·利思科特-哈伊姆斯（Julie Lythcott-Haims）；给女孩父母的《解开：引导少女通过七次转变进入成年》（*Untangled: Guiding Teenage Girls Through the Seven Transitions into Adulthood*），作者是丽莎·达穆尔（Lisa Damour）（PhD）。

如果您十几岁的孩子和您分享一个特殊的困境或问题，抵制住诱惑，不要立即提出如何处理这种情况的建议。让对话变得轻松，因为这会给您的孩子一些空间，让他们自己提出潜在的想法和解决方案。这包括问一些问题，比如“你对此有什么看法？”以促使进一步反省思考。在多年帮助我们的孩子之后，有意识地退居幕后并鼓励他们自力更生和能力强化可能是一种角色转变，但这样做很重要。除了给青少年更多地为自己作决定的练习，它还传递了一个重要的信息，那就是您信任并尊重他们的意见和想法，这能增强自尊。青春期强烈自尊的重要性怎么强调都不为过，因为它可以避免与同龄人不健康的关系和不必要的冒险行为。

宁按："抵制住诱惑"——说得太好了！当然有时候也是一种本能、下意识的行为。教育中引导、培养、尊重是最重要的。结果、解决方案等只有在能够促进有效引导、培养的情况下才有意义。

直抒己见：双胞胎的心声

当我的儿子在幼儿园的时候，我们玩了棋盘游戏《糖果乐园》。当其中一个双胞胎和他的孪生兄弟降落在同一个空间时，他喊道："看，我们是双重双胞胎啦！"当他们在一年级的时候，有人问瑞安："做双胞胎是什么感觉？"他耸耸肩，回应道："很正常。"大约在同一时间，我试图向他们解释我怀他们的时候是什么样子。两个婴儿挤在一个肚子里（至少几个月）是一个相当大的概念。我的孩子们开始讲笑话，讲他们是如何一起度过那段时间的，通过无休止的笑声，他们达成了一致："我们在玩跳棋！"

双胞胎故事

以下是我的同卵双胞胎儿子听到的其他一些愚蠢的问题。

- 你有没有把自己误认为你的兄弟？
- 你曾经认为自己是安德鲁吗？（对瑞安说）
- 我知道人们总是问你这个，但是你是谁？（瑞安和安德鲁注意到大人和小孩都问过他们这个问题。）

以下是其他一些双胞胎对他们经历的看法。

吉尔和一个异卵双胞胎兄弟一起长大,现在是六年级异卵双胞胎男孩的妈妈。她的作为龙凤胎的成长经历让她对如何抚养她的双胞胎儿子有了特殊的见解。她分享道:“他们的主要运动是篮球,他们总是组成同一个队。然而,今年秋天,他们都参加不同的运动。他们喜欢把它当成自己的。”

丹尼是同卵双胞胎,也是三个女孩的妈妈,其中包括一对双胞胎。她说:“我的一年级老师建议我们互换班级来愚弄我妹妹卡拉的老师。老师没猜到!直到我脱下鞋子,老师让我穿上,另一个学生才告诉她‘那是丹妮,不是卡拉’。从那以后,我们每年都换一天,学生们总是能看出来,但老师却看不出来。另一次,我们穿着印有我们名字的定制衬衫去我的祖父母家,只是换了一下。当我们告诉他们我们其实是对方时,他们不相信我们!现在我们是成年人了,她住在海外,我生活中的大多数人甚至不知道我是双胞胎。”

莱克斯和她的孪生兄弟是高三学生。她分享道:“我们很感激我们的父母将我们视为个体,而不是一个整体。我们得到鼓励去寻找我们自己的兴趣(爱好、运动、音乐等等),而不是在我们的成就上进行比较。与一些双胞胎父母相比,这对我们的父母来说可能更容易,因为我们的性别不同。”

玛德琳和凯瑟琳是五年级的同卵双胞胎女孩。她们分享道:“我们彼此之间有一种特殊的纽带,这种纽带很难描述,但比我们与其他姐妹和朋友之间的纽带更强。”

布赖恩现在是双胞胎的父亲,和一个同卵双胞胎兄弟一起长大。他说:“总的来说,当人们问‘你是好人还是坏人?’时,我真的很困扰。伙计们,谁会问孩子们类似问题呢?不,如果你打我的双胞胎兄弟的腿,我感觉不到疼痛!”

谢尔比和佩顿是8岁的双胞胎女孩。谢尔比说:“如果有人欺负你,总会有人支持你。”佩顿说:“有一个双胞胎姐妹最好的事情是总是有人支持你。”她们的妈妈米歇尔分享道:“我喜欢她们互相照顾而不会让对方有窒息的感觉。”

泰勒和杰登是8岁的双胞胎。当问及他们想让别人知道成为双胞胎是什么感觉时，泰勒说：“和别人分享同一个生日很难。”杰登想让同学和家人知道“我们并不完全相同”。

艾米丽和杰克是 9 岁的双胞胎。杰克也有同感：“当双胞胎中的一个在学校或体育运动中表现得比另一个好的时候，这很难。但是有一个固定的朋友是好的，因为如果你感到无聊，你可以请她做一些事情。”艾米丽分享道：“双胞胎是不同的，尤其是龙凤胎。做不同的事情(运动、兴趣)没关系。我希望我的朋友知道双胞胎兄弟不会让人心烦。有时玩男孩游戏并不好玩，但我这样做是因为我知道我哥哥不喜欢一个人待着。”

10 岁的双胞胎女孩艾米丽和玛蒂分享道：“有时候成为双胞胎很难，因为你必须分享一切，而别人会让你困惑。也很有趣，因为总会有一个人陪你玩耍、聊天，总会有人支持你、为你挺身而出。”她们的妈妈，利，总共有 4 个孩子，她补充道：“我们的双胞胎就像白天和黑夜，看到人们期望她们有相同的性格和个性是很艰难的事情。我感谢她们有独特的个性……”

露易丝，90 岁，和一个同卵双胞胎姐姐一起长大。她评论了她年轻时候和现在的双胞胎的代际差异，现在双胞胎更常见了。“我妈妈总是把我们打扮得很像。我们是‘特别的’，因为在我们的家乡没有多少双胞胎——真的，在任何地方。我们总是喜欢公众对我们的关注，来自那些总说我们是双胞胎的完全陌生的人。我们认识到自己的优势和劣势。我们是对方最好的朋友，我们彼此爱护，是我们家五个女孩中最年轻的两个。我们进行了典型的交换约会，对象碰巧是我们未来的丈夫。他们甚至不知道自己选错了人，我们只在他们拥抱我们的时候才告诉他们。我们全都笑了，因为他俩竟然对我们的‘交换游戏’一无所知。还有一次，有人约我出去，但那个年轻人其实是想约我的双胞胎姐姐，他只是不知道他在约谁。我们总是在同一个班，每个人都被搞糊涂了，而我们却什么也没做。我们喜欢去俄亥俄州的特温斯堡，在那里可以看到成百上千对双胞胎！”

第九章

支持、情绪健康和节省时间

我的朋友丽莎养育了一对蹒跚学步的龙凤双胞胎和3个年长的子女，关注她家中的冒险经历是一种乐趣。我很惊讶她的家庭和我所知道的每一个有双胞胎或多胞胎的家庭都有各自独特的育儿之旅。善意的朋友和家人会给您很好的建议，您经常会听到“去那里吧，去做吧！”不！没有人能够站在您的立场，没有人有您特定的家庭结构，也没有人抚养过您独一无二的孩子。每个家庭的情况都是不同的。

当她的双胞胎刚出生时，丽莎接到了每个人关于如何最好地抚养她的孩子的建议。有些建议是她主动征求的，有些不是。挺着大肚子在公共场合散步是吸引路过的陌生人注意和评论的最好方式。当丽莎在医院分娩后，我去看她时，她的护士进来检查生命体征，并告诉她：“您知道两个宝宝要分开喂，间隔30分钟。”丽莎想起我非常喜欢同时喂养双胞胎宝宝，就笑着说：“好的，谢谢！”

其实，事情是这样的：虽然其他人可能有养育过子女，虽然其他人可能有双胞胎或三胞胎，但他们的经历不是您的经历。倾听他人的建议和祝福，但要找到自己的路。有些双胞胎家庭是第一次育儿。一些三胞胎出生在有两个大孩子的家庭中，分别是第三、第四和第五个孩子。我们中的一些人有住在附近的亲人能够并且愿意提供帮助，而另一些人没有。每个家庭的需求不同，每种情况或环境都会影响您如何处理婴儿喂养时间表、就寝时间、午睡等等。邻居缓解婴儿疝气的方法可能对您的婴儿不起作用。有些婴儿喜欢荡秋千，有些可能不太喜欢。您只有试一次才知道。

育儿小贴士

借用不必要的婴儿设备是个好主意。当我们的双胞胎还是婴儿的时候，我们借了一个仍然完好安全的秋千——谢天谢地，因为我们的4个孩子都不喜欢它。我们没有浪费一分钱去买一件会放在角落里占地方的东西。

当别人给您建议时，感激地微笑，并把它记在您的笔记本里。如果听起来合理的话，试一试，可以随意修改和实验，看看他们的策略是否对您有用。但是请记住,您比这个星球上的任何人都更了解您的孩子。一旦您确保了孩子的健康和安全,在决定如何最好地应对当前的养育阶段或挑战之前,有时需要一定程度的灵活性,以及反复试验。

新手多胞胎父母需要所有可能的支持、提示和鼓励,虽然没有一本适合所有家庭的书,但父母需要支持和解决问题的策略来处理与养育多胞胎有关的无数问题。每个家庭都要创建自己的规则手册,没有两个家庭看起来是一样的。我的目标是让像您这样的多胞胎父母能够收集信息和建议,运用常识,与儿科医生谈谈,看看什么最适合您的家庭。

抚养多胞胎的团队合作

当有两个或更多的新生儿需要照顾时,父母双方都需要卷起袖子开始工作。一些父亲可能没有计划成为一个亲力亲为的父亲,然而当双胞胎出生时,需要更多的人力。出于需要,这些父亲很快就会精通喂奶、拍嗝和换尿布。这些任务是与孩子沟通的必要和重要的机会。喂食和换尿布是亲子沟通和建立联系的理想时机。与不参与育儿的父亲相比,亲力亲为的父亲不仅得到了更多乐趣,而且通过提供不同于与父母中的另一方的互动来促进孩子的发展。举个例子,妈妈可能温柔体贴,而爸爸可能傻乎乎地,在宝宝肚子上洒了更多的树莓汁。两种不同风格的结合为孩子带来更全面的体验。

育儿小贴士

用篮球打个比方,单胎子女的父母玩二对一防守,双胞胎的父母玩一对一防守,三胞胎或更多孩子的父母玩区域防守,这是我个人最喜欢的。养育双胞胎的团队合作对您的孩子和伴侣都有好处。

寻 求 支 持

在您怀孕期间,联系家人和朋友,建立“帮助热线”以应对未来的挑战。如果可能的话,指定一个亲密的亲戚或朋友作为联系人,帮助组织和完成任务(例如,做饭、打扫房间),即使在卧床休息和多胞胎出生时,这些任务也必须持续下去。网上资源可用于协调一个多子女家庭的膳食链。

育儿支持

安珀是四个孩子的妈妈,包括一对五年级的同卵双胞胎女孩。她建议说:"要有一个支持系统来帮助您,如果您需要的话。如果有人提供帮助,接受吧!多胞胎带来的困难是压倒性的,有不顺利的感觉是正常的。我已经做过母亲了,所以我想:'这能有多难?'嗯,比我想象的难多了。我要告诉32岁的自己的最好建议是,不要对自己太苛刻,你真的已经尽力了。那些婴儿都很好。"

如果经济条件允许,保姆或指定的夜班护士可以帮助缓解前几周多胞胎带来的混乱。检查您的预算,如果必要的话,在其他地方节省开支,这样就有可能雇佣帮手。我们家很幸运,得到了当地一名中学生的帮助,她渴望获得更多和孩子们相处的经验。她的帮助持续到孩子能完全坐着,当我们的第四个孩子出生时,她经常作为家庭帮手来和我们的大孩子玩耍。一个伟大的纽带形成了,随着时间的推移,她已经成为我们孩子生活中的一个重要人物。当她还是一名大学生的时候,在回家休假期间,她是我们家的一名出色的暑期保姆。

育儿小贴士

饮食计划:一旦您的宝宝出生,提前准备食物和冷冻食物会有很大的帮助。

儿童保健意识(Child Care Aware)是一个有用的资源,为家庭寻找高质量离家近的儿童保健。关于保姆和儿童家庭护理提供者的更多信息,请参阅第四章。

育儿故事

乔恩是一对双胞胎婴儿的父亲。他说："尽管这绝不是一个简单或随意的个人开支，但在一周的大部分夜晚雇佣一名夜班护士来接管喂养、换尿布等工作，已经是一个无价的决定，花在这上面的每一分钱都值得。我们一起在晚上喂食和照顾我们的第一个单胎子女，虽然有点累，但我们还是很好地度过了。对于我们的双胞胎，如果我们没有夜班护士，而是自己做所有的事情，我们谁也想象不出我们的余生会是多么的没有效率。"

即将有多胞胎降生的家庭应该通过社区和其他场所寻求当地的支持。更具体地说，对于有双胞胎、三胞胎和更多孩子的家庭，不同层面的多个组织可以通过面对面的会议和在线社交网络团体来支持家庭。

必要的家务

无论您是在分娩前卧床休息，还是试图在分娩后的头几个月生存下来，或者您是在养育学龄的多胞胎，管理一个家庭都是相当具有挑战性的。把所有必要的家务活列一张清单是很有帮助的。一旦确定了所有的必需品，您就可以制订战略，决定哪些任务是您的优先任务，哪些应该由您的伴侣来完成，哪些应该委托给您爱的人或者外包给相关部门。检查您的家庭预算，以便提供帮助。需要考虑的任务包括：

- 清洁
- 杂货店购物
- 用餐计划
- 洗澡和睡觉时的帮助
- 草坪服务
- 维修或维护工作

美国多胞胎

“美国多胞胎”组织的宗旨是支持家庭抚育多个孩子，倡导该领域的教育和研究，并促进友谊和社交。“美国多胞胎”组织的网站有一个搜索功能，通过邮政编码或城市检索，可以帮助您在相应地区找到一个多胞胎父母俱乐部。

多胞胎父母俱乐部通常每月举行一次会议，提供支持，建立友谊。通常每个月的会议都有一个嘉宾演讲，主题是关于养育多胞胎或养育子女。俱乐部通常会举行单独的、更随意的聚会，让孩子们聚在一起，或者安排一次仅限母亲或父亲参加的郊游。在我双胎怀孕期间，我被分配到的多胞胎父母俱乐部的月度会议时间，恰好是我丈夫经常加班的一天。这使得我很难参加一些会议。幸运的是，我住在人口稠密的芝加哥郊区，我能够调查其他当地的选择，其中包括一个更小、更舒适的俱乐部，它在一周中的不同夜晚举行聚会，更适合我个人的情况。不要害怕调查不同的选择，以更好地满足您的需求。

季节性服装转售通常一年举行两次，这是一种极好的方式，不仅可以在婴儿服装、设备和玩具上达成极好的交易，还可以在您的婴儿已经长大，不再需要某些物品时将它们转出去。养育4个月大的双胞胎不会给一个人留下太多的空闲时间。再加上其他孩子、工作、维持家庭、找时间好好地吃饭、睡觉和锻炼，维持友谊的时间就不多了，更别说结交新朋友了。然而，保持这些社会生命线，以及与其他多胞胎父母建立新的联系，可以恢复活力。

育 儿 支 持

当我们的双胞胎还小的时候，我怀疑我是否有时间参加当地多胞胎父母俱乐部的月度会议。但是当我能够参加的时候，我对此充满了感激。坐在一屋子明白这一点的人中间，会有一种瞬间的安慰。分享关于双胞胎育儿经验的诀窍、技巧和想法（有时会发泄）可以彻底抚慰您的灵魂。

社交媒体平台允许有多胞胎的家庭在线联系当地和地区的多胞胎群体。某些小组是公开的(注意全球图标,它表示任何人都可以阅读帖子、照片和评论),但是许多小组有一个私人论坛来发布问题和建议,这使得保持联系更加容易,即使您不能出门开会。如果您属于公共社交媒体团体,请注意您的帖子和照片可能会被所有人看到。使用社交媒体时,要注意孩子的隐私。

育儿小贴士

米歇尔是三年级双胞胎男孩的妈妈,她分享道:"当我怀上双胞胎的时候,对我来说最重要的一个建议就是加入一个支持小组或者参加一些每月一次的活动,让你有时间远离孩子。即使还有很多事情要做,当你有机会离开的时候,它也会让你的大脑得到休息,感觉精神焕发。"

情感支持

一项发表在2009年4月的《儿科学》杂志上的研究引起了我个人的共鸣。其中一篇文章《多胞胎是导致产后抑郁症的一个风险因素》指出:"经历高风险怀孕和多胞胎分娩是压力很大的生活事件,养育多个婴儿的独特需求会导致父母高度紧张、疲劳和社会孤立。"回顾我抚养双胞胎的最初几个月,双胞胎婴儿和一个一岁大孩子的需求确实束缚着我,所以我同意这个说法。

这项研究结果虽然不令人惊讶,但却至关重要。通过这项研究,家庭和卫生保健专业人员可以预测和理解多胞胎出生和压力之间的关系。知道抑郁症的概率更大,家庭可以睁大眼睛进入抚养多胞胎的世界,准备积极主动地采取一些预防策略。

在双胞胎或三胞胎出生的最初几个月,优先考虑最重要的事情,在其他地方精简。您不可能做到所有的一切。问问自己,每个孩子是否安全,有食物,有人爱。如果是的话,宣布这一天是成功的——其他的事情暂时可以忽略。

一些家长的态度可能会随着日常的后勤帮助或与所爱的人交

谈而有所改善,但另一些人可能需要咨询和进一步的帮助才能走上正轨。如果您感到不知所措,您也并不孤单。会哭的孩子有奶吃。

具体说明您寻求什么支持。不要含糊其词地暗示,直接告诉伴侣您需要什么。例如,“请给婴儿换尿布”。其他人可能并不清楚对您来说显而易见的必要任务。不要指望伴侣能读懂您的心思。

宁按:即使是最有默契的爱人之间,也常常会彼此不理解,甚至误解。直接、明确、及时地说出感受和需要,是保持亲密关系的基础,是爱的旨要。

父母之间良好的沟通是关键,正如挖掘您更广泛的支持圈一样。朋友会倾听您的意见,这样您就可以发泄,有大孩子的亲戚提醒您,孩子现在的阶段很快就会过去。当地的多胞胎父母俱乐部的父母真正理解您所经历的一切。另外,去您关注的地方和儿科医生那里,他们想知道您过得怎么样。孩子的成长和发展与家庭动态有着错综复杂的关系。

育儿小贴士

达尔文是一对学龄双胞胎的父亲,他回忆说,作为每天在外工作的父母,他知道他会回到一个需要照顾的家里,他需要帮助。他们的孩子并不总是循规蹈矩,所以需要耐心。

精神健康:牢记大局

乔治·修拉的《拉格兰德杰特的一个星期天》是芝加哥艺术学院收藏中最著名的艺术作品之一。它出现在电影《春天不是读书天》中,也是史蒂芬·桑德海姆《星期天与乔治同游公园》的灵感来源。修拉使用了一种叫作点画的绘画技巧。近距离观察画布,您可以看到单个的颜色点,但从远处看,这幅大图展现了人们在公园里享受的场景。

我提到绘画技巧是为了说明精神健康的观点。当面临养育子女的挑战时,我们经常发现自己站得离画布太近,看不到大局。每个孩子都是不同的，我们帮助孩子完成发展里程碑的最初策略可能会碰壁。如果我们记得退后一步，整体观察这个场景我们可以更新我们的视角。通过重建我们的优先事项和目标，重新启动我们的养育能量，我们将能够看到森林中的树木。

我们如何重启？父母需要休息一下，保持头脑清醒，滋养自己。父母应该确保他们有一个与父母身份或职业无关的发泄途径、活动或爱好，这样可以激发他们的内在精神，让他们重新焕发活力，投入并照顾孩子。在多胞胎宝宝出生的最初几周这是一个挑战，但是当宝宝 6 个月左右的时候，这是一个值得思考的问题。

看看一周的时间表，想想如何安排您的“自我修复”时间。即使是最忙碌的人也可以利用创造力挤出每周三次，每次 30 分钟的时间来达成这个目标。寻求伴侣、家人、朋友或助手的帮助来实现它。此外，考虑比家人更早起床(如果对您的整体睡眠没有太大影响的话)，或者当宝宝长大了，有了更稳定的作息时间时，利用他们就寝时间和您就寝时间之间的神奇时间。

满足自己的需求有助于我们正确地关心他人。我丈夫和我一起工作，互相支持，每周配合彼此的时间。无论您是一个狂热的摄影师、剪贴者、园丁，还是喜欢在厨房里尝试新的食谱，每周都要努力留出时间来追求自己的爱好。您的家庭将会因为有一位精神焕发、胸怀大局观的父母而得到回报。如果是在最艰难的日子里呢？一天结束时，问问您自己，“每个人都安全吗，吃得好吗？”然后宣布这一天成功了！

保持冷静

当孩子行为不端时，保持冷静是一项挑战。处理两个或更多同龄的小孩可以考验一个圣人的耐心。出于多种原因，父母在纪律严明的时刻保持冷静是至关重要的，因为孩子们通过观察父母如何处理这种情况来学习如何应对压力。

作为父母，保持情绪健康的一个建议是回顾您孩子这个年龄段的发展里程碑和特征，尤其是当双胞胎还在学步，您的耐心每天都在接受考验的时候。知道大一点的婴儿、初学走路的孩子，甚至学龄前儿童开始测试极限是一件与孩子的年龄相适宜的事，家庭可以找到一些安慰。不幸的是初学走路的孩子也会发脾气，这也是一件与年龄相适宜的事。当2岁的孩子意识到她对这个世界有自己的想法，她实际上是一个与父母和自己的双胞胎兄弟分开的人时，就会产生这样的结果。

在双胞胎成长的早期，他们一直在试图弄清楚他们的界限是什么。这个过程是儿童自己操作这件事情，而不是有意识地、故意地企图让您发疯。尽管艰难的日子可能令人沮丧，但作为父母，我们的工作是始终如一地、理性地向我们的孩子展示适当的界限。美国儿科学会出版的 *Caring for Your Baby and Young Child*:*Birth to Age 5* 一书是关于孩子的成长发育的一个极好的资源。

当您已经达到了忍耐的极限时，您怎么能给孩子树立理性的行为榜样呢？数到10，去您的"快乐之地"可能不足以让您这个多子女的父母保持冷静。一些愚蠢而有效的保持冷静的办法包括想象一个观众在房间里和您（或者安全摄像机，或者真人秀的摄制组）一起，看着您处理一个艰难的局面。或者，您可以假装孩子来自另一个国家，您在教他们自己国家的生活方式。愚蠢的想法，但有时，这样的技巧正是父母需要的保持冷静、客观、恰当、不带愤怒地处理情况的手段。

刘按：父母在处理自己情绪的时候其实是在给孩子做榜样，他们也会学会在将来面临很多压力的时候处理自己的情绪。所以保持冷静和理智，虽然这比较困难，但是我们心中还是要有这种理念。

多胞胎的内在好处

当我们抚养我们的双胞胎儿子时，我不断增加一份正在进行的、更长的清单，上面列出了抚养不止一个相同年龄的孩子的好处。

- **自力更生**。当孩子数量超过父母时，他们很早就学会了自立。信不信由您,寡不敌众可能是件好事。在出生后的第一年,正是因为后勤工作带来了这样的挑战,才鼓励孩子在成长和发展的过程中,变得更加独立。我们都听说过“直升机父母(就像直升机一样盘旋在孩子的上空,时时刻刻监控孩子的一举一动)”会过度干涉孩子的生活和活动。养育双胞胎或更多的孩子会减少您对孩子经历的每个方面进行微观管理的机会。我个人有一种倾向,就是突然出手帮助太多;然而,由于 4 年以内出生了 4 个孩子,我只能在力所能及的范围帮助每个孩子。当我的孩子到了学龄时,他们擅长为上学准备背包、打包学校午餐、帮忙收拾衣物、摆放餐桌等等,这不一定是因为我的育儿技巧,而是因为我们这个大家庭的后勤和需求。

- **“您吓不倒我,我有双胞胎!”**一旦您养育了多胞胎一段时间,您就会意识到您的能力比您预期的要强。您很快就学会了诀窍,能够处理各种情况,这是一种赋权。这种赋权感可以延续到您生活的其他领域,比如处理您的职业和人际关系。如果您养育着多胞胎顺利度过了令人兴奋的第一年,您就能应付任何事情。
- **弹性**。多胞胎指导他们的父母如何顺其自然和适应。当我们处理完当前的问题,随即又进入一系列新的状况中时,时间过得很快。即使在困难的阶段,请放心:时间会过去的,这些阶段会过去的,您会到达下一个里程碑。

健康的家庭动态

您有时会担心给予双胞胎太多关注,而把他们的弟弟妹妹留在一旁吗?或者您像是我的一个朋友,担心她的蹒跚学步的双胞胎儿子因为姐姐繁忙的学习和活动而被忽视?

当涉及两个或更多的孩子时,善意的父母会尽最大努力为每个孩子提供相同的爱和关注,以维持公平的家庭动态。然而,这些努力可能充满负罪感,因为不可能与三四个或更多的孩子进行完全相同的互动。生活如此多变——您的注意力怎么能平均分配呢?一周前,1 号孩子生病了。又过了一周,2 号孩子有一场学校话剧。接下来的一个月，3 号孩子最好的朋友搬出了这个州。如果我没有足够的时间和我的 4 个孩子中的每一个分别在一起，我经常会感到焦虑，即使有很好的理由表明一些孩子在任何一周都更需要我。

一个家庭中有双胞胎或三胞胎会加剧关系问题。就其本质而言，多胞胎是一种罕见的特殊现象，既吸引人又耗时。我有一些朋友，他们碰巧是双胞胎家庭中的一个单胎子女。在我怀上双胞胎时，他们警告我不要忘记我的大儿子。在那些忙碌的日子里，当我的某些孩子比其他孩子得到更多的关注时，这些警告加深了我的罪恶感。

我认为健康的家庭动态（和无忧无虑的父母）的最佳策略是着眼于长期的公平。几天、几周甚至几个月，一个孩子会比其他孩子更需要您。没关系。从长远来看，这一切都会变得平衡，每个孩子都会有自己与您和伴侣在一起的特殊时刻。

节省时间的策略

时间是一件棘手的事情。我们每天充分利用好 24 小时的时间。有多胞胎的家庭需要尽可能使用省时策略。控制日常日程，有效地安排时间。创造性思维可以简化日常工作，让生活更轻松。

以晚餐准备为例。当双胞胎刚出生时，晚餐时间是迷人的。在下午晚些时候和晚上早些时候，新生儿往往会变得更加焦虑不安，矛盾通常在正餐时达到高峰。哪个超级英雄可以一边做饭、上菜，一边照顾两个烦躁的婴儿？即使您的双胞胎长成了幼儿和学龄前儿童，他们也可能在下午晚些时候从墙上跳下来。在上学期间，双胞胎会在下午乘校车归来，并带着家庭作业和各种课外活动。一周七个晚上的冰冻比萨不是最健康的选择，但是宇宙的力量似乎在一个永远阻止自制晚餐的使命中结盟。

解决方案？在对您和您的时间表方便的时候提前准备晚餐，然后在吃饭的时候加工或者重新加热。我是一个早起的人，我的孩子在小的时候，通常在早上更容易相处和合作。如果可能的话，我会弄好千层面，稍后烘烤，或者把烤鸡的部分处理一下，这样它们只需要微波加热。在这种策略下，慢炖锅是一种有价值的厨房设备，有无数的在线食谱。下午5点，大部分准备工作已经完成，即使是一个忙碌的下午，您也可以很快为饥饿的家人准备一顿像样的饭。早晨不是唯一的选择，工作繁忙的家庭可能会发现，周末是提前准备接下来几天的晚餐的好时机。或者，压力锅现在很受欢迎，能在更短时间内烹饪健康饮食。看看什么对您的家庭和您的情况有用。

育儿小贴士

如果您需要去一趟杂货店，但没有时间列一张清单，用您的智能手机拍一张（或几张）冰箱内部的照片，看看什么东西有或什么没有，还有剩余的数量。

您可以调整时间安排。晚餐可以在早上做。当孩子在床上时，可以洗衣服。黄金时段的电视节目可以按需观看，以放松身心，如果那是您喜欢的节目的话。前一天晚上把背包放进车里可以缓解早晨的紧张。找出您的问题点，尝试新的策略，您会发现自己是一个更放松、更有效率的父母。

刘按：为了让孩子得到全面的营养，膳食需要花费很多的时间。但是多子女家庭尤其在孩子小的时候很难有大量精力放在上面，在有时间的时候准备一些有营养的速食冻存比如各种馅的饺子、鱼丸等可以缓解紧张的时刻。

特殊场合的策略

节日和生日是与家人和朋友相聚的绝佳场合。然而，当有了小宝宝，您的日常生活就足够忙碌了。举办一次联欢会的想法可能令人生畏。考虑在家里招待客人，这比您千里迢迢去拜访一个家族成员更轻松。想想吧，双胞胎的婴儿床，所有的婴儿用品，牛奶，甚至尿布台都在家里。让您爱的人来您家意味着您不必打包去旅行。

最重要的是，即使是在假期和特殊场合，坚持有一个常规的午睡和夜间睡眠时间表也会让孩子更快乐、更健康。有时，生活不可避免地会妨碍孩子有一个完美的日程安排，但是如果假期能在家娱乐，尊重孩子的正常生活会更容易。从长远来看，在常规和灵活性之间取得平衡对您的家庭有好处。

举办聚会的一个简单方法是提前一天准备好配菜和甜点。然后在活动当天，您需要做的就是专注于一道主菜，并根据需要重新加热剩下的菜。这个计划不仅可以腾出您的活动时间，还可以把清理准备好的菜肴的时间分散在几天内。更好的办法是，让客人带上一些配菜、饮料和其他东西来做便餐。从杂货店得到的帮助也不小。例如鹰嘴豆泥是一道开胃菜，您可以把它打开，舀进您自己的餐具里当成您自己做的，如果这样能让您感觉更好的话。味道会很棒，您作为女主人会很开心和放松，不会因为在脏盘子里放更多的碗而过度劳累和疲惫。

家庭聚会是关于亲人的聚会，而不是关于房子有多干净或者提供什么食物。我建议在活动开始前优先考虑，不要为一个完全干净的房子烦恼。通常聚会是如此的有趣和热闹，以至于没有人在意您家的清洁度。如果他们很在意的话，那对他们来说太糟糕了！不把次要部分当作焦点，您会是一个平静的主人，准备好享受您自己的假期。

育儿支持

米歇尔是8岁双胞胎女儿和13岁单胎儿子的妈妈。她说："我的女儿们每天都让我开怀大笑。她们教会了我很多东西，比如欣赏生活中的小事。一尘不染的房子不如她们正在举行的茶话会重要。尽管日子有时很艰难，似乎永远不会结束，但当一个小家伙牵着你的手，要求去'大床上'依偎着读故事时，其他一切都可以等一会儿。珍惜那些时刻，这是我学到的重要经验。无论是晴天外出还是在雨中跳舞，想象力都是一件美妙的事情。我发现和她们一起犯傻很重要。"

调整预期

我曾经在我们当地的报纸上读过一篇关于假期“生存”的文章。它提供了很好的建议，但是我相信年终季并不难熬，而是一份礼物。养育双胞胎或更多孩子让您一年中每个月都很忙。在这个月里，和任何一个月一样，优先考虑真正重要的事情，享受这个季节的精神，而不要让您自己或孩子不堪重负。尽管有各种各样的家庭、社会和宗教活动，您在很大程度上控制着自己的日程安排。

拥抱您最珍视的传统，比如和孩子一起花一个下午装饰饼干桶，或者带您的家人去看壮观的户外灯光表演。给这些经历腾出时间，对优先级低的项目说不。您不可能做所有的事。尤其是当双胞胎还年幼的时候，对假期的现实期望可以帮助您保持平静。过去几年的传统也可以重新评估。

对我们许多人来说，说“不”可能很难，但是我们经常需要一个提醒，那就是我们有这样做的需要和权利。我们对自己和孩子负有责任。双胞胎宝宝不能为自己说话，所以您需要成为他们的积极倡导者。避免把日程排得过满，可以防止崩溃、疾病和行为挫折。我并不是赞同一种拒绝所有外界邀请的隐士般的生活，而是建议您在如何度过宝贵的家庭时光中取得平衡。这对孩子的祖父母来说可能是一个难以理解的概念，尤其是如果多胞胎是父母一方或双方家族中最大的孙辈。他们可能对您的来访有先入之见，这可能会发生。我鼓励您记住，作为父母，您现在是自己家庭的主人，您有权为自己和孩子作这些决定。

最终，请记住，双胞胎的早年时光转瞬即逝。满足年幼双胞胎的需求只是一个暂时的情况，在您的一生中，这只是雷达屏幕上的一个小信号。在假期里理顺您的每一天，享受与家庭的每一个成员共度的时光，您的传统，以及这个季节真正平和的精神。

宁按：此处体现了美国的家族理念。三代人如何互相尊重、享受互动又保持独立。有原则也有灵活性。

从意外中吸取教训

多年前，当我的孩子还很小的时候，在我们家特别忙碌的一周，我决定放松一下，把一个冷冻比萨放进烤箱里当晚餐。计时器响了，比萨饼不知何故在取出时碎成两块，导致大团的奶酪、调味汁和甜椒掉到烤箱板上和架子上——这对于一顿本想不费力的晚餐来说，麻烦太多了。

我对现在冒烟的烤箱满意吗？绝对不是！然而，4 个小孩观众都在看我如何处理这个意想不到的晚餐难题。我决定对此一笑置之，并且当我试图抢救一些燃烧的奶酪块时，叫我的孩子们过来观看(保持安全的观看距离)。那时，我的孩子分别是 7 岁、5 岁、5 岁和 3 岁，所以他们当然觉得整个场景很好笑。然后我们聚在一起，尽可能多地打开窗户，嘲笑妈妈弄得乱七八糟的东西，希望烟雾报警器不要响起来。

孩子们如何学会处理错误、失望和困难的情况？在幼儿时期，父母和其他重要的照顾者是树立态度和应对策略的榜样，不管他们是否意识到这一点。牢记这一点，我有意识地选择了轻松以对的道路，并拿冒烟的烤箱开玩笑。

尽管我们尽了最大努力，但我们做父母的也是人，我们的孩子会不时看到我们失去理智。如果偶尔发生，不要烦恼，情绪是生活的一部分。如果您发现自己大喊大叫或者表现出不符合标准的行为，可以简单地和孩子谈论一下(例如，解释您不应该使用那些特定的词语)。用日常生活中的事件和意外作为例证，帮助您的孩子学会驾驭他们的情绪，保持自尊，即使事情出了问题。让孩子们看到我们都有美好的日子和不太美好的日子是有益健康的。您在抚养未来的成年人，他们需要知道如何在颠簸的道路中前进。

答案在哪里？

您曾经希望您的育儿困境有正确和错误的答案吗？一个好的、

清晰的、直截了当的方法？这肯定会让生活更轻松！不过随着孩子的成长和家庭的发展，育儿的困惑将会出现，而且没有明显的正确答案。

当我们5岁的双胞胎准备买新自行车时，我们恰巧陷入了一个两难境地。承蒙我们的大儿子（单胎儿子）的帮助，我们有一辆非常好的旧自行车。那么谁会得到这辆旧自行车，谁会得到一辆新自行车呢？

我们的解决方案是：扔硬币来决定谁得到新自行车，我们认为再过几年，当我们的男孩再次需要更大的自行车时，我们会在双胞胎之间轮流决定谁得到旧自行车，谁得到新自行车。在掷币游戏中输了的儿子很沮丧，当我向他保证时，我开始感到内疚。然而，我说的话，没有一句比他跳上车，骑上他那辆更大更快的自行车时更让他开心，他为自己的成长感到自豪！一个额外的好处是，他立刻就满足了，他的旧自行车已经准备好了并且在车库里等着他，而他的双胞胎兄弟虽然在掷硬币游戏中获胜，但他必须等待他的新自行车从箱子里组装出来。

对于育儿的困境，也许没有一个确切的答案，但是请记住，不管您选择哪条路，孩子都是有弹性的。每个家庭和每个孩子都是独一无二的，所以带着爱和公平跟随您的直觉，您会为您的家庭作出正确的决定。

第十章

早产和其他出生挑战

大多数双胞胎在分娩后表现良好。然而，与单胎婴儿相比，多胞胎有早产的风险。这是一个敏感的话题，并不是想吓唬您，这一章提供了早产儿可能面临的问题，以及家庭在新生儿重症监护室(neonatal intensive care unit，NICU)中可能遇到的一些术语和治疗方法。如果您怀了多胞胎，尽最大努力保持积极的心态和健康的怀孕观，但要熟悉以下一些问题，以备您的家庭遭遇早产。任何挑战都要提前作好准备。

根据美国妇产科医师学会的说法，早产指的是妊娠 37 周以内的所有分娩。这一分类包括：

- 极早产(very preterm，少于 32 周)
- 中期早产(moderately preterm，32~33^{+6} 周)
- 晚期早产(late preterm，34~36^{+6} 周)

这里足月产指的是妊娠 37~42 周的分娩，而过期产指的是妊娠 42 周之后的任何分娩。

在美国，出生于妊娠 34~36 周的新生儿(近或晚期早产)构成了所有早产的大部分。2007 年，美国儿科学会建议将术语从近产(near term)改为晚期早产(late preterm)，以更好地描述在这些日期出生的新生儿的特殊健康问题。

足月妊娠为 37 周或更长，然而双胞胎婴儿通常在妊娠 36 周左右分娩。美国疾病控制和预防中心(Centers for Disease Control and Prevention，CDC)的美国生命统计报告(The National Vital Statistics Reports，NVSR)显示，2016 年出生的双胞胎中有 60% 在妊娠 37 周前出生。怀孕的最后几周是宝宝体重增加和肺部成熟的时候。因此，如果宝宝出生早，他们可能会面临出生体重低和呼吸困难。

2016 年美国 NVSR 数据进一步表明，20% 的双胞胎出生时是“早期早产(early preterm)”，也就是说妊娠不到 34 周即娩出。这增加了需要本章所述的治疗和处置的概率。2016 年，98% 的三胞胎在妊娠 37 周之前出生，66% 在妊娠 34 周之前出生。97% 的情况下，四胞胎在妊娠 37 周之前出生，其中 93% 在妊娠 34 周之前出生。

一些早产的多胞胎在回家前可能需要在 NICU 待一段时间来增加体重。其他婴儿除了需要增加体重之外，可能还有呼吸困难。更重要的是，早产双胞胎可能还有其他问题。每个新生儿都需要单独评估和治疗，每个新生儿在出生时可能有不同的需求。早产对父母和家庭来说可能很可怕，但好消息是现代医学在早产儿护理方面取得了惊人的进步。

早产不一定意味着终生健康问题。韦德·范·尼克在2016年里约夏季奥运会上创造了400米世界纪录，并获得一枚金牌。他出生时胎龄29周，体重仅1kg！此外，利瑟兰三胞胎是成功的游泳健将，其中一位曾参加过奥运会级别的比赛，他们都是早产儿。父母在他们很小的时候就让他们参与游泳，目的是促进其肺部发育（见第十三章）。任务达成了！

育儿小贴士

关于新生儿重症监护的更多有价值的信息，一个很好的资源是《了解NICU：早产儿和其他住院新生儿的父母需要知道什么》（*Understanding the NICU：What Parents of Preemies and Other Hospitalized Newborns Need to Know*），由美国儿科学会的珍妮特·扎伊奇金（Jeanette Zaichkin）、加里·韦纳（Gary Weiner）（MD）和大卫·洛伦（Davia L. Loren）（MD）编写。

NICU：不同医院的不同医护水平

NICU是一个特殊的地方，大多数人，包括父母，可能并不熟悉，除非他们有家人或亲人已经需要NICU的服务。大多数期待单胎子女的家庭不一定会把熟悉NICU作为他们计划和怀孕准备的一部分，然而，因为多胞胎倾向于早产，所以了解NICU是明智的。

宁按：NICU是一种特殊的用于保证生命体征平稳的环境，常备抢救设施。NICU的团队往往是医院里诊治能力最强的医生和护理人员（成人ICU也是如此）。如果孩子进了NICU，父母一定要高度重视。一方面，进NICU说明了宝宝健康问题的严重性。另一方面，NICU本身也充满了风险。爸爸妈妈一定要全力配合，充分理解，争取尽快康复离开。

育儿故事

金，四个孩子的妈妈，回忆道："当我在医院卧床休息时，他们提前带我们参观了NICU。这很有帮助。我看到NICU有一个开放的区域，在那里所有的婴儿都得到照顾，没有私人房间。他们给我们看了一个婴儿，这个婴儿的大小和他们预计我的孩子出生时的大小差不多，这是一个惊喜。通常，当你看到婴儿的照片时，他们是更大的足月婴儿，而不是早产儿的真实样子。尽管有了这种预先的准备，当你自己的孩子受到照护时，NICU的体验是完全不同的。"

与您的产科团队讨论分娩医院选项。注意不同医院提供的不同级别的护理。如果您属于高危妊娠，已经由母婴医学（高危）小组监控，您可能会得到更多关于分娩后婴儿的护理水平的信息。每家医院都可以处理紧急情况，但许多社区医院更愿意将风险较高的孕妇运送往该地区的医疗中心，那里的工作人员对处理复杂的怀孕和患病的新生儿更有经验。

根据资源的可用性和所服务患者的复杂程度，1976年3月的医疗改革将医院的产科、新生儿和婴儿服务分为Ⅰ级、Ⅱ级或Ⅲ级。以下是不同级别的详细介绍。

- Ⅰ级：基本新生儿病房服务，旨在照顾健康的足月婴儿。出生时胎龄小于35周的婴儿需要转移到另一个机构。
- Ⅱ级：新生儿病房服务旨在照顾胎龄大于32周、体重超过1.5kg的婴儿。这一级别的新生儿病房又分为ⅡA级和ⅡB级，ⅡB级新生儿病房有能力照顾需要机械通气（呼吸机）或持续气道正压通气（continuous positive airway pressure，CPAP）的婴儿，这是一种为有呼吸问题的婴儿提供一天或更短时间支持的形式。
- Ⅲ级：为所有新生儿提供全面护理的专科服务。这种设施通常位于地区医疗中心，配备有新生儿重症监护设备。ⅢA级护理体重超过1kg的胎龄大于28周的新生儿，而ⅢB级护理体重不足1kg，胎龄小于28周的新生儿。ⅢC级即NICU，为最复杂的问题提供最高级别的护理，包括那些需要体外膜氧合器（Extracorporeal Membrane Oxygenation，ECMO）——即心脏或肺的旁路替代——的情况，以及需要手术修复的复杂出生缺陷。

在怀孕的早期，和产科医生谈谈怀孕的进展情况，以及什么样的设施和资源对宝宝来说最合适。

育儿小贴士

克里斯汀是一年级三胞胎的妈妈。她分享道："NICU 的所有员工和护士都棒极了。唯一可怕的是看到我的孩子带着所有的电导线、呼吸插管等等。但是护士们非常专业地解释一切，这给了我安慰。"

营　养

如果您身体健康，可以在分娩后马上开始母乳喂养。母乳是小婴儿或早产儿的最佳营养品。定期挤奶有助于增加奶量供应。如果宝宝还不能接受用嘴或鼻胃管（也称为鼻饲管）喂养，母乳可以冷冻，以后再喂。高质量的医院级别吸奶器可以帮助您快速轻松地从双侧乳房吸母乳。向护士和医院的泌乳顾问寻求帮助和建议。您的新生儿科医生（新生儿科专家）可能会建议使用母乳强化剂（也称为 HMF，一种增加母乳热量和营养价值的粉末，如添加铁）来提高母乳的卡路里含量。

母乳是理想的，但是也有专门为出生时胎龄小于 36 周的婴儿制作的配方奶粉。某些奶粉比标准配方含有更多的卡路里，以最大限度地满足新生儿或婴儿的营养和能量需求，这是成长和适当增加体重的关键一步。此外，补充铁有助于促进早产儿的血液供应。

早产儿可能还没有发展出吸吮和吞咽反射。还不能吮吸奶瓶和吞咽的婴儿可能会从鼻饲管喂养中受益，在此期间，母乳或配方奶通过一个由鼻子进入并通向胃的小管来喂养。管饲有助于肠胃保持健康，并习惯于消化母乳或配方奶，直到婴儿发展出自己的吸吮反射。

育儿故事

金是出生时胎龄 29^{+3} 周的一年级四胞胎的妈妈。她回忆起她家的 NICU 的经历:“艰难的部分是波动起伏,起起落落。你会有看起来不错,取得了进步的一天,却在凌晨一点钟因为一个婴儿遇到的问题而接到电话。怎么描述 NICU 呢?在那里,你要经历一个向前迈一步,后退两步的旅程。然后向前两步,后退两步,循环往复,直到你不后退地向前移动。这是终极目标,但你做到了。与 NICU 护士建立牢固的关系很难,可能会很情绪化,但也是至关重要的。”

NICU 的常规治疗情况

呼吸困难

胎儿在子宫的最后几周,肺会形成一种叫作表面活性剂的物质。这种物质有助于肺像气球一样产生弹性,从而在分娩后更容易张开并吸入空气。早产儿可能缺乏这种物质,因此可能会发展成呼吸窘迫综合征(respiratory distress syndrome,RDS)。皮质类固醇,如倍他米松,通常给予在 34 周前早产的母亲,以帮助预防呼吸窘迫综合征。如果婴儿有严重呼吸窘迫综合征的迹象,则在分娩后不久和出生后的头几天对婴儿进行表面活性剂治疗,婴儿将需要呼吸插管和呼吸机的帮助。呼吸窘迫综合征不太严重的婴儿可能需要输送氧气的鼻管。需要长时间补充氧气的早产儿可能会发展成慢性肺病(chronic lung disease,CLD)。

CLD 与影响成人的慢性阻塞性肺疾病(chronic obstructive pulmonary disease,COPD)不同。对于早期出生的婴儿,CLD 也称为支气管肺发育不良(bronchopulmonary dysplasia,BPD),指的是肺组织持续的炎症、损伤和瘢痕。不能根据在 NICU 住院期间发生的事情来预测婴儿的人生。换言之,即使是需要插管和通气的孩子,也可能比预期的要好。在写这篇文章的时候,我正在指导一个在我办公室实习的医学生,她出生于20世纪80年代,出生时胎龄26周。她是一个聪明而出色的年轻女性,她自己也正在成为一名医生!

婴儿使用呼吸机的时间越长,当婴儿从NICU出院回家时,就越有可能需要预防性药物处置。疗程的长短是不同的,这取决于孩子自身及其发育情况。一些儿童在接下来的几年里需要日常预防性药物处置(可能包括使用雾化器吸入药物治疗),而其他儿童可能只在寒冷的冬季和流感季节才需要药物治疗。还有一些人在没有具体处方的情况下,自己也能做得很好。从NICU回家后,患有呼吸系统疾病的婴儿应该由普通儿科医生和儿童呼吸科医生密切监护至少一年。

早产儿通常患有早产儿呼吸暂停,这意味着他们会"忘记呼吸",需要刺激才能继续呼吸。兴奋剂药物有助于控制早产儿呼吸暂停,这种情况通常在婴儿出生后40周左右时会消失。

育儿支持

可以和其他有NICU经历的家庭沟通。苏是三年级双胞胎的妈妈。她分享道:"我刚刚发现自己怀孕时,一个好朋友生了一对胎龄28周的双胞胎男孩。老实说,我以前连吸奶器都没见过,更不用说早产儿或NICU了。我非常幸运,在我怀孕期间和我双胞胎出生后的几周,有我的朋友支持。我的双胞胎出生于妊娠32周时,在NICU待了4周。在那段时间里,她给我的建议是无价的。"

黄疸

黄疸是新生儿皮肤和眼睛发黄。当一种叫作胆红素的化学物质在新生儿的血液中积累时,就会发生这种情况。胆红素是老龄红细胞的副产品,由肝脏清除。大多数新生儿,即使健康和足月,也会有一定程度的胆红素水平升高,因为新生儿未成熟的红细胞分解得更快。此外,肝脏不成熟,不能完全处理多余的胆红素。

一个简单的实验室检查可以测量血液中胆红素的含量,进而可以评估黄疸程度。儿科医生担心黄疸,是因为高胆红素水平,如果不治疗会导致耳聋或脑损伤。如果需要,光疗可以降低胆红素水平。接受光疗的婴儿看起来就像在晒日光浴。皮肤暴露有助于更有效地治疗,婴儿甚至会戴上迷你太阳镜保护眼睛。

育儿支持

艾米是出生时胎龄24周的学龄前双胞胎男孩的妈妈。她分享道:"每天保持前进的唯一方法是思考什么时候,而不是思考是否。你的宝宝什么时候会脱离呼吸机?你什么时候能抱着他?你什么时候能把他带回家?"

其他注意事项

- 需要将低出生体重或早产婴儿放入辐射保暖台或恒温箱中来保持体温。
- 感染是免疫系统不成熟的早产儿的一个问题。
- 极早出生的婴儿需要进行眼部检查以筛查视网膜问题,还需要头部B超检查以评估脆弱血管的出血情况。
- 当正常胎儿主要心脏血管内的连接部分在分娩后没有按正常的方式关闭时,这些婴儿会患动脉导管未闭(patent ductus arteriosus,PDA)。PDA可以用药物治疗。如果药物不能关闭连接部分,可能需要手术治疗。

NICU的亲密关系

尽快给宝宝起名字。给宝宝起名将有助于家人和医院工作人员与宝宝建立联系。了解NICU的工作人员。他们知识渊博,将成为您大家庭的一员。为您的每个婴儿的床沿加上家庭照片和特殊纪念品。

最初,父母抱早产儿可能不安全。当宝宝在医学上情况稳定后,您就可以抱着他们,直接和他们进行皮肤接触,这对父母双方和宝宝都有好处。父母和孩子的亲密关系首先是建立在触觉的基础上。

育 儿 故 事

克莉丝汀是一年级三胞胎的妈妈。她分享道:“我有一个遗憾,就是没有经常去 NICU。只要您是医院里的患者家属,只要 NICU 团队不查房,您可以随时去。一个护士曾经在凌晨 2 点给我打了一次电话,问我是否想去看看罗科。我对自己说,我要是早知道就好了,那样我会每天晚上都在那里。当时,他们有 3 个新生儿室:NICU、中级新生儿室和普通新生儿室。我的孩子们都在 NICU,伊莎贝拉和艾娃 1 天后就离开了,但罗科待了 3 天。我确实有很多事情要做,但我本可以在凌晨时去看几次罗科。”

随着孩子在 NICU 长大,您将能够更多地参与他们的日常照护。您会知道宝宝的护理时间是什么时候,您可以帮助测量体温,换尿布,给宝宝调整位置,甚至洗澡。如果可以的话,继续母乳喂养,一个一个喂养。

回　　家

您的一个孩子可能会比另一个先回家。准备出院回家的婴儿,应该能自行调节体温,能够用嘴进食,体重稳定增长,父母对任何正在进行的医疗问题也应该有一个家庭计划。

宝宝可能需要在家进行呼吸和心率监测。医院工作人员将教会您如何使用任何必要的设备。如果一个婴儿能比另一个先回家,在另一个婴儿回家之前,利用这个机会形成规律的作息。当两个宝宝都在家的时候,协调喂养小睡的时间,每天在同一时间进行。

育 儿 支 持

金是 29^{+3} 周出生的四胞胎的妈妈。她分享道:“我已经习惯了在 NICU 通过监视器来看我的孩子是怎么做的。当我回到家,没有监视器的时候,我很害怕会出现呼吸问题而我不知道。当我的第一个孩子回家时,我想我整晚得叫醒了她四次,以确保她还活着。”

如果您的婴儿在怀孕35周之前出生，出生时需要氧气，或者仍然在吸氧，请向儿科医生咨询每月注射一次药物以预防呼吸道合胞病毒（respiratory syncytial virus，RSV）的相关事宜。在年龄较大的儿童或成人中，感染RSV的表现类似于重感冒。但不幸的是，早产或患有CLD的婴儿如果感染RSV，可能会发展成严重的肺部感染。此外，向NICU工作人员和儿科医生咨询发育门诊随访预约，以监测出院后婴儿的生长发育。

从NICU出院后

您的多胞胎可能会有非常不同的医疗需求，无论是极早产、中度早产还是晚期早产。当您和医生以及治疗师团队一起工作时，良好的沟通仍然很重要。普通儿科医生应该作为孩子的医疗保障，帮助协调专家和进行必要的发育、语言和其他治疗。在忙碌的一周中，持续写下您想到的问题，这样您就可以预约拜访或电话询问合适的人。相信您作为父母为孩子解决问题的能力。

面对不孕

如果您的育儿之旅包括生育问题，您并不孤单。为人父母的道路可能是曲折的，比您的家人预期的要花更多的时间，也许是几年。如果是这样的话，承认并接纳您的各种情绪。如果您经历了流产，花时间和必要的支持来处理这个问题。一旦您能把孩子带回家，亲人可能会希望您能够快乐，并在某种程度上被治愈，然而您的情绪可能仍然是矛盾的。如果您真的在乎其他人的话，那么关心自己也很重要。如果需要，寻求支持和心理健康咨询。

双倍的爱：养育多胞胎旅程

育儿支持

安德里亚·兹·阿里-潘扎拉(DO,MPH,FAAP,FACO)是儿科医生和儿童虐待处置医生。她说："我从来没有想过自己会面临不孕症。我的旅程始于2012年1月，当时我第一次流产，宫外孕所致，原因不明。虽然我是一名儿科医生，但我花了很长时间才记住不孕症是一种医学诊断。这不是我和丈夫必须面对的问题，而是我们都被诊断出患有这种疾病。我很快对我的患者需要忍受的痛苦有了更深的理解。已经7年了，我们的旅程还没有结束。检查的数量多得数不清。我做过多次手术和体外受精。我的身体已经经历了多年的药物治疗，伴随着副作用，这是它从未经历过的。

统计学上最不可能的情况发生在了我身上，有许多问题无解。当我不经意的时候，绝望、悲伤、沮丧、愤怒、困惑、伤害和焦虑渗透到空虚的空间里。我对这一切的沉默震耳欲聋。虽然我非常清楚心理健康的重要性，但当我只有这么多时间和精力时，有些事情不得不退一步。然而，多年来多次失败的体外受精尝试和流产，以及不明原因的不孕，让我异常痛苦！虽然我现在已经拥有了漂亮的双胞胎儿子，我依然难以释怀！

不孕症影响着生活的方方面面——婚姻、家庭关系、友谊、工作、爱好、假期和社交活动等等。许多人发现很难安慰那些正在经历不孕不育和流产的人。这导致了更多的外部孤立和心理孤独。失去一个孩子是毁灭性的，这是任何人都不应该经历的。世界被颠倒了！您可能永远不会真正学会有效应对死亡的技巧，尤其是在流产的时候。

我一直处于生存模式，直到男孩们的第一个生日。现在，我再怎么强调为您的心理健康寻找专业支持的重要性也不为过。正如我明智的治疗师告诉我的那样，怀孕不能治愈不孕所带来的创伤，做了父母也不能。许多人试图通过认为我们现在应该

双倍的爱:养育多胞胎旅程(续)

快乐来使体验正常化。不幸的是,我们现在的生活并不都是快乐的。我的丈夫和我将永远不得不面对那些时常出乎意料的情绪,我们将继续纪念我们人生道路上失去的天使宝宝。

作为新手父母,一对双胞胎的父母,以及不孕不育的父母,感受非常复杂。它可能令人困惑、矛盾,并且充满罪恶感。沉默持续着,因为谈论任何负面的事情都会带来恐惧,害怕有人评判您。我允许自己去感受这一切,知道没有什么会影响我每天每时每刻的感恩。这使得养育双胞胎更加快乐。

一想到和双胞胎宝宝一起在去公共场所,就让人不知所措,也令人恼火。对我来说,关于怀孕的对话,关于家庭中双胞胎的问题,以及关于我的计划生育结局的评论都很难掌握。我第一次经历这些是当我带着4天大的双胞胎新生儿坐飞机回家时。即使是去商店也很有挑战性。我从来不知道哪个陌生人会作出无意的评论,当然我也不准备回应。我要告诉这个人我的故事吗?我只是做作吗?这是在撒谎吗?如果我不说实话,我不尊重我的孩子吗?然而,最终我对每一次相遇的决定,对我的家庭来说我认为都是正确的。

今天,我对为人父母有了一个新的视角,也知道了让我们的孩子和我们在一起意味着什么。每一天,我都敬畏拥有双胞胎的奇迹。我和我丈夫对他们的欣赏和爱无法用语言来表达。他们永远不会是'双重麻烦',他们永远是双重的爱!这是我们的家庭故事。

我在我的孩子们身上找到了自己的声音,现在我正在打破沉默。我希望我能帮助其他人打破沉默,并且在诊断不孕不育后,知道他们不是在孤军奋战。"

宁按:上面一段读来,非常震撼与无奈,也受到了感染与鼓励。有一些不孕不育是先天所赐,我们无法改变。但我们可以改变自己,团结起来,积极面对!不要崩溃,不要气馁,知道不是一个人在战斗,我们会更有力量!

第十一章

三胞胎、四胞胎和多胞胎

我们的双胞胎儿子比我们的大儿子小 18 个月,所以我们一家人外出时,即使过了这么多年,陌生路人也经常会问我们,我们的儿子是不是三胞胎。尽管我们在 4 年内有了 4 个孩子,但我们的孩子出生在 3 个不同的日子,这与我们有三胞胎或四胞胎的情况大不相同。鉴于多胞胎家庭在早期面临的独特挑战,我对他们有着难以置信的尊重和钦佩。所有多胞胎家庭都可以参与并受益于针对三胞胎或更多胞胎家庭的课程,这些课程可以简化对婴儿的照护,并保持家庭井井有条。

我和许多有三胞胎或四胞胎的美好家庭讨论过,他们都有不同的家庭结构和家庭时间表。有些父母都全职工作,有些父母一方留在家里照顾孩子,还有一些父母回到学校继续深造。尽管家庭结构不同,但这些家庭的成功都有一些一致的要素,如组织和团队合作。

怀 孕 准 备

三胞胎或更多胞胎的父母需要为早产作好准备。怀三胞胎或更多胞胎的母亲应该在怀孕 20 周左右进行某种形式的卧床休息。卧床休息可以先伴随着活动的调整在家中进行,然后进入完全住院卧床休息阶段。三胞胎母亲需要每天摄入相当多的卡路里来帮助婴儿成长。一些妈妈发现蛋白奶昔是获取额外热量的一种健康便捷的方式。

即使在怀孕期间,多胞胎的父母也可以加入当地的多胞胎父母俱乐部以及互联网支持团体。向其他三胞胎家庭伸出援手可以提供实用的生存技巧,减少孤独感。三胞胎和更多胞胎在群体中是罕见的,与他们联系在一起情感上会有帮助。许多社交媒体、团体和网站专门处理三胞胎生命的各个阶段,从怀孕到青少年时期。

当您怀上多胞胎时,开始研究各种聘请志愿者的选择,在充满挑战的最初几个月里帮助您的家人。向家人、朋友、邻居和您关注的团体寻求支持。指定一个关键人物(一个亲密的亲戚或朋友)来协调其他人可以参与的诸如膳食培训计划之类的任务,这将是很有帮助的。您将会立即忙于怀孕和分娩,因此将这项任务分配给第三方会被证明是有用的，也会减轻压力。

同 步 作 息

在宝宝出生后的第一个令人兴奋的一年里，大多数三胞胎的家庭通过协调宝宝的喂养和小睡时间表来保持头脑清醒。那些开始以更随意的按需方式喂养婴儿的家庭很快会发现自己不堪重负，然后需要调整以适应这一过程。

通常，当婴儿从新生儿重症监护室（neonatal intensive care unit，NICU）接回家时，他们已经有了一致的 NICU 喂养计划，例如每 2~3 小时一次。许多三胞胎家庭利用现有的 NICU 时间表，让他们的孩子回家后保持相同的模式，调整三个孩子的作息，以便更有效地一起工作。（有关 NICU 经验的更多信息，请参考上一章。）

在最初的几周和几个月里，许多家庭在给孩子频繁喂食时需要帮助。在第二个成年人的帮助下，三胞胎宝宝可以同时进食。一个成年人可以同时喂养两个婴儿，而另一个成年人喂养第三个。如果父母一方独自照顾三个婴儿，可以同时喂养两个婴儿，第三个婴儿紧随其后。母乳喂养的妈妈可以一起给两个宝宝喂奶，然后给第三个宝宝喂一瓶母乳。

育 儿 故 事

金是幼儿园四胞胎的妈妈和一年级老师，听一下她的建议。第一年她将自己的专业技能融入到管理四胞胎的方法中。“我们为所有主要任务都准备了工作站——一个准备牛奶和瓶子的食品站，一个尿布站，一个洗浴站，等等。”

熬过最初的几个月

当第一次带三胞胎回家时，不同的家庭有不同的应对策略。志愿者在白天和晚上都能提供极大的帮助。请您的助手履行具体的职责。他们可以给宝宝喂食，洗衣服，做饭或者买饭，打扫房间，或者只是抱抱宝宝。

许多家庭将帮助安排在第一个月的夜间喂养中。我与之交谈的一个家庭得到了亲戚的帮助。第一个月他们的祖母每天晚上都到家里来帮助夜间喂养。她会在早上离开去补觉，第二天晚上再来。

一些家庭最初让他们的孩子睡在同一个房间里，然后根据需要把他们的孩子分开，多性别的三胞胎通常按照性别分配卧室。

育儿小贴士

将重要的用品（如尿布、口水巾）存放在家中每一个方便的地方，以最大限度地减少四处寻找必需品的时间。按照这些思路，如果您发现自己每天都在重复某些任务，集思广益，想办法简化流程，把与该任务相关的物品放在手边。

朋友可以帮助家庭组织膳食计划。在最初的几个月里，外援人员每周给家里送三次饭。家庭会发现：给帮助者和志愿者非常具体的指示是有益的，告诉他们需要做些什么来减少混乱（例如，给每个婴儿喂多少，多久停下来拍嗝一次，喂完东西后保持婴儿直立多久）。不要羞于向别人寻求帮助，现在不是骄傲的时候，也不是尝试自己可以做得很多的时候。特别是在秋冬季节，确保所有志愿者都是健康的，不携带病毒，并接种每年的季节性流感疫苗来保护您的婴儿。

宁按：细节非常重要。如果大方向无误、原则上无错，那细节就是决定性的。所谓“细节决定成败”“细节里面有魔鬼”。合作时，彼此充分沟通细节非常重要！细节明确了，彼此一致，才能最快最好地达成目标。

规划多胞胎生活

协调好奶瓶、奶嘴和配方奶的使用可以简化喂食过程。许多家庭成批购买必需品，并将它们储存在指定的地点，以便在开始另一次购物之旅之前快速评估需要哪些用品。

白板对有多个孩子的家庭非常有用。许多人使用白板日历来记录志愿者在家的最初几个月。其他家庭使用大型白板来记录三胞胎喂养、湿尿布和脏尿布、情绪和药物的相关信息。随着三胞胎长大，白板可以转而记录学校日程、作业和课外活动安排。

育儿小贴士

一个有学龄三胞胎和三个大一点的单胎子女的家庭创建了一个伙伴系统，以应对紧急情况，比如房屋火灾。每一个年长的哥哥姐姐都应要求带着他或她分配到的三胞胎，在需要的情况下，迅速离开房子。

一位三胞胎的母亲用她的智能手机来帮助保持井井有条。她为孩子的约会、学校典礼和活动编制程序，并提前 24 小时让电话响铃，提醒她按时完成任务。

颜色编码有助于多子女家庭跟踪每个孩子的物品。从婴儿期开始，给每个孩子一个标志性的颜色，以帮助识别个人物品，并识别照片中的每个孩子是谁。

如厕训练

有多胞胎的家庭经常发现同时训练 3 个或更多的孩子如厕对每个参与的人来说难度都是压倒性的。一个家庭同时开始训练他们的三胞胎上厕所，但是正如他们的妈妈描述的："这是一个马戏表演！"他们放弃了这个想法，开始分别训练每个孩子，从准备得最好的孩子开始，取得了更大的成功。每个孩子在单独训练中得到的额外的一对一的关注导致了他们在如厕上更好的成功(关于如厕训练的更多信息，请参阅第六章)。

育儿故事

吉姆是幼儿园四胞胎的妈妈。她分享道："如厕训练是我们最困难的阶段之一。每个孩子最终都必须决定什么时候准备好。我们的一个女孩首先接受训练，这启发了她的两个兄弟姐妹。我们用激励图表来鼓励每个人。然而后来，我们第一个接受训练的女儿确实经历了几个月的退步，需要几个月的时间才能回到正轨。"

人际关系、个性和情感

在最初充满挑战的几个月里，伴侣如何相互支持？睡眠不足会影响每个人的情绪，甚至会影响到最亲密的伙伴关系。许多家庭发现，给孩子一个一致的早睡时间会给父母一些安静的时间。其他家庭尽可能挤出时间进行不被打扰的成人谈话——即使是在凌晨3点，如果那是父母双方都醒着并且在一起的唯一时间的话。

在养育三胞胎的早期，顺其自然的态度会有所帮助。一旦掌握了一个阶段或时间表，事情就会发生变化（再一次），您需要进一步适应。试着预测并为三胞胎的下一个发育阶段作好准备。

对您一天能完成的事情要现实一些。如果必须的话，降低您每天的期望值！最初的几个月可能笼罩在持续喂食和照顾的阴霾中，每天重复性地进行照护工作。冷静的父母效率更高。

尽量不要强调给每一个三胞胎相同经历的必要性。当然，要努力对您的孩子公平。一位三胞胎的母亲注意到，她的三胞胎中有一个比他的兄弟姐妹早一点到达里程碑，并且更加自给自足。多年以后，她仍然对他感到内疚。她担心他错过了一些来自母亲的关注，因为他的兄弟姐妹需要更多照顾。

您不能给孩子相同的经历。您只需要尽力做到公平,而不是平等。

大多数家庭注意到,随着三胞胎长大,每个孩子都展现出独特的才能。我认识的一个家庭有一个擅长棒球的儿子。她们鼓励他,并注意到他的自尊得到了发展,而他的兄弟姐妹参加了完全不同的活动。不把所有的孩子都放在一个单一的活动中是明智的。相反,鼓励每个孩子找到自己感兴趣的领域。

三胞胎是一个很好的团队。他们的社交能力很强,因为他们几乎总是与同龄人互动。他们总是有彼此,而且在新的社会环境中他们往往很外向。作为三胞胎或更多胞胎之一得到抚养,获得了大量内在的生活课程。三胞胎从婴儿期起就学会了分享和忍耐,这得益于他们的家庭关系,他们对世界的看法也不那么以自我为中心,因为他们有同龄的兄弟姐妹。

无论他们的生日如何,把所有的孩子作为个体来对待的重要性再怎么强调都不过分。我认识的一个三口之家有一个很棒的方法来保证每周与每个孩子一对一的高质量相处。星期六早上,妈妈带着一个孩子去郊游,爸爸带着另一个孩子去郊游,他们剩下的孩子留在家里,由一个值得信任的保姆照看。轮流时间表对每个人来说都是公平的,可以帮助他们的孩子知道会发生什么,以及他们的特殊时刻什么时候到来。即使在一个大家庭里,只要有一点计划和策略,这些家庭也可以和他们的每个孩子一对一地共度美好时光。

生命的冒险

多胞胎家庭都认为最初的几周和几个月是充满挑战的,但它们非常值得经历。保持条理和精简战略有助于三胞胎或更多胞胎的家庭保持理智和快乐。享受孩子的每个阶段。俗话说,“日子很长,但岁月很短”。很快,这个阶段就要结束了,你们都将进入下一个阶段!

宁按:The days are long,but the years are short! 这个谚语太棒了。用词简单,但极好地表达了我们的现实感受。成熟,意味着时间的流逝。快慢,意味着感受的复杂。矛盾而和谐,真实而虚幻。

第十二章

多胞胎：事实与传闻

“您家里有双胞胎吗?”“他们是同卵的还是异卵的?”双胞胎家长对于这样的问题并不陌生。带着孩子,试着快速完成一项任务,“不要让别人阻止您探寻自己的家族史。”是时候辟谣,把事实和虚构分开了。既然您是双胞胎的父母,双胞胎团体就依靠您的帮助来传播真相!

双胞胎可以是同卵双胞胎,也可以是异卵双胞胎。同卵双胞胎是由一个受精卵分裂成两个而产生的,每个双胞胎都有相同的遗传物质。异卵双胞胎是由两个分离的卵子与两个不同的精子受精而成的,这给了每一对双胞胎不同的遗传物质。

同卵双胞胎约占全球出生总数的1%。同卵双生似乎与家族史、母亲年龄或种族、地理或社会经济模式无关,迄今为止还无法解释它的发生。因此,每个人问家族里还有没有其他双胞胎,即使有很多例子表明一个自己是双胞胎的人可能怀上了同卵双胞胎,但从统计学上来说,同卵双胞胎不存在家族遗传倾向。

另一方面,异卵双胞胎存在家族遗传倾向。异卵双胞胎在世界上不同的人群和地方有不同的发生率。异卵双胞胎与孪生家族史、高龄产妇和生育治疗的使用有关。双胞胎的家族史影响母亲的血统,这意味着产生双胞胎的倾向只由母亲而不是父亲来遗传。孪生家族史代表了母亲在一个月经周期内一次排出超过一个卵子的倾向更高。当然也有观点认为,双胞胎不存在隔代遗传,因为这些排卵事件(即每个月有多少个卵子成熟)每个月都是随机的。

三胞胎、四胞胎和更多胞胎,可能涉及不同的遗传物质变异。例如,3个婴儿可能是遗传上的兄弟姐妹(即异卵三胞胎,或全部由3个独立的受精卵发育而来),或者可能有一些有趣的组合。一次妊娠可能从两个单独的受精卵开始(意味着异卵双胞胎),然而其中一个受精卵可能进一步分裂成两个,意味着婴儿将是两个同卵双胞胎加上1个异卵三胞胎。

宁按:上面“同卵双胞胎不存在家族遗传倾向”,指同卵双胞胎这种现象没有遗传倾向,即一个家庭出现了同卵双胞胎后,其后代出现同卵双胞胎的概率，并没有增加。“异卵双胞胎存在家族遗传倾向”，指异卵双胞胎这种现象有遗传倾向，即一个家庭出现了异卵双胞胎后，其后代出现异卵双胞胎的概率，会有增加。这在某种程度上说明，同卵双胞胎似乎是随机的，外部因素所致；而异卵双胞胎是遗传的，由内部因素（基因）导致。

同卵双胞胎和异卵双胞胎的区别

因为异卵双胞胎是两个独立的受精卵，它们发育成两个分离的羊膜囊、胎盘和支持结构。同卵双胞胎可能共享也可能不共享同一个羊膜囊，这取决于单个受精卵分裂成两部分的早期程度。

龙凤胎显然是异卵双胞胎，因为他们没有完全相同的 DNA。一个男孩有 XY 染色体，一个女孩有 XX 染色体。当一个 X 精子与一个 X 卵子受精，而一个 Y 精子与另一个 X 卵子受精时，就会出现龙凤胎。

有时，卫生保健专业人员通过 B 超检查或在分娩时检查胎膜来确定同性双胞胎是异卵双胞胎还是同卵双胞胎。确定双胞胎是同卵还是异卵的最好方法是检查每个孩子的 DNA。偶尔一个家庭被告知，根据胎盘，他们的双胞胎被认为是异卵双胞胎，但实际上是同卵双胞胎。其他时候，一个家庭可能会看到同卵双胞胎的细微差别，并因为这些外表上的差异而宣布他们的双胞胎是异卵双胞胎。

一些收费的商业实验室向家庭发送 DNA 收集试剂盒，以帮助确定他们的双胞胎是同卵还是异卵。这些家庭在每个孩子的脸颊内侧拭取一份 DNA 样本，然后将试剂盒送回实验室等待结果。

我们最初被告知我们的儿子是异卵双胞胎，因为他们有两个独立的胎盘和支撑结构。然而，由于天生的好奇心，对未来医学问题的担忧，以及我们的男孩有无数生理相似性的事实，我们决定使用一种商业 DNA 试剂盒来一劳永逸地确定他们是同卵还是异卵。（我最初计划等我们的孩子到了可以理解的年龄，然后和我们一起学习去了解这个信息，但是，我已经等不及了！）这个试剂盒很容易使用，我们在很短的等待时间内就有了结果。我们的怀疑得到了证实，我们的孩子是同卵的——这意味着，如果他们中的一个需要换肾，另一个可以帮忙！

同卵双胞胎具有相同的DNA。然而，由于环境因素，如子宫位置和出生后的生活经历，他们可能看起来并不完全相同。我们家开玩笑说，我们的一对双胞胎中有一个因为上唇撕裂而缝针，因为他想把自己和同卵双胞胎兄弟区分开来。除了受到生活中的颠簸、擦伤和不同发型的影响，每个孩子的DNA都不断地适应着他的经历。随着时间的推移，一对同卵双胞胎的DNA差异变得越来越大。不管是异卵双胞胎还是同卵双胞胎，所有的双胞胎都是两个真正独立、独一无二的个体。

越来越多的多胞胎：统计数据

如果您觉得现在的多胞胎比您小时候多，您没有错。如今多胞胎（双胞胎、三胞胎等）比上一代人更为普遍。

多胞胎统计趋势

《美国人口动态统计报告》显示，导致多胞胎增加的最重要原因是孕产妇年龄和生育治疗的使用。在没有任何干预的情况下，年龄更大的女性在一个月经周期内排出两个卵子的概率更高。此外，接受生育治疗或激素治疗以诱导排卵的女性更有可能排出多个卵子。最近三胎和更高阶多胎出生率的下降与美国生殖医学学会的最新指南和辅助生殖技术如体外受精（in vitro fertilization，IVF）的改进有关，如今每个体外受精周期移植的胚胎较少。据估计，2009年，19%的双胎分娩和34%的三胞胎及更多胎的分娩是通过体外受精受孕的。

在美国，双胞胎出生最多的地方是哪里？多胞胎的发生率因州而异。有趣的是，美国国家卫生统计中心的报告显示，从2009

年到 2011 年，新墨西哥州双胞胎占出生人口的 2.5%，相比之下，新泽西州为 4.5%。在这三年期间，康涅狄格州、马萨诸塞州和新泽西州的双胞胎比率都超过了 4%。各州的三胞胎或更多胞胎的出生率从蒙大拿州的 0.06% 到新泽西州的 0.2% 不等。内布拉斯加州、新泽西州和北达科他州三个州报告的三胞胎或更多胞胎出生率高于 0.2%。

平均而言，大多数单胎妊娠持续 39 周，双胞胎平均妊娠时间为 35 周，三胞胎平均妊娠时间为 32 周，四胞胎为 29 周。有关怀孕的更多信息，请参阅第二章。

多胞胎出生率

美国疾病控制和预防中心国家人口动态统计系统每年发布报告，分析出生数据的各种特征。从 1980 年到 2009 年，双胎出生率上升了 76%，但近年来增长速度有所放缓。从 1980 年到 2004 年，年均增长率接近 3%，但从 2005 年到 2011 年，年均增长率放缓至 0.5%。2016 年，双胞胎出生率为 3.3%（每年每 1 000 名新生儿出生中有 33.4 名是双胞胎），2009 年至 2012 年基本稳定。

多胞胎（三胞胎及以上）出生率与 2010 年相比也基本持平，2016 年为 101/10 万（约 0.1%），处于过去 20 年报告的最低水平，自 1998 年以来下降了 29%。近年来的减少相对于 1980 年到 1998 年超过 400% 的高速增长是一个很大的改变。2016 年，三胞胎和更多胞胎的出生包括：3 755 例三胞胎、217 例四胞胎和 31 例五胞胎和更高级别的多胞胎。

双子传说和全世界的双胞胎

天文学家都知道，双子座在拉丁语中的意思是“双胞胎”，是夜空中一个著名的星座。根据希腊和罗马神话，卡斯特和波卢斯是孪生兄弟，他们被改造成了星座。

尼日利亚的约鲁巴部落拥有世界上最高的双生子比率（占所有

产妇的4.4%)。有些人将双胞胎比率高归因于饮食中山药含量高。然而,该部落明显的异卵双胞胎家族史在持续的趋势中也扮演了重要角色。

每年夏天,美国俄亥俄州的特温斯堡都会举办双胞胎节。这是美国规模最大的多胞胎聚会。在节日期间会举办多项活动。

吉尼斯世界纪录和多胞胎

吉尼斯世界纪录称,有史以来最多产的母亲以多次生产多胞胎的效率奠定了自己的冠军地位。费奥多尔·瓦西利耶夫(1707—1782年)的妻子是俄罗斯舒亚市的一个农民,共有69个孩子。她总共怀孕27次,生下16对双胞胎、7对三胞胎和4对四胞胎。很多的消息来源支持这一说法,虽然有观点认为不太可能,统计上也不太可能,但事实确实如此。

同样来自吉尼斯世界纪录,米歇尔·李·威尔逊在2003年7月生下了有记录以来最重的三胞胎。她的孩子出生时体重分别为3.9kg、3.3kg和3.1kg,所有的孩子都在两分钟内分娩。他们的胎龄是36^{+5}周。这位极其不可思议的母亲证明了这样一个事实,即人类的身体有着难以置信的适应性和弹性。

媒体中的双胞胎形象

小时候,我和一对同卵双胞胎一起上学,天真地想知道他们是否能读懂对方的心思。后来当我还是中学生的时候,我和我的朋友们狼吞虎咽地读了关于伊丽莎白和杰西卡双胞胎姐妹的《甜蜜高谷》系列,这本书后来拍成了电视剧(伊丽莎白是个好女孩,但杰西卡经常要计谋并展示她狂野的一面)。我在现实世界中接触双胞胎的次数有限,但在电视剧(如《超级朋友》:"神奇双胞胎力量启动了!")和电影中(斯坦利·库布里克的《闪灵》以使用双胞胎的形象作为不祥的预兆而闻名)看过很多关于双胞胎的戏剧性描写。由于上述所有原因,我认为双胞胎是神奇而神秘的。

原谅我的双关语，但是双胞胎生活在现实和媒体的双重世界里。我的每一个双胞胎都是一个复杂的、有着独特身份的个体，我对每个男孩都有着深厚的亲子关系。我明白成为双胞胎只是他们数以百计的有趣的个人特点和怪癖的一个方面。为人父母提升了个人的阅历，我们从成为父母中学到的许多人生教训之一是，那些我们以前认为新奇的东西，现在可以更清晰地理解了。

在媒体中，标签和成见比比皆是。流行文化倾向于强化这些并不总是准确的概念。作为父母，我们应该认识到自己的错误观念，并引导我们的孩子理解这个世界上各种各样的人。我们可以教导孩子，人不能被概括或划分，我们每个人都应该作为一个人来考虑，而不是作为一个类别。

父母的一个重要作用是负责任地引导孩子，并解释他们在媒体中看到的东西，包括帮助孩子理解媒体如何影响他们对世界上其他人的看法。和家人一起看节目，用适合年龄的方式和孩子讨论不同的角色和他们的表现。双胞胎是不是都像《哈利·波特》中的阿拉弗雷德·韦斯莱和乔治·韦斯莱那样喜欢恶作剧，或者他们是不是像美国公共电视网 PBS 中拉夫·拉夫曼和斯克鲁夫·拉夫曼那样，一个是好人而另一个是坏人？“好双胞胎—坏双胞胎”的老套设定延续了双胞胎作为一个整体的思维，一个双胞胎的性格被定义为与另一个双胞胎的性格形成对比。最重要的是，向您的孩子强调，我们每个人都有一种独特的精神来定义真正的自我。

并非所有的媒体报道都是负面或误导性的，只要做一点家庭功课，父母就可以把电视或电影作为一种教育工具。举个例子，当《爱探险的朵拉》中的朵拉成为一个大姐姐时，她惊讶地发现她多了两个而不是一个新的弟弟妹妹（龙凤胎）。观看这一集是帮助即将成为多胞胎的大哥哥或大姐姐的学龄前儿童作好准备的好方法。和孩子一起看节目时，寻找积极的、现实的、适合年龄的角色例子。如果您看到一个不符合您家庭原则的场景，把它作为讨论话题进行讨论。媒体围绕着我们，父母可以有选择地、明智地使用媒体来开启关于人类行为和互动的家庭讨论。

宁按:我没有想到国际媒体里会这样塑造双胞胎形象。固然是一种想象,现实中也确实可能存在,但整体而言我不喜欢这种描述和表现。这和对异族的一定程度的恶意猜忌、对历史的多种角度的低俗解释,是一个模式。

第十三章

双胞胎故事分享

几年前，在一次采访中，有人问我的丈夫，作为8个孩子中的一员，他的成长是什么样的。他回答道："没有7个兄弟姐妹的陪伴，成长会是什么样呢？这就是我的经历，所以对我来说，这很正常。"对双胞胎或多胞胎的人来说，他们的个人经历是正常的。有谁比那些过着多胞胎生活的人更值得学习呢？

斯科特·凯利上尉的故事

您可能在新闻中读到过斯科特·凯利上尉——退役宇航员、美国海军上尉和前军事战斗机飞行员。他的一系列成就简直是人类进步的极限。他经历了4次太空飞行，最出名的是，他是在太空累计天数最多的美国宇航员，其中包括创纪录的2015—2016年在国际空间站（International Space Station，ISS）执行长达一年的任务。

斯科特的同卵双胞胎兄弟马克·凯利也是美国宇航员。这是宇航员训练计划第一次在同一个家庭中录取两个家庭成员，更不用说兄弟姐妹或同卵双胞胎了。斯科特的自传《耐力》分享了从他们的童年到斯科特在太空生活的故事。这本引人入胜的书包括了这样一些细节，比如两兄弟在入学面试时实际上穿的是同一套衣服（从一个兄弟那里借来的）！

斯科特和马克是正在进行的"美国宇航局双胞胎研究"的唯一对象，这是第一个持续测试长期太空飞行对人体影响和变化的研究。它由10名独立的调查人员组成，涉及多所大学、公司和政府实验室，一共包括4类研究。如果我们想知道人类去火星旅行所需的条件，这些信息至关重要。与在国际空间站待一年相比，去火星持续的时间要长得多。特别是，这项研究着眼于如何根据个体的基因序列提供个性化医疗保健。

宁按：上文最后一句，即目前的焦点术语"精准医学（Precision Medicine）""个体化医学（Personal/Personalized Medicine）""个体化精准医学（Personalized Precision Medicine）"。

"在准备宣布我为期一年的国际空间站任务的新闻发布会时，"斯科特在《耐力》中写道，"我问了一个我认为是关于基因研究的没有任何恶意的问题。我提到了一些我们之前没有讨论过的事情：

马克将会是一个全程研究的完美对照者……美国国家航空航天局(National Aeronautics and Space Administration,NASA)是我的雇主,它要求我提供基因信息是非法的。但是一旦我提出了这个建议,研究太空飞行遗传效应的可能性就会改变这项研究。双胞胎研究成了空间站上正在进行的研究的一个重要层面。很多人都认为我被选中执行这项任务是因为我有一个同卵双胞胎兄弟,但这纯属偶然。”

我采访了斯科特,询问了他作为同卵双胞胎长大和生活的经历。他的回答中肯而又幽默,既有趣又发人深省!

我:为人父母的方式在几代人的时间里不断演变。作为非独生子女,我们不是父母生活中唯一的焦点。您认为这种不干涉的育儿风格如何帮助您和马克作为个人、作为未来的成年人以及在你们的关系中获得发展?

凯利上尉:我认为这确实有帮助。他们采取了“放养”的育儿方式。我最近听说过这个短语。他们说那是故意的,但也很可能是懒惰。(笑着说)

我:您和马克在新泽西州长大,在家里和学校的大部分时间都在一起吗,还是您的学校足够大,在不同的班级?您对此感觉如何?

凯利上尉:在小学,我们不允许在同一个班。在初中和高中,或在一些罕见的场合,我们会在一起。

我:您和马克是 NASA 宇航员候选人培训项目首次录取有亲属关系的成员,而且是同卵双胞胎兄弟。在您的职业生涯中,您是否觉得有必要积极地将自己与马克区分开来,或者这只是随着时间的推移而自然发生的?

凯利上尉:我们都没有刻意地采用任何一种方式。

我:人们总是比较兄弟姐妹,尤其是比较双胞胎,这很烦人。如果是这样,您是怎么处理的?

凯利上尉:我从来都不太在意。作为父母仅有的小孩,我们没有可比性。

我:作为双胞胎,您生活中最喜欢的方面是什么?

凯利上尉:备用器官。

我:我自己也是一对同卵双胞胎的父母,尤其是现在他们都是青少年，正在进一步定义自己。我遵循的主题是“尊重个人。同时庆祝双胞胎纽带关系”。而所有的关系，包括双胞胎的关系，都会随着时间的推移而演变。你们曾经互相竞争过吗，与马克的竞争有没有给您带来积极的影响？

凯利上尉：我们从来没有互相竞争过，但是在学习的关键时刻，他确实给了我压力。

我：您和马克在 NASA 的时候，无论是在宇航员训练期间还是在您的职业生涯中，有没有关于身份错误识别的有趣故事？

凯利上尉：有一次，一个宇航员同事叫我“马克”。正常情况下这样不会困扰我，但是马克当时在太空，他应该知道这件事。

斯科特在《耐力》中讲述了许多轻松愉快的双胞胎故事，其中一个是关于大猩猩服装。马克认为斯科特在国际空间站需要一套大猩猩服装，仅仅是因为太空中以前从未有过大猩猩服装。尽管第一套大猩猩宇航服因为补给失败而没能到达国际空间站，但第二套宇航服成功抵达，给宇航员带来了很多欢乐。斯科特和一名宇航员制作的视频在地球上迅速传播，让人们重新关注到空间站任务以及科学、技术、工程和数学领域的价值。

天道酬勤

在他的自传《耐力》中，斯科特·凯利上尉讲述了他在纽约州立大学海事学院的第一年的一个故事，他生命中的一个关键时刻。一个高中时的朋友正在计划一场劳动节派对，他打电话给他的双胞胎兄弟邀请他一起去。“不行，我马上就要考试了，”马克·凯利回答说，接着又说，“你不是也要考试吗？你已经上了几个星期的课了。”事实上，斯科特的确在下周末进行了他的第一次微积分考试，马克接着对斯科特大喊，除了接下来的一周，他还应该在整个周末学习以通过考试，帮助他实现成为美国海军飞行员并最终成为宇航员的崇高目标。斯科特对此表示怀疑，但他整个周末都在研究每一章的每一个问题，他的努力让他得到了人生中的第一个满分。这成为斯科特人生的一个转折点，之后他开始享受在学校的挑战。在这一点上，他知道如何努力工作，并看到工作有回报。

玛格达和玛格丽特

1938 年，一位来自德国杜塞尔多夫的准父亲离开了即将在市立医院分娩的妻子，因为他必须去明斯特上学，坐火车需要一个半小时。像这个时代的大多数父亲一样，他在孩子出生过程中缺席。在长途跋涉回家的途中，他体验到一种“感觉”，好像有什么事情正在发生。在明斯特待了一整天后回到家，他的父母让他坐下来并分享了这个消息：他的妻子生了两个女婴，一个叫玛格达，一个叫玛格丽特。

玛格达和玛格丽特是异卵双胞胎，现年80岁，1952年移居美国。两个女人现在都住在芝加哥地区，她们仍然像以前一样亲密。我有机会和玛格达坐在一起，聆听她迷人的回忆。

据玛格达说：“我们经历了战争，所以双胞胎中的一些‘特殊性’可能在早期就已经消失了，因为当时情况很糟糕。我们年轻时总是穿得一样，但这并没有给我带来太多困扰，因为战争导致每个人都很穷。那时候我们看起来很像，尽管我们是异卵双胞胎。战争结束后，学校又恢复正常上课，每个年级只有一个教室，所以我们从来不会被分到不同的教室。在学校游行和活动这样的事情上，我们总是班级的领导者，这很常见，因为这是一所天主教学校。”

玛格达和玛格丽特对第二次世界大战有不同的记忆。玛格丽特讨厌在二战末期的空袭中进入地堡。玛格达记得德累斯顿可怕的爆炸和焚烧的故事。她们有不同的方法来处理那些痛苦的记忆。几年过去，当这些女性成年后游览欧洲时，玛格丽特拒绝参观安妮·弗兰克的家。“我不必去，我经历过那段日子。”她说。玛格达则想：“要记住你认为重要的事。”

二战结束后，玛格达发现在镇上为丧偶的老年妇女跑腿是挣点零钱的好方法。酒瓶短缺，葡萄酒行业要求家庭收集酒瓶。玛格达和玛格丽特有一辆马车，在7~10岁的两三年间，她们敲开邻居的门，收集瓶子。

当她们 14 岁搬到美国时，她们的家人只带着一些必需的家庭用品，没有书也没有游戏。玛格达解释道："我有一段时间很喜欢收藏，尤其是旅行时在旧书店里发现的德国书籍。"这可能是她年轻时被剥夺所有财产的心理后果。直到高中二年级，玛格达和玛格丽特的穿着都一样。她们开始单独着装的那一天并不是一个有着深刻渊源和预先计划的日子。这个大日子来了，是因为女孩们每天都需要熨自己的衬衫。一天，玛格丽特想穿一件特别的衬衫，但玛格达的衬衫没有熨好。这是她们有生以来第一次穿着不同的服装去上学。

关于这些年，玛格达说："当我们移民到美国的时候，我们分开在高中不同的班级，直到那时我才意识到我有多喜欢和珍惜这一点。这是我一生中第一次能够真正独立完成某件事，而不用和我姐妹直接比较。我能够做我自己。我认为这对双胞胎培养自己的个性很重要。"

玛格达现在已成年的女儿戴安娜说，虽然她有一个很好的童年，她的需求得到了满足，但她绝对有一种感觉，妈妈的首要任务往往是她的双胞胎姐妹(戴安娜的姑姑)，而不是她的孩子。也许这是一个迹象，表明这对双胞胎之间的联结如此紧密，以至于对这些女性来说，它和母子关系一样重要。

玛格达的丈夫指出，玛格达和玛格丽特对彼此有"第六感"。每个人都可以知道对方何时有问题，即使距离遥远。玛格达是一名手术室擦洗注册护士，她会在手术室工作，并且"有一种内心的感觉——不知道会是什么，无论是什么——当它结束时，我都会感到解脱"。而生理疾病则是这种"双重感觉"事件的一个例子，曾经发生过。

尽管她们是孪生姐妹，但两人都非常独立。12 岁时，两个女孩分开了 6 周。玛格达报告说："我没有想念她。"玛格达觉得她们都是个性完全不同的独一无二的人。玛格达发现其他人坚持把这两个女孩作为一个整体对待，令人沮丧。"你从来就不是你自己的个体！"她们从来没有自己的生日蛋糕，总是分享一个蛋糕。老师通常让双胞胎女孩排在第一位，玛格达讨厌这样。有一次，玛格达的成绩提高了,但感觉是“你的姐妹也有一个好成绩,那又怎样呢?”在那之后,玛格达决定努力学习。

在教育这个话题上,玛格达说:“玛格丽特是聪明的德国人。”快进到在美国时的高中三年级,当分配一个传记项目时,玛格达已经准备好了她的传记,但是玛格丽特没能让她的项目进行下去,也许是因为在德国二战期间成长起来的糟糕的记忆。这是玛格达第一次帮助玛格丽特做功课。

玛格达当时在讨论女性有限的职业选择时表示:“我故意‘不小心’速记不及格,所以我不必成为秘书。”与玛格达交谈,享受与她活跃、独立的精神在一起,我想知道她的双胞胎经历是否是帮助她变得更加直言不讳地表达自己的意见和需求。

80 年来,一切都发生了很大变化。玛格达的经验和智慧给了我们所需要的养育双胞胎的视角。具有挑战性的时代和困难的环境总会给您一线希望,让您重新振作起来,记住什么才是真正重要的。在应对现代双生子育儿挑战时,在心理上保持大局观是有益于情绪健康的。

罗莱和莱顿

“你确定你们是双胞胎吗?”

9 岁的罗莱和莱顿是异卵双胞胎,尽管她们的许多同学甚至没有意识到她们是姐妹,更不用说双胞胎了!她们通常在学校的同一个教室里,她们的父母和老师多年来一直密切关注着这一点,以此来平衡女孩的个性和独立性。对她们的家庭来说,因为女孩有独立的精神,被当作个体对待,所以分开教室是不必要的。她们的父母感激地承认,她们的女儿出现在同一个教室里,只需要记录一个教室的作业、项目和日常活动,这让他们的生活变得轻松了一些。

罗莱和莱顿有一个单胎的弟弟,他只有 18 个月大。其中一个女孩告诉我,如果一个朋友来玩,通常“我们都和那个朋友一起玩”。

莱顿回忆说，她在一年级时曾和一个碰巧有双胞胎兄弟姐妹的同学交过朋友。在那一瞬间，她意识到并不是每个人都有双胞胎兄弟姐妹。

作为双胞胎，罗莱最喜欢的部分是“这很特别，也很罕见”。而莱顿喜欢“有人站在我这边”。

两个女孩过去共用一间卧室，但当她们8岁时，分到两间卧室。其中一个女孩说：“她很邋遢，我很干净。”

通常双胞胎女孩，即使是异卵双胞胎，也会非常依恋对方。罗莱和莱顿是独立精神的完美范例，她们是自己，当然也有着难以置信的特殊的终生联系。

凯西的故事

凯西是一个成年的同卵双胞胎。她非常亲切地分享了她对双胞胎生活的看法。

我：双胞胎中您最喜欢的部分是什么？

凯西：听起来并不老套——我喜欢双胞胎的一切。作为一个成年人，我理解友谊是如何来来去去的。我知道大多数人可能有一个最好的朋友，但这是不同的。我和我的双胞胎姐妹南希有一种无法言喻的信任和关系。这从未动摇过。我们知道彼此在想什么，我们知道彼此的需求是什么。我们从未怀疑过我们的友谊或曾经担心过。它就在那里。我甚至无法想象没有双胞胎姐妹。我觉得自己好像得到了一份很少人拥有的特殊礼物。

我：双胞胎中您最不喜欢的部分是什么？

凯西：作为双胞胎，我最不喜欢的一点是看着我姐姐受到的关注比我和我的双胞胎姐妹少。当我们小的时候，我妈妈总是给我们穿得一样，因为我们是同卵双胞胎，公众对我们很感兴趣。作为成年人，我们三个经常一起出去，人们仍然接近南希和我，问关于双胞胎的问题。朱莉只是微笑着耐心等待。她一直被称为“双胞胎的姐姐”。

我:您能分享一个关于双胞胎成长的有趣故事吗?

凯西:当我们出生的时候,我的父母分不清我们,所以我妈妈把我的脚指甲涂成了红色。蹒跚学步时,我们互相吮吸拇指。南希和我经常在学校换班。有一次,南希替我上了整整一个学期的体育课,这样我在学校就头发就不会湿了。不知道我是否应该坦白,但南希确实替我参加过一次生物期末考试。我们还帮彼此约会了几次。南希和我有同龄的孩子。我们的孩子 3 岁时才弄清楚他们的妈妈是谁。

我:您希望别人知道什么关于双胞胎的事?

凯西:我们没有超能力,但是我们知道彼此的想法和感受。可能是因为我们在一起的时间太长了。我们没有秘密语言,但我们在说之前确实知道对方要说什么。双胞胎中并不会有一个比较邪恶,也并不会有谁总是占主导地位。

我:当人们把您和您的双胞胎姐妹搞混的时候,您会感到困扰吗? 您如何处理/如何纠正?

凯西:和我的姐妹混淆从来没有困扰过我。我真的不知道有什么不同。作为一个成年人,如果有人走到我面前,认为我是我的双胞胎姐妹,我通常会说:"哦,我打赌您认为我是南希,每个人都会混淆我们。"我尽量不让他们尴尬。

我:还有其他想法吗?

凯西:成为双胞胎是一种荣誉和快乐。我感觉如此特别,以至于上苍选择我作为同卵双胞胎。我和我的双胞胎姐妹之间的亲密给我带来了安慰和快乐。

帕蒂和凯西

帕蒂和凯西是同卵双胞胎,现在都 50 多岁了,她们出生时间相隔 1 分钟。分娩时,她们每个人的体重约为 2.7kg。

两位女士都说:"我们的父母做得很好。"她们给父母很高的赞誉,因为父母把她们每个人都当作个体看待,而且没有在她们成长的过程中对她们进行比较。

杰布隆斯基家的这对双胞胎经历了许多不寻常的同步性。例如，女孩们在同一时间拥有了第一个牙齿龋洞。大学毕业后，其中一名女士在一次飞机旅行中经历了一次颠簸的飞行，当时她的双胞胎正安全地躺在地上，但却感到无法解释的恶心。后来聊到此事时，她们意识到这是她们第一次在相隔数千米的时候经历相似的症状！两人的孩子年龄相仿，都先有一个女儿，然后是一个儿子。两人的儿子出生时都重约 4.1kg。两人都做了同样的膝关节置换手术，时间仅相隔一周，在同一侧。

凯西和帕蒂有很多有趣的故事，关于她们的双胞胎动力和对网球的热爱。“你想让你的双胞胎姐妹赢，但你在和她竞争！”她们是德雷克大学排名第一和第二的选手。她们都记得一场特别艰苦的挑战赛，帕蒂记得当时的感觉，“好吧，就让你赢吧”，这种感觉将比赛带到了终点。“我从不想输给任何人，但输给她也没关系。”“我们从未生过对方的气。”她们观察过职业网球运动员瑟琳娜·威廉姆斯和维纳斯·威廉姆斯姐妹，她们互相比赛，然后说：“我能看出什么时候你没有努力。”这意味着她们观察到了不一定想打败自己兄弟姐妹的迷人动态。

帕蒂和凯西在网球场内外的伙伴关系象征着孪生关系的理想平衡。两个女人都是独一无二的个体，受到尊重和培养，同时，她们享受着彼此之间独特的、特殊的孪生纽带。

安德鲁和瑞安

我碰巧和同卵双胞胎男孩住在一起，所以我当然把我的镜头转向他们，以获得对双胞胎经历的一些见解。在这次采访时，安德鲁和瑞安离他们 15 岁生日还有不到一个月。

我：双胞胎中你最喜欢的部分是什么？

安德鲁：总有一个人可以让你倾诉，支持你。

瑞安：在不同的情况下，你会有一个帮手。如果你有家务，他可以分担工作。

我：作为双胞胎，你对得到关注有什么感觉？

安德鲁:有好的也有不好的。当不认识的人盯着你看,什么也不说,或者大声对每个人说你是双胞胎时,就没那么有趣了。当你遇到其他双胞胎时,这很有趣。

瑞安:这不是真正的"好的关注"和"坏的关注"……更多的是"好的关注"和"糟糕的关注"。很多时候,我们走在街上,会有很多人盯着我们,我可以听到他们说"哦,他们是双胞胎"。我习惯了,但有点烦人。

我:双胞胎中你最不喜欢的部分是什么?

瑞安:我们一直在一起,我一直和同一个人在一起,会很烦人。有时候,当你不想和他在一起的时候,你却必须和他在一起。

安德鲁:有时候当你不想和某人在一起时,你必须和他在一起。

我们家里没有足够的空间让安德鲁和瑞安有单独的卧室,所以他们共用一个卧室。他们都想拥有自己的空间和卧室。哦,好吧!他们都建议他们的双胞胎兄弟在哥哥几年后离开去上大学的时候搬去哥哥的卧室。两个男孩都不想要哥哥的卧室,他们想继续留在现在的房间,强迫他们的双胞胎兄弟搬走。

我:你能分享一个关于双胞胎成长的有趣故事吗?

瑞安:在俱乐部的游泳比赛中,我们的一位教练会用记号笔在我的一只胳膊上写下"R",然后说"好吧,你是瑞安",来区分我们。

我:你希望别人知道什么关于同卵双胞胎的事?

瑞安:人们认为你有一个和你很像的复制品。有时候其他人告诉我,他们希望自己有一个和他们一样的双胞胎。但事实并非如此,因为你的孪生兄弟是一个完全不同的人,他并不总是同意你的观点。

我:当人们把你和你的双胞胎搞混的时候,你会感到困扰吗?你如何处理,如何纠正他们?

安德鲁:是的。通常,我只会说"我是安德鲁"。但是如果我今天过得很糟糕,我就什么都不说。

宁按:这一段我觉得特别有趣。显然妈妈不再是妈妈,而是作者/记者按拟定题目进行的采访。我甚至可以想象,是对弟兄的分别采访。但妈妈也始终是妈妈!如果是我,无论当时还是后续读到,我都会莞尔一笑!角色转换带来的反差与融汇,是个体的美妙体验。相信也是这一家未来时光里永恒的美好与欢乐。

亚历克斯和伊恩

亚历克斯和伊恩是8岁的同卵双胞胎男孩。

我:双胞胎中你最喜欢的部分是什么?

亚历克斯:有人陪着,总是有人陪着玩儿。

我:双胞胎中你最不喜欢的部分是什么?

伊恩:你必须分享一切,比如你的毛绒玩具。

我:当你被别人叫你兄弟的名字时,会感到困扰吗?

两个男孩——亚历克斯和伊恩——脸上带着灿烂的笑容说:不!

企业家双胞胎

有一个双胞胎兄弟姐妹意味着您一生中有一个可以一起进行头脑风暴的终生伴侣。我最喜欢的一个成年双胞胎创造性地利用他们的伙伴关系和经验帮助他人的例子来自埃里克·爱德华兹和埃文·爱德华兹,他们发明了一种自动注射的肾上腺素,这是一种治疗严重过敏的救命药物。埃里克和埃文从小就患有威胁生命的过敏,这激励他们去创造一种新的方法,能够在无意中接触到过敏原的情况下,自己服用救命药物。埃里克是一名医生,埃文是一名工程师,他们将各自的技能结合在一起,开发了一种全新的医疗设备。

多胞胎和广阔的体育世界

这里是一些有天赋的双胞胎或多胞胎的故事,他们的表现非常出色。希望这能鼓励那些需要鼓舞人心的故事的双胞胎婴儿的父母。

• 利瑟兰(三胞胎杰伊、凯文和米克)早产 2 个月,他们的早年生活在不停进出医院中度过。母亲和父亲都有游泳比赛的经验,因此他们的儿子在很小的时候就进入游泳池,以促进其肺部的发育。这三个人都是佐治亚大学的大学生游泳选手。他们是第一组获得斗牛犬奖学金的三胞胎。杰伊在 2016 年美国奥运会 400 米个人混合泳计时赛中获得第二名,这为他在当年美国奥运代表队赢得了一席之地。

• 在 2017 年美国国家橄榄球联盟(National Football League,NFL)的选秀中,西雅图海鹰队在第三轮选择了沙奎尔·格里芬。在 2018 年的选秀中,海鹰队在第五轮选中了沙奎尔的孪生兄弟沙奎姆。沙奎姆之所以能上头条新闻,并不是因为他和他的双胞胎兄弟在同一个 NFL 队。4 岁时,他的左手因母亲怀孕期间的羊膜带综合征疼痛而截肢。他的韧性和决心在 2018 年 NFL 新秀训练营上得到了充分展示。

• 丹尼尔·塞迪恩和亨里克·塞迪恩一起在美国国家冰球联盟(National Hockey League ,NHL)为温哥华加人队效力了 17 年,两人都在 2018 年退役。1999 年 NHL 选秀大会非常引人注目,因为加人队的总经理进行了大量的战略交易,才能够分别让丹尼尔和亨里克以第二和第三顺位被选中。《纽约时报》一篇讨论他们退役的文章描述了他们作为队友的表现,“有时似乎有心灵感应的能力,在传球时找到对方”。

• 罗宾·洛佩斯和布鲁克·洛佩斯是同卵双胞胎兄弟,他们在美国国家篮球协会(National Basketball Association ,NBA)打了一年多的篮球。也许并不奇怪,他们有相似的优势,并且在相同的位置——中心——上表现最好。他们在斯坦福大学一起打球,但后来效力于不同的 NBA 球队——很可能是因为他们满足了每支球队相似的需求。

• 布莱恩兄弟,鲍勃和迈克,是历史上最成功的网球双打队伍。迈克比鲍勃早出生 2 分钟,他们是镜像双胞胎,同卵双胞胎的一个亚型。由于他们的镜像关系,鲍勃是左撇子,迈克是右撇子,这显然给了他们真正的场上优势。布莱恩兄弟连续 76 次参加大满贯赛事,共赢得 16 次大满贯双打冠军。

尽管我试图把我的同卵双胞胎儿子培养成两个碰巧同一天出生的不同个体，出于后勤方面的原因(包括他们也有一个哥哥和一个妹妹)，他们还是参加了同样的运动。当他们年幼的时候，我的儿子瑞安恳求玩冰球或其他球类运动。我们的家庭有4个孩子，2个工作的父母，预算有限，所在的社区又没有冰球场。于是我们带双胞胎男孩加入了他们哥哥的美国游泳俱乐部。

加入游泳队的决定一部分是后勤方面的，一部分是出于培养终生游泳肌肉记忆的宏伟目标。我也喜欢"水上安全"的想法，尤其是因为每当我们走近一片水域，无论是后院的游泳池、湖泊还是海洋，我们的孩子都比我们多。现在我的儿子们都是青少年，游泳技能让他们成为救生员、游泳课教师和俱乐部游泳队年轻成员的助理教练。

随着时间的推移，越野和田径已经成为我双胞胎儿子生活中的一大部分。从一年级就开始参加游泳比赛，他们已经具备了长跑的肺活量。和大多数游泳爱好者一样，他们也加入了水球俱乐部(最终，成为瑞安的一项球类运动！)，但截至本文撰写之时，他们还没有决定在高中参加田径还是水球运动。他们现在都是高中生。在伊利诺伊州，田径和水球都是春季运动，这意味着他们不能兼顾。在过去的几年里，我告诉他们："你们知道，你们中的一个可以选择田径，另一个可以选择水球……你们不必参加同样的运动。"每次我这么说，他们总是用一副"听起来是个好主意"和"你在开玩笑吗"的混合表情看着我，对不能成为队友的想法充满怀疑。我们会看看他们选择什么，并支持他们。

与此同时，我们尽可能多地去户外和露天溜冰场溜冰。整个冬天，我们都很感激和我们同住一个后院的邻居，因为他们自制的15.2m×21.3m的后院溜冰场得到了大量的使用。即使选择了几项正式的运动，您仍然可以享受其他非正式的活动。

如果预算和家庭情况允许，尽一切可能让孩子在体育和社交上选择他们自己独特的道路。如果像我们的家庭一样，您在计划、财务和后勤等方面必须现实一点，请记住本章中的成功故事，并对您的决定保持平和。

第十四章

单亲、伴侣挑战和离婚

压力影响所有类型的关系。对于任何伴侣关系来说，不管有没有结婚，都会受到紧张的情况和有压力的生活环境的影响。压力可能来自经济困难、失业、家人去世、搬家或重大疾病或受伤。孩子的出生，虽然通常是有计划的（有时不是），但也是一个重大的生活变化，即使受到欢迎和被期待，也可能带来压力。双胞胎或多胞胎的出生是主要的生活压力源，伴随着后勤、财务、身体和情感方面的挑战。

养育双胞胎让养育付出强度上了几个台阶。这种强度水平，尤其是在多胞胎出生后的头几年（加上可能复杂的妊娠带来的挑战），对伴侣来说是一个巨大的压力。糟糕的睡眠、不眠不休的工作以及兼顾个人和家庭需求都可能带来负面影响。要养活更多人，照顾更多的孩子会导致明显的财务问题，讽刺的是，由于养育双胞胎的强度，父母可能需要调整他们的工作时间来照顾孩子。

麻烦的早期信号

如果您忙于照顾他人、外出工作和管理家庭，很容易忽视不健康的伴侣关系模式正在形成或已经形成的早期信号。请务必查阅《支持、情绪健康和节省时间》一章，尽可能简化您的职责，并确保父母一方不会承担比另一方过多的工作和压力，最终导致怨恨。

我认识的一位正处于申请离婚过程中的父母解释道："是我们的双胞胎导致了我们的离婚吗？绝对不是。但是我同意，养育孩子的额外压力在关系和情感上加剧了我们已经有的问题。在某种程度上，当我们的双胞胎还小的时候，我们很容易忽略夫妻关系问题，因为我们正忙于处理日常必要的职责。"这位家长补充说，伴侣应该敞开心扉，明确要求另一半具体做什么，无论是在分担家务和养育子女方面，还是出于关系层面上的需要。

双胞胎或更多胞胎的父母可能需要创造性地思考，以便彼此一对一地相处。周五或周六晚上的传统晚餐约会在后勤上可能不可行。当我的孩子还小的时候，我总是在这一点上筋疲力尽，即使我们可以安排一些事情，我也没有完全放松的心情准备出去玩和重新连接。出于多种原因，白天（而不是晚上）约会可能对您和伴侣更适用。这可能需要一些计划，寻求他人的帮助，并请一天假，但是一起吃早午餐，一起骑自行车，或者做任何能够让您的伴侣关系从中受益的事情都可能会改变游戏规则。

另一位母亲在与丈夫分居的过程中分享道："沟通是任何婚姻的关键，尤其有多个孩子的婚姻。团队合作是平衡所有家庭责任的关键。夫妻们忽略了彼此的个人需求，忘记了如何交谈。如果一对夫妇花时间谈论他们自己的需求，并努力支持彼此的需求，他们会有一个更健康的婚姻，即使是在最艰难的时刻也是如此。"

爱是如何传达的？

加里·查普曼（Gary Chapman）所著的《五种爱情语言：永恒爱情的秘密》（*The 5 Love Languages: The Secret to Love That Lasts*）是希望加强关系的伴侣的好读物。关键的想法是我们每个人都有自己偏爱的爱的语言，无论是肯定的话语，体贴的行为，礼物，时间陪伴，还是身体接触，一对伴侣可能会以不同的方式感受到爱。在早期浪漫的激情消退很久之后，了解我们和伴侣如何感受到爱是打开交流之门和保持良好关系的第一步。

家务平衡

在管理一个家庭时缺乏平衡会导致怨恨。另一位家长分享道："每一位父母都需要获得认可，认可他或她在养育子女方面的角色。如果母亲决定待在家里，她应该觉得她的无薪工作和丈夫的有薪工作一样重要。需要认识到每个人都在以某种方式作出贡献。赞美并告诉您的配偶——他或她也做得很好，是可以的。我丈夫总觉得我没有安全感，他是对的。我确实没有安全感，我需要他鼓励我渡过难关，让我感觉我就是自己想要成为的超级妈妈。"

另一位家长补充道："我想说的是，你总是忙于养育孩子，在任何情况下，这都很难，但是当你同时有两个孩子的时候（然后差不多

5年后又有一个),你就会很忙,很忙,很忙!你没有能力留出时间和配偶在一起,如果你非得这样做,你就会筋疲力尽。我的前任不明白这一点。他觉得我应该在一天结束时给他更多的东西,但是在给孩子做家庭教育、打扫房子、做饭和计划户外活动之后,时间和精力就所剩无几了。"

如果您没完没了地忙碌,只是为了生存而挣扎,您很容易陷入照顾其他人的陷阱,而丢掉了自己和伴侣。尽可能精简日常任务是极其重要的。关于节省时间和简化生活的建议,请参见《支持、情绪健康和节省时间》一章。

当麻烦出现时

如果您和伴侣注意到关系中出现了一些麻烦的趋势,及时识别这些问题并就它们进行交流。在危机到来之前而不是之后这么做是明智的。怨恨会随着时间的推移而积累,并使解决冲突变得更加困难。与公正的第三方交谈有助于确定解决冲突的趋势和策略。甚至在早期就考虑这个选择,作为一种方式来缓冲您的伴侣关系,尽量避免不必要的压力和困难。正式的夫妻咨询可能会有帮助。您可能不会马上找到一个合适的治疗师,所以您可以尝试多次寻找一个和您关系融洽的人。另外,咨询一下,看看你们适合婚姻关系还是伴侣关系,也是一个途径。

人际关系中的联系

许多咨询师使用休斯敦大学教授布琳·布朗的研究结果,她研究脆弱、勇气、真实性和羞耻感。她关于脆弱性和羞耻感的TED演讲可以在网上找到,当您想了解如何与他人交流以及如何看待自己时,这个演讲值得一看。

休息一下,恢复活力

就像航空公司要求乘客在帮助他人之前带上氧气罩一样,如果父母们想要做一个称职的父母的话，他们就必须照顾好自己。我最喜欢的一句话是“空杯无溢”。不要假设伴侣知道您需要休息——主动提出要求。“这是非常重要的……夫妻应该偶尔从他们的育儿角色中抽出时间来。”一位父母分享到，“出去和其他朋友聊聊天很有帮助，可以缓解压力，给他们一个非常必要的短暂休息，这样他们回来时就会感到精神焕发。”

了解当下和未来

在处理感情问题时，有长远的眼光是很有帮助的，尤其是当孩子还很年幼的时候。双胞胎婴儿期的日常后勤挑战和工作量与双胞胎在幼儿园、五年级或高中一年级时不同。一位家长表示：“要想让家庭和睦相处，您需要理解、尊重，建立整个家庭的共同目标，以及处理好每一个瞬间，并知道随着孩子年龄的增长情况会有所不同。”

如果您觉得不安全

某些特定的行为模式很关键，如果能识别出这些模式，您就需要采取行动。如果您担心自己或孩子的安全，您需要采取措施远离伴侣。请注意，互联网搜索会留下痕迹，所以如果您担心自己的安全，还是打电话吧。

当决定离婚时

如果决定结束一段婚姻或伴侣关系，您应该如何与孩子讨论这个问题？请记住，在所有的年龄段，孩子们通常比成年人认为的更能理解情况。如果争吵、打架和不睦已经成为家庭环境的一部分，这个消息就不会太令人惊讶。事实上，您的家庭状况会有所改变，这可能会让您松一口气。大一点的孩子如果有父母离异的朋友，他们可能已经预见到了这一点，尽管小一点的孩子可能会发现自己措手不及。

不同年龄和阶段的儿童和青少年对离婚的理解和适应的方式也各不相同。与4岁的孩子讨论离婚和与同10岁或14岁的孩子讨论离婚是完全不同的。所有年龄段的孩子都能从日常安排的一致性中获益。保持常规,并在过渡后保持规则和期望尽可能相似。给孩子以爱和关怀,关注他们的问题和情绪反应。

各个年龄段的孩子都可能会因为离婚而责怪自己。不管您有没有意识到这一点,一定要经常告诉孩子,这不是他们的错。如果可能的话,您和伴侣应该一起告诉孩子。让他们知道,虽然您和伴侣将不再住在一起,但这意味着他们的父母将会更幸福,这种转变不会改变你们永远爱他们的事实。

留出足够多的时间倾听孩子。在谈话中停顿,即使是令人不舒服的停顿,也是可以的。它们让孩子思考、进步和提出更多的问题。尤其是对于多胞胎,但即使是不同年龄的兄弟姐妹,也要确保有充足的一对一时间让每个孩子都能得到单独的倾听和支持。您会惊讶地发现每个孩子的反应是如此不同。一个孩子可能会很从容地接受这个消息,而他的双胞胎兄弟姐妹可能会有更情绪化的反应。毕竟,他们是独立的个体。

离婚的过程,以及孩子对离婚的适应,都将随着时间的推移而演变。时刻关注您的孩子,并意识到随着时间的推移,他们会产生新的担忧和问题。持续向孩子保证他们是安全和被爱的。不要低估倾听和陪伴孩子的力量。

陪伴孩子意味着什么?当孩子感到害怕或生气时,父母通常急于纠正情绪,或试图尽快解决它。尽管考虑简单地给孩子们的情感命名和确认是有帮助的,但不一定要急于纠正。“是的,你现在很生气。我理解。这很艰难,你为此感到愤怒。”然后停下来,让孩子继续释放自己。这传递了一个信息,作为人类,我们都有各种各样的情绪,有时感到悲伤、害怕或愤怒是正常的。对孩子们来说,经常体验这些情绪本身就很可怕。命名和确认他们的感受对孩子来说是非常有帮助的。

一系列的情绪

根据孩子的年龄，皮克斯电影《头脑特工队》(*Inside Out*)适合全家一起看。主人公的家庭发生了重大的变化，她体验了生活在她头脑中的各种情绪。这是一种字面意义上的表达，即我们体内存在着各种情绪(如快乐、悲伤、愤怒或嫉妒)。电影强调这是可以接受的，是人类经验的一部分。确认这些情绪的存在和正常对孩子识别和接受自己的各种情绪的能力有很大的帮助，尤其是在像离婚这样的过渡时期。

对于任何单亲来说，简化照顾和家务是关键。参考《支持、情绪健康和节省时间》章节，并尽可能多地集思广益。获得帮助和排除障碍将有助于单亲育儿的旅程。独自抚养孩子不是短跑，而是一场马拉松。

宁按：我虽然预计到可能会有离婚的内容，但当真正读到了本书对离婚的描写与建议时，我还是有一点吃惊。毕竟，离婚是负面的，并且影响巨大(却并非不可避免)。双方得有多么深的修炼，才能面对离婚波澜不惊、握手言欢！我之前说过，您可以理解为我的“名言”——婚姻不是爱情的坟墓，孩子才是！孩子是爱情的坟墓，也是婚姻的坟墓。为了避免悲剧，大胆恋爱(不要乱爱)、小心结婚(不要结婚)、最小心怀孕生养！有了孩子而离婚，而且孩子还常常是幼弱，这是涉及三家多口、牵动工作友朋的人间悲剧！婚姻制度要反思，红尘男女也要敬畏！

刘按：孩子一定要是爱情的结晶，这是对新生命起码的尊重和敬畏。孩子的出现只是让人生开启新篇章，不能称之为“坟墓”。

离婚家庭的文献参考

在家庭过渡时期，可供孩子和父母参考的书籍有：

- *Building Resilience in Children and Teens: Giving Kids Roots and Wings* by Kenneth R. Ginsburg, MD, MS Ed, FAAP, with Martha Jablow

- *A Parent's Guide to Divorce: How to Raise Happy, Resilient Kids Through Turbulent Times* by Karen Becker, MA
- *Talking to Children about Divorce: A Parent's Guide to Healthy Communication at Each Stage of Divorce* by Jean McBride, MS, LMFT

与生活的任何改变或过渡一样，针对孩子的关于离婚和生活在两个家庭之间的适合年龄的书籍可能会有帮助。这些书有助于正常化他们的经历，并且可以为孩子提问和适合年龄的讨论提供一个很好的平台。可以参考的有：

- *Living with Mom and Living with Dad* by Melanie Walsh
- *Standing on My Own Two Feet: A Child's Affirmation of Love in the Midst of Divorce* by Tamara Schmitz
- *Why Can't We Live Together?: The Kid-Sized Answer To A King-Sized Question About Divorce* by Madison and Lucas Lovato

索　引

B 超	2,10,212,227
CLD	210
NICU	31,206-208,211-214,219

A

安全	3,16,19,20,21,23,24,26,28,32,33,35,41,42,46,49,55,61,63,64,67,69,70,73,82,86,88,90-92,101-103,105,118,121,128-131,137,139,148,152,154,163,178,188,189,193,195,196,202,212,242,246,249,251,252
安全睡眠运动	66

B

表达	89
哺乳	18,19,22,25,26,31,33,34,38-44,57,63,84,85

C

肠绞痛	47
超声	17
重返睡眠运动	66

E

二对一	189

F

反流	44
反射	35,209
分娩	17,28,30,31,38,188,191,193,206,208,209,210,212,218,227,228,230,237,241
腹痛	47,48

G

感染　38,45,69,212,214,216

嗝　5,24,31-33,35-37,40,43-45,47,54,58,62,67,127,189,220

H

呼吸窘迫综合征　210

黄疸　211

J

激素治疗　228

吉尼斯世界纪录　230

极早产　206

家庭规则　92,93,117-119,148,151

交换位置哺乳　41

交流　13,37,58,71,73,76,78,89,90,114,116,138,155,158,160,249,250

接生　28

L

冷火鸡　80,84

M

慢性肺病　210

慢性阻塞性肺疾病　210

美国儿科学会　20,31,38,58,63,85,89,155,172,182,206,207

美国儿科学会母乳喂养　31

美国妇产科医师学会　15,206

美国国家卫生统计中心　228

美国疾病控制和预防中心　206

美国生命统计报告　206

美国生殖医学学会　228

美国牙科协会　85

泌乳　39,209

免疫系统　45,62,212

母乳 3,21,22,26,31,34,37-41,63,78,80,81,84,108,209,219
母乳喂养 7,18,21,22,25,31,33,34,35,38-41,43,44,55,63,65,81,85,131,209,213,219

P

配方奶 3,21,26,34,37-44,47,63,78-81,108,209

R

如厕 5,27,100,123-128,150,151,155-158,178,221
乳腺炎 39

S

上幼儿园之前 142
双倍的爱:养育多胞胎旅程 215
双胎输血综合征 17
睡眠 7,31,33,37,41,51,52,54-59,62-66,73,76,77,101,102,104,106,107,113,138,139,157,195,200,222,248
睡眠习惯 77

W

晚期早产 206
物体的存继性 58

X

新生儿重症监护室 30,206,219
学龄 6,30,123,134,167,172,173,175,178,191,194,197,221
学龄期 97
学龄前 14,33,56,98,101,130,136-138,145-147,150-152,155,158,159,161-164,166,174,175,196,198,212,231
学龄前阶段 163

Y

一对一 73,84,89,94-96,113-115,122,146,147,154,156,172,179-181,221,223,248,252

婴儿烦躁症 47
语言 27,73,74,78,90,117,118,122,123,128,142,151,154,155,158,214,216,241,249

Z

早产 5,14,15,16,30,35,39,40,44,57,87,206-212,214,218,245
早产儿 142
早期足月产 15
疹 22,37,58,68,69,81,86
支气管肺发育不良 210
中期早产 206
子痫 17
足月 15,30,45,55,206,208,211
足月产 206